Bodies Under Siege: How the Far-Right Attack on Reproductive Rights Went Global

反中絶の極右たち

なぜ女性の自由に恐怖するのか

シャン・ノリス Siân Norris

牟礼晶子=訳　菊地夏野=解説

明石書店

反中絶の極右たち——なぜ女性の自由に恐怖するのか

目次

用語について　7
序文　9
はじめに　13
第1章　イデオロギー——ファシストが考える女の居場所　29
概念1——自然の秩序　31
概念2——常時戦争状態　37
概念3——神話的過去　39
自由への恐怖　44
第2章　過激論者——反中絶の極右たち　47
第3章　潜入——極右の政治を主流に運ぶネットワーク　92

第4章　同盟者――極右陣営に付く（一部の）女たち、伝統的な妻《トラッド・ワイフ》から反トランス活動へ　152

第5章　金――反中絶右派の資金源は誰なのか　180

第6章　政治家たち――極右はいかにして世界の政府を動かすのか　214

第7章　転換点――どちらの未来を私たちは選ぶのか　282

訳者あとがき　牟礼晶子　301

解説　菊地夏野　305

註　320

索引　325

【凡例】

・脚註は訳者による。巻末註は著者による。
・本文中の〔 〕は訳者による補足である。
・註記のない引用の翻訳は本書訳者による。

用語について

本書では、生殖に関する権利《リプロダクティブ・ライツ》[i]を中絶や避妊、母体医療へのアクセスという意味で、性に関する権利《セクシュアル・ライツ》を自分が選んだ相手を愛し、合意の上で肉体関係を持つ自由という意味で用いる。同じ集団に言及する場合でも、世界規模で見るときは「黒人とグローバル・マジョリティの人々」[ii]、白人が多数を占める個々の国で見るときは「黒人と少数民族の人々」を使うが、人種とは社会的に作られたものであり、例えば「白人」という人種は存在しないことは認識している。

i　リプロダクティブ（reproductive）はすべて「生殖しない」ことも含むため「生殖に関する」と訳すべきだが、本書ではこの語が多用され冗長となるため、ときとして簡易に「生殖の」「生殖」と訳している。ただし、すべて「生殖する・しないの双方に関わる権利あるいは選択（肢）」であることを意識されたい。また、文脈に応じて一部「関する」を「めぐる」等で置き換えているが、意味は同じである。セクシュアル（sexual）についても同様とする。

ii　グローバル・マジョリティ（global majority）は先住民、アフリカ、アジア、中南米系の人々を集合的に表す言葉。単に世界人口の過半数を指すだけでなく、歴史的・社会的にマイノリティとされてきた人々、特に有色人種や先住民を指して用いられることが多い。従来の「少数派」という概念を逆転させ、彼らの視点や経験を重視する動きの中で注目されている。

本書を通じて、生殖に関する権利への極右の攻撃で最も影響を受ける人々として「女性と少女」という用語を使うことが多いが、これには二つの理由がある。まず、どんな場合の中絶禁止でも、影響を受けるのは圧倒的に女性と少女が多いということ。次に、中絶に対する極右の攻撃は、過去も現在もミソジニー[iii]に根ざしている上に、そのミソジニーは何世紀も続いてきた抑圧と、女性の再生産労働の搾取に根ざしているということだ。トランスジェンダー、ジェンダークィア、ノンバイナリーなど、女性と少女であると自認しない人々も、どんな内容であれ中絶が制限されれば影響を受けることは十分認識しており、適宜、「女性と少女、妊娠している人」と表現することでこれを明確にした。

iii　ミソジニー（misogyny）とは、女性に対する憎悪や嫌悪であり、一般には女性嫌悪と訳されるが、男性の無条件的な優越性を前提に、それが覆された際の女性処罰感情、女性制裁感情を指すと考えた方が正確に理解できる。ミソジニーを持つ者はミソジニストと呼ばれる。

序文

本書二回目の編集作業が終盤に入った頃、中絶の権利を全米に保障した一九七三年ロー対ウェイド判決が覆されたというニュースを聞いた。私は、中絶支持の活動家一〇人に話を聞く夢のように充実した一〇日間を過ごしたケニアの取材旅行から戻ったばかりだった。帰国したその日、夜の飛行機のせいでぼやけた目で見たこのニュースに、私は打ちのめされた。

意外だったわけではない。何年も前から私は、ローの終わりはいずれ来ると、ことあるごとに言ってきた。大惨事が来ると忠告しては疑いの目を向けられて話も聞いてもらえないカサンドラの悲哀を味わってきたのだ。全米で認められている中絶の権利は、いずれ必ず終わる。本書の調査過程、本書で結実に至った数年の調査報道の仕事を通じて、私はこの恐怖と闘ってきた。トランプ政権下で勢いを得た白人キリスト教ナショナリズムは、女性の人権が壊滅するまで引く気はないようだ。この状況下、中絶の権利のために闘う者として、私たちは諦めるわけにはいかない。

私の職業はジャーナリストだが、本書はニュース記事ではない。おわかりのように最終編集でローの終わりを反映する手を入れているけれど、覆された事情や判決以降、女性と少女の身体に刃を剝いた恐怖を特定して、こと細かに記すことはしていない。

本書はグローバルノースで進む中絶への攻撃を強固に下支えしているミソジニーと、白人至上主義のパターンを読者に示すために書いた本だからだ。

同様に、本書の大部分はボリス・ジョンソンが首相だった当時、そして「イタリアの同胞」が同国の調査で支持率を急激に上げはじめる前に書いており、刊行までのリードタイムの制約下、できる限り最新状況に合わせて手を入れはしたけれども、ニュースサイクルを詳細に追うことはあまり意味がない。それよりも、女性の権利が変えられていく裏にあるパターンに着目してもらいたいと思う。

やがて、それを出版企画書にまとめて本書を執筆することになったのだが、中絶に対する極右の攻撃を報道しはじめた当時、私は反中絶運動の原動力はミソジニーと白人至上主義だと説明しては、ぽかんとした顔をされていた。中絶への攻撃が白人種抹殺《ホワイト・ジェノサイド》にまつわる陰謀論とつながった極右の計略だと言っても、伝わらなかったのだ。

今はそれも変わってきた。変わった理由のひとつは、私が本書で追及している極右が女性の身体に抱く発想が、普通にそこここで聞かれるようになったことだ。インターネットの暗い一角に潜んでいた極端なネオファシストの中絶観、人種と性に関する見かたが、パイプラインを通じて政治の主流に流れ込んだのだ〔第1章参照〕。極右は中絶禁止を、人種大交替《グレート・リプレイスメント》を巻き返す手段と見ている〔同上〕。このことをどうしても伝えたい。テレグラムチャンネルに生息するだけの気色の悪い出生主義者《ネイタリスト》だと嗤《わら》っていられる状況ではもうない。中絶に反対する政治の指導者が、それを大声で口にするようになったのだ。

下の引用を見てほしい。二〇二二年五月ハンガリーで開かれた保守政治活動協議会（CPAC）

で議長マット・シュラップが行った演説だ。

人口に問題が起きているというのに合法化された中絶で毎年何百万もの自国民を殺している国があり、それをなんとか減らしたいというなら問題はすでにある程度、解決している。こうした仕事の多くを担える人間を何百万人も確保できるのに、誰もそれを言わないのはどういうことだ。いわゆる人種大交替が心配なら今すぐ始めようではないか。自国民が生きられるようにすることを始めよう。[1]

この発言をしたのは泡沫の極右リーダーではない。ドナルド・トランプの側近で世界最大の保守派の集まりの議長なのだ。

二〇二二年六月に米国で起きたことは、本書で私が明らかにする勢力とイデオロギーがもたらした痛ましい、壊滅的な結果のひとつだった。でも、希望もある。ロー対ウェイドが覆されたとき私は、この最高裁の決定が米国以外の国々にどう影響するのか、とジュネーブの生殖に関する権利《リプロダクティブ・ライツ》センターに問い合わせた。欧州地区責任者のリー・ヘクターは、一九七三年以降、中絶へのアクセスが改善された国は合計五五ヵ国にのぼる、と説明してくれた。後退したのは四ヵ国に過ぎないのだと。[2]

二〇二三年一月

シャン・ノリス

はじめに

コロナウイルス・パンデミックは英国中で猛威を振るっている。家族は集まれず、友だち同士もZoomで話すしかない。私たち庭もない家で仕事をする者は、新鮮な空気を吸いたければ、国が認めた二〇分間のあいだに散歩するか走るか自転車に乗るかしかできることはない。こんな制限を呑んだのも、毎日何百人もの命を奪っているほとんど正体の知れないウイルスの拡散を止めるためだった。ところが英国の中絶提供医院の外側では、生命尊重《プロライフ》[iv]を主張する輩が、生殖に関する《リプロダクティブ》ケアを受けようとする女性を妨害するためなら、死に至る病を拡げるリスクも辞さない覚悟のようだ。

パンデミックを理由に移動の自由が制限されたことも反中絶派には痛くも痒くもないらしく、四旬節中の街は40デイズ・フォー・ライフキャンペーンが盛況だ。今では世界中に拠点を持っている

iv　プロライフ（pro-life）は胎児の生命尊重の立場から中絶に反対する考え方。対義語として母親の選択権尊重の立場から中絶を支持する考え方をプロチョイス（pro-choice）、そのような選択権を否定する考えをアンチチョイス（anti-choice）という。

米国の反中絶団体が年一回、中絶提供医院に嫌がらせをしようと組織する活動だ。胎児の組織と残酷なメッセージを強調した生々しい画像のポスターを掲げて祈りの言葉をつぶやく。「中絶を正しく伝えて若い女性たちを救うために」、ここにいるのだという。医院に向かう女性を責め立て、敵意をむき出しにして、「殺人者にならないで」と資料を手わたす。医院の職員にスキャン画像を見せてもらいなさいと言い聞かせ、生きたまま中絶される胎児の画像を見せて動揺させるのだ。中絶提供医院の職員を殺人者だとあざけり、時には手を出さんばかりに看護師や医師に接近する。米国では抗議者が医院を爆撃して医師を死亡させ、「プロライフ」を口にすることが悪い冗談になってしまった。

　こうした四旬節の抗議行動は、法律のもと一定の条件下で中絶が認められている英国で毎年起きている。反対派に包囲されているとはいえ、英国ではまだ中絶が法的に権利を認められている。それと比べ世界では出産年齢の女性九千万人が、中絶が全面的に禁止された国に住んでいる。[1] 毎年五万人に届くかという女性が安全ではない中絶のあとに命を落とす世界なのだ。

　エルサルバドルではいかなる事情下でも中絶が禁止されており、妊娠していると知って自殺する一八歳未満の女性が、妊産婦死亡の八分の三を占める。ポーランドでは中絶禁止が強化されてからわずか一年間に三人の女性が、命を救うために必要な中絶を拒否されて死亡した。欧州全域で二千万人の女性が、ポーランドやマルタのようなほぼすべての事情の妊娠に対して中絶が禁止されている国に、そしてもっと多くが、合法的な中絶が着々と蝕まれている国に住んでいる。スロバキア、ポルトガル、スペインのように保守派と極右の議員が中絶の利用制限に票を投じる国、ハンガリーやベラルーシのように中絶反対宣言に署名する国、あるいはヴェローナが「プロライフ都市」と宣言するイタリアのような国に。

世界のほぼすべての国で、女性、少女、妊娠している人たちが包囲攻撃されている。自分の身体のことを自分で決める基本的な人権を求めているだけなのに、法律や社会によるさまざまな障壁に阻まれる。こうした障壁は強権的な中絶禁止の形をとることもあるが、違う姿で現れることもある。

英国では、妊娠の継続によって親の精神的・身体的健康が危険にさらされるという確認を二人の医師から受けなければならない、という障壁がある。最近まで（四八時間空けて錠剤を服用する）薬による中絶ですらGP（一般開業医）の医院、家族計画クリニック、病院など登録した医療施設で行うことが要求されてもいた。中絶が必要でもカウンセリングを受けて「待機」期間を経なければ認められない国がハンガリー、アルメニア、ベルギーを含めて九ヵ国。医院など施設側に中絶診療の「広告」を禁止する、未成年には両親の同意を要求する、中絶医療に資金を提供しない、個人の道徳的見地から医師が中絶を拒否する、特に妊娠後期の場合、中絶という医療自体が専門能力も含め、基本的に提供されないといった形の障壁もある。

米国では二〇二二年、全米に安全で合法的な中絶の権利を認めていた一九七三年ロー対ウェイド判決を最高裁が覆し、多くの州で中絶が禁止された。その結果、生殖医療《リプロダクティブ・ヘルスケア》の利用を求める女性と少女、妊娠している人たちは、望まない妊娠を継続するか中絶が合法である州まで行くしかなくなった。この法律の変更の前でも、中絶の利用が極度に制限される州に多くの女性と少女が住んでおり、長距離を旅してやっと医院にたどり着いても超音波スキャンを見せられるか「待機期間」中、待たされるかされ、時には両方を耐えることを強いられていた。こんな制限があれば当然、中絶には費用も時間もかかる。州独自にいわゆるＴＲＡＰ法（中絶提供医院を標的にした制限）が施行され、中絶提供施設は強権的な医療安全制限を課され、経営を続けるために必要な改修等をする余裕がなくなって、廃業に追い込まれた。むろん、これこそがＴＲＡＰ法の狙いだった。

最終的にロー対ウェイド判決を覆した最高裁の決定は、女性と妊娠している人から人権を奪った。組織化されたミソジニーが何十年もかけて進めてきた戦争の大きな勝利だ。計二六州が妊娠週を問わず、または六週間（ほとんどの女性が妊娠に気づく前）経過後の中絶をすぐにも禁止しようとしていて、出産可能年齢女性の四一％が、最寄りの中絶提供医院の廃業を目にしている。最寄りの中絶提供医院へ行くのに最大五〇〇マイル移動しなければならなくなった州もある。[2]

私は、フェミニスト活動家歴一〇年あまりを経て、二〇一七年以来、中絶に迫る脅威を報道してきた。苦闘の末に勝ち取った安全で合法的な中絶の権利が危ういという危機感を持ったのは、英国の通信会社 openDemocracy 50.50 からルーマニアに派遣されたときだ。中絶とは関係がないと当時は思われていたＬＧＢＴＩＱの権利をめぐる改憲の是非を問う国民投票を伝えるためだった。家族連合〔という団体〕が組織したその国民投票は結婚の平等が焦点だったのだが、そこここの人と話すたびに中絶が危ないという話が必ず出た。この出張で知ったことが、率直に言って私の人生を変えた。凍るようなブカレストの街角で声を潜めて話しながら、チーズペストリーをかじり、ジャズバーでビールのグラスを空けながら、世界に拡がる保守派の運動が極右の作戦を使って、まさに今ここ、ルーマニアで世界規模の攻撃を女性にしかけていることを私は知った。それは、反中絶、

「家族の権利」レトリック、レイシストの陰謀論、組織化されたミソジニスト、自然の秩序というファシスト観念が混然一体となって、性と生殖に関する権利《セクシュアル&リプロダクティブ・ライツ》の前進を巻き戻そうと画策する作戦だ。見れば見るほど、これはルーマニアだけの話ではなかった。欧州全域そしてその先へ、国際的な勢力が中絶とLGBTIQの権利をなんとしても葬ろうとして、各地の「家族の権利」や「反ジェンダー」の組織と連動して動き、女性の権利への包囲攻撃を強めていた。この一〇年間、スロバキア、スロヴェニア、エストニアで各地の団体が改憲をめぐる国民投票を立ち上げてきた裏に、自分たちが「ジェンダー・イデオロギー」と呼ぶものの進展を阻止しようとそれを支えてきた国境を越えるネットワークがあったのだ。

その前年のポーランドと、不首尾に終わった二〇一六年の中絶禁止の試みを振り返ってみると、同じ組織、人脈、資金提供元が繰り返し現れた。飛んで二〇一八年の中絶合法化を問うアイルランド国民投票では、またもやこれらが「反対」票を集めようと動いていた。レトリックも組織も、人脈と資金提供元も同じだ。生殖に関する権利《リプロダクティブ・ライツ》にも性に関する権利《セクシュアル・ライツ》にも、欧州と米国に拡がる極右と宗教右派工作員のネットワークが戦術を共有し、同じ戦略を繰り返して人員を配し、前進してきた中絶の権利の巻き戻しを図っていた。

ところが、もうひとつ別のことが起きていた。たいていの人たちと同じく私も、反中絶の考えは生殖医療に反対する宗教が根底にあるとそれまでずっと信じていた。宗教から反対する考えに自分は同意できそうにないけれど、考え方の対立で女性の中絶の利用がことさら阻まれない限りは、双方が違いを認め合っていくしかないだろうと。でも、それは間違いだったのだ。openDemocracy、バイライン・タイムズ、トータス、NewsMavensで反中絶運動を報道しながら、私は明らかな真相を無視できなくなった。性と生殖に関する権利を狙ったこの組織化された攻撃を強固に支えていたのは、極右の企みと白人至上主義思想、そして、彼らが自然だと信じる秩序を回復して白人男性至上主義を復活させ、進歩を後退させようとするファシストの信念だったのだ。

この自然の秩序とは、女と黒人は白人男に劣り、ＬＧＢＴＩＱは単純に存在してはならないとする秩序だ。そして、女性を再生産労働に縛りつけてその身体を男性の管理下に置くというミソジニストの世界観が、この極右の企みの原動力になっている。

本書は、グローバルノースで起きている中絶攻撃の後ろに、極右が描くもっと大がかりなミソジニーと白人至上主義の計略があることを具体的に伝えていく。それは女性の身体がどれほど過激論者の極右反中絶勢力に包囲されているかということだ。その勢力は女の子宮が男のものだと主張して、女の身体を好きなだけ利用できる資源庫に確保しようと考えている。そして包囲が起こるときは必ず、女性はひどい目に遭うのだ。

本章では、極右を駆り立てているイデオロギーが、ウェブの暗闇に潜む掲示板から由緒あり気な宗教右派の会議の場を経て、主流の独裁政府へと運ばれているという私の主張の根拠を示す。白人マジョリティがグローバルサウスからの移民によって意図的に（そして悪意をもって）「交替《リプレイス》」させられている、そしてそれが原因で白人種抹殺《ホワイト・ジェノサイド》が起きているというレイシズムとミソジニーに満ちた陰謀論が、焦点となるイデオロギーだ。彼らのいうジェノサイドが起きるのは、フェミニストが中絶で出生率を抑制しているからだと信奉者は主張する。最も極端な常套句では、人種交替は社会を

「非キリスト教化」する悪魔の謀略だと了解されている。それをフェミニスト、イスラム教徒移民、ユダヤ人エリートらが助長しているというのだ。

彼らは、白人男性至上主義にとっての自然の秩序を復活するために、女性の再生産労働を徹底的に利用して女性を「国家の子宮」に位置づける一方、黒人とグローバル・マジョリティを相手に人種間戦争を遂行して世界各地に人種的に純粋な民族の国家を創り、グローバルノースを白人の占有とするという。

これが私の議論の核心だ。今、極右の独裁主義が忍び寄っている、そして反中絶運動に関わっている、それをどう考えるべきなのか、どうかしっかり見てほしい。女性の生殖を管理下に置けば白人至上主義者が怖れる白人種抹殺という問題が解決するかもしれない、いや必ずすると極右は信じている。最初は極端な考え方だったかもしれないが、今では主流の政治に入り込んで急進右派の富豪の人脈が資金を提供して支えている。

私もこれを理解するまでに時間がかかった。でもまざまざと真相が見えてきたとき、そういう思考回路が確かにあるのだという証拠が次々と見つかりはじめたのだ。

v　グローバルノース（Global North）、グローバルサウス（Global South）は、いずれも地理的な分類ではなく、資本主義やグローバリゼーションの文脈を考慮した社会経済的な分類であるといえる。グローバルサウスは主に新興国・発展途上国・第三世界と同様の意味で用いられることが多く、グローバルノースは対義語として経済的に豊かである国々を指す。

あれは二〇一九年一〇月、明るい秋の青空が広がる肌寒い朝のこと、私はロンドン中心部のブラック・フライアーズ橋を歩いていた。グーグルマップ・アプリの青い点をたどり、二回間違えて三回目でやっと目的地に着く。何の風情もない外観の会議場で、北米なまりの女性がにこやかにクラークソン・アカデミーへと案内してくれた。反中絶急先鋒の生命倫理改革センターUK[vi]（CBR UK）が運営する二日間の研修セミナーだ。ここに集まる集団がどう動いているのかを報道するために私はマリアと名乗り、反中絶に興味を持ったばかりで何もかもが物珍しく見える若い活動家のふりをして潜りこんだ。ドアをくぐると電球の写真が入ったバナーが下がっている。近づいて見ると、電球のフィラメントが胎児の形をしていた。

この朝、私はまた何度か胎児を見せられることになる。人が詰めかけて暑苦しい室内の陳列台には、胚のプラスチック模型が発達段階別に並ぶ。こうした模型を抗議行動に持参して医院に入ろうとする女性に向けて振りかざすのだ。研修は「熱意あるプロライフ派を、変えていくための有能な人材に育つよう支援する」と謳っていて、妊娠週別の中絶ビデオ視聴も含まれている。画面に映し出される女性の膣を見つめながら、この人は私や部屋に詰めかけている反中絶過激論者の目に陰唇がさらされることに同意したのだろうかといぶかった。そもそもそういうことを気にかける人間が一人でもこの部屋にいるのだろうかと。

「教育展示」と称するもの（中絶や中絶胎児の生々しい画像）を中絶提供医院、大学、公共の場に持ち込むのがCBR UKの手口だ。二〇一九年一〇月には、選択権尊重派《プロチョイス》の労働党議員ステラ・クリーシーが、北アイルランド中絶非犯罪化法案を無事提出した直後、選挙区事務所の外に看板を置かれた。ＣＢＲ ＵＫはそうしたやり方を、女性に中絶の「真相」をよく見てもらう必要がある、と抗弁している。研修アカデミーの開会のあいさつでＣＢＲ ＵＫの創設者アンドリュー・ステファンソンは、女性に中絶の「真相」を知らせまいとするプロチョイス派活動家の方こそ「本当のミソジニスト」だと言った。

狭い空間にぎっしり人が集まった会議室を見回すと、反中絶運動のベテランに交じって、もっと若い活動家の顔が覗く。どう見てもＣＢＲ ＵＫは泡沫集団だ。会員数も少ないし資金があるとも思えない。ただどんなに小さかろうと、こうした集団が意味していること、私がいちばん気になったのはそれだった。やっと獲得した安全で合法的な中絶の権利を英国内外でひっくり返そうと、こうした小さな拠点を含む反中絶過激論者の集団が世界に展開しているネットワークがあるということなのだ。

この集団はおおもとの生命倫理改革センター（ＣＢＲ）を立ち上げた米国とつながっている。その米国組織はカナダ、欧州に拠点を置き、さらに中南米、アジアへの進出を狙っているのだ。英国内でも、ＣＢＲはキリスト教コンサーン、40デイズ・フォー・ライフなどＣＢＲ以外の反中絶、反ＬＧＢＴＩＱ団体のネットワークとつながっている。40デイズ・フォー・ライフの国際キャンペーントップはＣＢＲ ＵＫの役員だった。この男はリーダーシップ研究所の研修も受けている。この

vi 生命倫理改革センターＵＫ（Centre for Bio-Ethical Reform UK）は過激な反中絶組織。大学や公共の場で視覚的な画像や映像を用いて社会の認識を変えようとしている。

研究所は米国急進右派による保守派活動家養成の取り組みで、出身者に元副大統領マイク・ペンスがいる。CBR UK単体ならどうということもないが、本当に懸念されるのはそれが反中絶アクターのネットワーク、続く章でさらに詳しく述べる人脈に入っている事実だ。

その日はステファンソンがセミナーの内容を説明するなどして始まった。すぐに反中絶活動家ウィルフレッド・ウォンの講義が続き、陰謀論を縦横無尽に語って、中絶は悪魔の力を爆発させ欧米を非キリスト教化するべく企まれた儀式なのだと主張した。[3] 英国がどれほど悪魔主義《サタニズム》に牛耳られているか、中絶率が高いこともその原因だ、と聴衆に向かって語り、「中絶は毎日五〇〇件、これだけの血が悪魔の生贄《いけにえ》にささげられている」と解説する。ルーマニア、ポーランド、アイルランドでも同じことをいう人間がいたが、ウォンも中絶の権利を「ホモセクシュアルのアジェンダ」と絡め、どちらも「悪魔の革命の最前線」だとまで言った。医院で悪魔の儀式中絶が行われ、それを女たちが取り囲んで「私の身体は私のもの」と体を揺らして唱えている、と作り話をして、フェミニスト運動の有名なスローガンをあてこする。

翌年の二〇二〇年九月、このときはステファンソンも同席して収録されたビデオ取材で、ウォンは自説の悪魔論をもっと詳しく語っている。[4] アカデミーでは組織の紹介ともっと全般的な中絶の説明をしただけだったステファンソンだが、このときは視聴者に向かって「悪魔的儀式虐待《サタニック・リチュアル・アビュース》と悪魔主義は死への愛であり」、合法的な中絶を「そのイデオロギーの儀式」だと強弁した。

ウォンはビデオの中でアカデミーのときよりも踏み込み、イスラムと悪魔主義には「キリスト教の破壊」という共通の目標があると述べつつ、欧州でイスラム教徒がキリスト教徒を数で追い越そうとしていることは統計が証明している、とでたらめを言った。悪魔主義者《サタニスト》が「社会を反キリストの興隆のために備え」ようとする計略の一環として、「欧米のイスラム化を積極的に支援している」と解説が続く。

ウォンは、ある英国の政治家を悪魔的儀式虐待に手を染めていると責め、域内で欧州人が数で負けるまで「膨大な数のイスラム教徒をEUに入れる」政策を彼が提案したのだという。ここまで聞いては疑いようがない。極右の人種大交替陰謀論《グレート・リプレイスメント》が極右のQアノン陰謀論とない交ぜになって、反中絶の計略を後押ししているのだ〔第2章参照〕。世界各地の反中絶派は交替という創られた脅威を悪魔のしわざだと主張しながら、女性、LGBTIQ、移民の人権を剥ぎ取る正当化に使っている。

こうした極右の陰謀論が、小さな会議場や中絶提供医院の外にたむろする数人の抗議者、泡沫のようなウェブサイトからグローバルノース一帯の政府庁舎に進出していくパイプラインを本書で紹介する。

まず手始めに、白人男性至上主義のいう自然の秩序を回復したがるファシストの思考回路をひと通り説明しよう。この思考回路では、何世紀にもわたる人権の前進を啓蒙主義時代以前の段階に巻き戻すことでのみ自然の秩序は達成できる、と考える。これが第一段階だ。次にこの思考回路が、極右の反中絶運動の内部で人種大交替やQアノン／悪魔的儀式虐待陰謀論など過激論者の陰謀論として現れるのが第二段階だ。第三段階には、一目置かせる極右の人材がこのイデオロギーを政府の戦略や政策に変貌させ、欧州議会や国連など国際機関を経由して世界の舞台へ誘導する。こうした人材の団体には、権力を揺るぎないものにしてくれると信じて自然の秩序を回復したがる急進的な宗教右派の億万長者がついている。そしてやはり権力の掌握を強化したい各国の政府や首脳がこうした戦略や政策を採用するのが、最終段階だ。

第1章では、現代のファシズムの思考回路を明らかにして、これがどう極右の反中絶姿勢を作っているのかを説明する。極右が歴史を逆行させて幻想の啓蒙主義以前の世界、「ファシストの神話的過去」を取り戻し、人種間戦争をしたがるとはどういうことなのか。歴史を終わらせて封建時代、進歩が水泡に帰して自然が人間のふるまいを決め、社会なるものがもはや存在しない時代に戻れと要求するのが、自然の秩序の構想だ。男の仕事は戦争を闘う（闘いは自然の秩序の一面と了解されている）ことであり、女は再生産労働に固定される。人間は社会を作り、変えていく、そして自分を囲む社会によって変えられることもあるという啓蒙主義の信念とは対照的に、暴力と子産みを永遠に繰り返し、抑圧と道徳の欠如にまで人間を貶めるのが、ファシストのいう自然の秩序だ。この認識がパイプラインの第一段階となる。

このファシスト概念が今の世界にどう表出しているかを見てもらうために、第2章で最も極端な例を紹介する。暗いウェブの掲示板にたむろして白人種抹殺などと愚かな考えを議論し、それによって単一民族国家（白人だけの国）を創るのだと人種間戦争に備えている極右陰謀論者たちだ。この表出がパイプライン第二段階だ。人種大交替陰謀論も説明して、この根拠のないイデオロギーが、極端なレイシズムだけでなく、フェミニズムが中絶と避妊で人種大交替を助長しているという思い込みによっても過熱していく過程を紹介する。さらに、悪魔主義というもうひとつの陰謀論によって反中絶運動の信奉者が中絶を自然に反するものと位置づけやすくなっていること、Qアノン運動が米国の主流政治家のうち中絶禁止を望む層をどうやって捉えたのかを詳しく見ていく。この憎悪に満ちたイデオロギーの信奉者が、どれほどフェミニズムを倒して女性から自分の身体をめぐる自己決定権《ボディリー・オートノミー》を奪い、女性の身体を極右の勝利の結果として生まれる白人民族国家に奉仕させたがっているかも説明する。罵詈雑言が蔓延する過激論者の掲示板やフォーラムに自分で入って調査した経験から、女の生殖を自分たちが管理しなければいわゆる白人種抹殺は絶対に覆せないという極右の思い込みがどれほど強いかを知った。

過激論者のミソジニー運動の二つ、レッドピルとインセルを深く掘り下げながら、女への憎しみと女の生殖を支配したい欲望が白人至上主義の世界へのゲートウェイ・ドラッグ[vii]になっていることも明らかにする。

次の章では、レディットのフォーラムと極右のテレグラムチャンネルをいったん脇に置いて、反中絶の極論が世間に現れる姿に焦点を当てる。ネットワーク、会議、そして過激論者の女性身体観を国連、欧州議会、各国政府に持ち込む組織がそれだ。かぎ十字章を付けるわけでもなく垢ぬけたスーツ姿で、掲示板ではなく国際政府[viii]の議事堂で発言する男たち。でも考えていることは粗野な

vii ゲートウェイ・ドラッグ（Gateway drug）とは、他のより強い副作用や依存性のある薬物の使用の入口となる薬物を指す。

viii 国際機関の比喩的表現。国連やEUなどを指すが、これらは厳密には「政府」ではなく、加盟国間の合意に基づく国際組織である。

同類と基本的に同じだ。自然の秩序は進歩を巻き戻して女を再生産労働に戻すことでしか取り戻せないのだから、中絶の権利はそれを破壊することになる、というのだ。

この章では、パイプラインの第三段階として主要な四つのケーススタディに焦点を当てる。欧州のアジェンダ・ヨーロッパとCitizenGO、そして米国の自由防衛同盟（ADF）と国家政策評議会（CNP）だ。こうした団体が会合し、サポートしあっていること、どんな戦術を使って反中絶と白人至上主義のイデオロギーを欧米で当然のことのように定着させようとしているかを説明する。この、反中絶や白人男性至上主義を社会の主流に持ち込むことこそが目標の団体なのだ。こうしたネットワークが国連のようなグローバルな組織に狙いを定め、人権尊重の規範から逆行して白人男性至上主義と女性の劣位を意味する自然の秩序へ向けて、政策を動かそうとしていることがわかる。いずれもグローバルで、組織化された団体だ。そして過激論者の空間で口にされる泡沫のようなイデオロギーを捉えて欧米の法律に組み入れようとしている。

そうするには金がかかる。世界の半分を超える人口から人権を奪おうと決意している者たちには、幸運なことに欧州でも米国でも白人至上主義に出す金を惜しまない大金持ちが何人もついている。第5章は、国境を越えて展開する極右の反中絶運動を支えるロシア、欧州、米国の資金源を追跡する。金の動きの追跡は、どうかしている人間の泡沫運動と思えるものが実は潤沢な資金に支えられ高度に組織化された主流の現象なのだと理解する上で欠かせない。政治哲学者ハンナ・アーレントがいう「エリートとモブの同盟」をつくり上げる金の結びつきも説明する。

最終章手前の第6章は、第2章で過激論者が言い立てる泡沫の発想が、第3章で登場する世間に通りの良い白人男性至上主義の面々によって外貌を整え、第5章の富豪たちによって血肉を付けて首尾よく政策に結実するその舞台となる主流政府の姿を記述する。この章では、テレグラムチャンネルやインセルの不気味なフォーラムで盛んにやりとりされる過激論者の反中絶、人種大交替イデオロギーの根底にあるものをなぜ警戒しなければならないのか、はっきり見てもらう。ハンガリーからポーランド、オランダからイタリア、スペインへと、白人マジョリティがグローバルサウスからの移民に「数で負け」ようとしている、そしてこの交替は女の身体を支配すれば覆せるのだ、という思い込みが着々と欧州の法律に刻まれている。反移民の極右政府指導者層が強行した制限の厳しいポーランドの中絶法、執拗なネオナチ（カトリック保守派が支援）が中絶を全面的に禁止しようとするスロバキア、女性を保護する法律を叩くスペインのネオファシスト政党の右派指導者層の顔ぶれを見れば明らかだ。ハンガリーのオルバーン・ヴィクトル、フランスのエリック・ゼムール、選挙区民の支持を獲得して分断と恐怖の種を蒔くために人種大交替のレトリックを使っているオランダのボーデも同じだ。

英国も例外ではないけれど、議会の構成が違い、中絶に関する法律が古臭く、ブレグジット以降、欧州内で孤立していることもあって、極右イデオロギーを主流に運ぶやり方は多少違う形で現れている。第6章では、EU離脱の是非を問う国民投票で激化した文化戦争が、どうやって白人男性を平等と公正の価値観に敵対させようとするかを分析する。移民への敵意を煽り、英国の議員に対する米国急進右派の影響力を高めもした文化戦争だ。

第2章から第6章が「どうやって、どれほど」を主に扱うとすれば、最後の章は「なぜ」そして

「なぜ今なのか」の章だ。第7章では二〇〇八年以来、資本主義が遭遇している危機によって、極右イデオロギーが根付く土壌が醸成されていった過程を考察する。高齢化する人口、低い出生率、新自由主義の終焉、という最悪の状況に見舞われ、再生と安定の選択肢が縮小・限定された資本主義。それが、企業と富裕層が極右と手を結んで生殖を管理下に置き女性を再生産労働に縛りつけることに活路を見出したのだ。この発想はこれが初めてではないだろうけれど。

でも資本主義エリートがこうしてとる道を選んでいるのなら、私たちも道を選ぶことができる。この包囲をどう破り自由へと脱出できるのか、本書で答えを出せたわけではないけれど、生殖と女性の身体を極右がどう見ているのかを「理解」し、「明るみに出す」ことで、その見かたがまともらしく装われ、グローバルノースのそこここで法律に結実する過程が見える。ネットの片隅で白人至上主義者がつくり上げた「白人種抹殺」が、女性の生殖を管理下に置くことと暴力的な移民政策によって解決できるものだと主張され、私の身体は私のものと宣言する女性たち、ブラック・ライブズ・マター、国境開放《オープン・ボーダーズ》運動家、ＬＧＢＴＩＱ権利闘争を前にして御しきれないのではないかと恐怖する主流の諸政府や実業界に感染していく。反中絶、極右、ミソジニー、レイシズムはすべてつながっている。ミソジニーとレイシズムが主流の政治の方向を決めている今、目をそらすことはもうできない。

私たちの身体がこんなにも包囲攻撃されているとき、兜《かぶと》を脱いで言いなりになるのか、それとも理解を進めて反撃に備えようとするのか。後者を選ぶのであれば、どうか本書を読み続けてほしい。

第1章　イデオロギー――ファシストが考える女の居場所

極右を、戦争かというほどの中絶攻撃に駆り立てているものは何なのだろう。中絶論争は宗教道徳の問題だったはずなのに、何があって女性の身体が極右の勢力拡大を賭けた戦場になってしまったのか。

欧州と米国の極右が中絶を攻撃しているのは、それが背後にある、ファシストの大がかりな計略の入口だからだ。事情はこれから詳しく見ていくが、その前にその計略が何を目指し、どこから来るのかを把握する必要がある。本章では、二〇世紀、二一世紀の近代ファシズム・イデオロギーという概念を詳細に検討する。そこからこうした概念が、特に生殖に関する権利《リプロダクティブ・ライツ》とどう関連するのかを明らかにし、女性の自由がファシズムの目指すものと対極にあるとされた経緯を説明する。ここを理解すれば、女性の自由を粉砕しようとする極右の決意もわかりやすくなる。

現代ファシズムの理論的基盤は大雑把に三つの概念に分類できる。中絶の権利、ジェンダー平等、性と生殖をめぐる自由《セクシュアル&リプロダクティブ・フリーダム》といった進歩が、回復しなければならない幻想の自然の秩序を妨害しようとしている、という思い込みがそのひとつだ。この自然の秩序は、女性に対しては家父長的支配の、黒人とグローバル・マジョリティにとっては白人至上主義の一形態だ。自然の秩序の実現のために、進歩は巻き戻して社会を啓蒙主義以前の、理性ではなく自然が人間のふるまいを決めていく段階まで後退させなければならない。この歴史の巻き戻しによって、マーク・ネオクレウスやジェイソン・スタンリーら歴史家、哲学者が「ファシストの神話的過去」と呼ぶものが生まれる。これが二つめの概念である。三つめの概念は、人間は生来暴力的なので終わりのない戦争状態にあるべきというものだ。この戦争の中でのジェンダー役割は、生物学的な本質主義者たれ、男は闘い、女は子どもを産めということになる。

　自然の秩序、歴史を巻き戻す神話的過去、永遠の戦争つまり常時戦争状態、という三つの概念が、過去も現在もファシズムの中核にある。過激論者の掲示板、世間の目を避けて開催される会議に出席するスーツ姿の男たち、極右的な政策を実行する独裁政権に散見される極右コミュニティのレトリックと思い込みの基盤になっているのが、こうした概念だ。ファシズム・イデオロギーの思考回路は昔も今も変わらない。

　過激論者のテレグラムチャンネルであれ欧州議会であれ、現代の極右を調査した私の前に繰り返し現れたのは、いつもある一点に行きつくメッセージだった。この一点を、反ファシスト作家でジャーナリスト、運動家のポール・メイソンが、ファシズムとは「垣間見ただけで震えあがるほどの自由への恐怖」だと端的に述べている。[1] 極右が中絶の権利に反対するのはなぜかを理解する上で、ここがいちばん重要だ。極右は中絶の権利に女性の自由を垣間見るのだ。バックラッシュは、女性が生殖を自由に決めると白人男性至上主義はどうなってしまうのか、という恐怖から来ている。

生殖に関する権利への道を絶たれたら、女性の自由はあり得ない。女性の解放は中絶と避妊を利用できるかどうかに左右されるが、この自由はファシズム・イデオロギーを支える三つの概念へのアンチテーゼだ。ファシズムが栄えるために女は生殖を管理されて自然が命じる役割を果たし、家父長の権威が支配する神話的過去に服従して、幻想の単一民族国家構築のために闘う理想的な臣民を産む。これは現代の極右が発明した事態ではなく、ファシズムが過去からずっと女性の身体を扱ってきたやり方なのだということをこの章で明らかにしていく。

このファシズム・イデオロギーを構成する三要素の姿を明らかにすることが重要である。今生殖をめぐる自由《リプロダクティブ・フリーダム》が攻撃されているのは余興でも泡沫の運動でもないことがはっきりわかる。それどころか、女性の生殖をめぐる自由を叩くことこそが、ファシストの目標なのだ。

この思考回路を理解してほしい。本書で私が言いたいことの核心はこれだ。まず、白人男性至上主義者は女性の生殖を自分たちが管理することで、人種交替《リプレイスメント》や白人種抹殺《ホワイト・ジェノサイド》への怖れを和らげられると信じている。次に、自分たちの目指すものも生殖の管理《リプロダクティブ・コントロール》で達成できると信じている。そして三番目に、かつて極論とみなされたものが今では主流に入り込んでいる、ということだ。

これから詳しく見ていこう。

概念1——自然の秩序

ファシズムがイデオロギーとして登場したのは、一九二〇年代のイタリアでベニート・ムッソリーニが独裁政権を握ったときだ。そしてフランシスコ・フランコ総統が左翼との内戦に勝利した一九三〇年代のスペインへと広がり、フランコは一九七五年に亡くなるまで独裁政治を敷く。一九三〇〜四〇年代、ドイツのナチス政権もファシズムの範疇に入ると認識されている。

何十年もの間ファシズムは、二〇世紀初期の一定期間欧州に存在した何か恐ろしい、近代の新自由主義世界には居場所のないイデオロギーに駆り立てられた過去の遺物だと思われていた。ところが居場所はあったのだ。一九六〇〜七〇年代にはヒトラー賛辞を叫びながら、嵐のようにロンドン市街を駆け抜けるネオナチ集団がいたし、例えばEUに対して何かと難癖をつけたりテロへの懸念に見せかけて卑劣なイスラム嫌悪《イスラモフォビア》を広めたりする極右政党はいつもいた。こうした運動は主流に入ろうとして行われていたが、どれによってもファシズムが泡沫の域を超えることはなかった。ところがインターネット・テクノロジーによって、現代のファシスト運動は、ある核になるイデオロギーの周りに凝縮してソーシャルメディア経由で増殖し、そして陰謀論（ホロコーストはなかったなど）を拡散して新しいファシスト・コミュニティを創るという流れができてしまった。何よりも、メンバーが顔を合わせることも一緒に通りを行進したり同席したりする必要もまったくない、ネットワークの社会を通して成長するファシズムがインターネットで可能になった。共有する思考回路をつくり上げ、それが共通のミームと語彙を通じて伝達されていく新しいファシスト運動が生まれたのだ。

第一次世界大戦後の欧州に生まれたファシズムは、いつも根本的に人道主義否定のイデオロギーだった。人間には社会を変える力も改善する力もないと信じる。それどころかファシズムの信奉者は、人間は自然に縛られ、闘いに明け暮れて牙も爪も血に染まっている、と言い募る。
この自然の秩序とされるものの核心にあるのは、白人で異性愛の男性至上主義と資本主義がルールを作るという発想だ。歴史家ルース・ベン＝ギアットは、自著『新しい権威主義の時代――ストロングマンはいかにして民主主義を破壊するか』〔小林朋則訳、原書房、二〇二三年〕で、ムッソリーニ、フランコからトランプ、プーチン、ジャイル・ボルソナーロに至る男性元首が権力を行使する実態を検証して、ファシスト元首の成功は「男の権威が安泰で女や非白人、労働者がわきまえていた時代に戻れるという幻想を売る」腕次第だと歴史が証明している、と解説している。[2]
ブルネル大学で政治経済批判を講じているマーク・ネオクレウス教授によると、ファシズムは「自然の神聖化を重視することから、自分たちが自然と考えるものも神聖化する。それが戦争と国家」なのだ。[3]ファシズムは、家父長制と男性至上主義者による女の身体の支配を、天から授かった根源的なものと捉える。この間違った自然の認識が、ファシストの頭にある女の居場所を理解する鍵だ。ネオクレウスの分析は、ある根本的なことを明らかにしている。ファシズム・イデオロギーの中心にあるのは、国家と自然は不可分であるという信念なのだ。ネオクレウスの分析はファシズムの根底にあるものを私に教えてくれた。ファシズムは国家を「想像の共同体」ではなく、自然に存在する実体と考えているのではないかということだ。ナチスの教義「血と土」に現れる発想だ。これは今のファシスト運動でも使われるスローガンで、「人民の地（国家）と国土の土（自然）の親密なつながりを示唆している」という。[4]
さらに、アドルフ・ヒトラーは、自然は「厳格かつ固定された法則」に従うのであり、（一九二〇〜

三〇年代ドイツの）社会の問題は啓蒙主義後の進歩による自然の汚染に根ざしている、と主張している。厳格かつ固定された自然の法則に従い、そして進歩を巻き戻すにあたっては、女性の務めと社会における有用性は、国民国家の強化と純粋化を意図する再生産労働となる。「自然を、それに照らして社会秩序を判断する基準だと明言する」ことで「国家の成功を左右するのが、人間の性とジェンダーという自然の法則だということになる。これがファシズムに正常と異常を区別する根拠を与える。異常とは自然すなわち国家の秩序を脅かすもの、ということだ」とネオクレウスは書いている。[5]

ネオクレウスの説を当時、私がオンラインで学習していた白人男性至上主義者に当てはめてみると、女は〔男による〕生殖の管理という自然の秩序に従って言われる通りに子どもを産めという発想がはっきり見てとれた。引用するミソジニーのレッドピル・レディットフォーラムの投稿を見てほしい。

> あの頃は女は思春期になったらセックスして、それから二年もしたら次々子どもを産んでいた。それが自然の秩序だろう。今は何もかも自由になりやがって、その後始末でこっちは大迷惑だ。[6]

その秩序のもと、女性は再生産に身をささげて自然の役割を果たし、自然の厳格な法則に従う。さらに国民が自然の法則に従うことに国家の成功が掛かっているとなれば、ファシズム下の女性の生物学的運命というものが国家の運命と密接につながってくる。ファシズム・イデオロギーでは、理想の国家とは人種の純粋性のことであり、人種と国家がここでつながる。こうして国家すなわち人種の将来は女の子宮の中にあるということになる。すると妊娠を終わらせ、こうした法則に従わない女は、自然を腐敗させて自らの人種と国家を裏切っていることになる。

宗教右派のネットワークであるアジェンダ・ヨーロッパがマニフェストを『自然秩序の回復』と題した理由はここにある。二〇一〇年代、フランス、ポーランド、ルーマニア、スウェーデン、はては英国まで、欧州各地の性と生殖に関する権利《セクシュアル&リプロダクティブ・ライツ》への攻撃において戦略策定と調整を手伝い、反中絶・反同性婚のキャンペーンを支援した団体だ。そのマニフェストは、自然に反するとみなすもの、例えば中絶、女が何らかの形で政治力を持つこと、LGBTIQとレインボー・ファミリーを罵倒し、「欧州の課題」を掲げ、「自然の秩序」を回復する計画を展開して国家と自然を関連づけている。一四四頁にわたるマニフェストは導入部で、自然の法則の重要さを長々と述べる。

> 社会が平和と公正のうちに生きるためには、法の秩序が自然法に準拠する必要がある。自然法に従わない道徳原則や人定法は、それらを喜んで受け入れる社会を最終的には破壊するだろう。社会の道徳の凋落は通常、容易に見分けられるいくつかの段階を経て起こる。公正公平な法がまだ有効でありながら遵守されないのが第一段階、実施されなくなるのが第二段階だ。そして公然とあざけられるようになれば第三段階である。さらに「自由放任化」されて自然法の教えに従うかどうかが随意となるのが第四段階で、もはや義務ではなくなるのが第五段階だ。以降は自然法に反する行動が「義務」となり、自然法への準拠が「犯罪」となるような改定が

されていく。新しい道徳規範を批判することが思想犯罪となり、批判する者は単に意見を表明しただけで訴追される。自然法への準拠という道徳規範が過去のものとなり、今日の道徳規範はそれに敵対することになる。[7]

対照的に、中絶の権利がそうまでファシストに対するアンチテーゼとなる理由は、これではっきりした。ファシストが信じる自然の秩序と矛盾して、女を生物学的運命であるはずのものから逃れさせるからだ。一方でフェミニズムは、女性の抑圧こそ自然に反している、役割を再生産労働だけに固定してはならない、と主張する。ジェンダーの抑圧を、男がつくり上げた人為的な社会と経済の構造だと認識して、男たちが勝手に決めている女に対する権威が、自然であろうはずがないと考える。女性に自由につながる道を開くのが、中絶の権利なのだ。

子どもを産むことは女性のアイデンティティの一選択肢であり、望む者が選べばいい、とフェミニストが考える点で、極右はフェミニズムそして女性の性をめぐる自由《セクシュアル・フリーダム》を「異常」または「自然に反する」と受け取る。それどころか、国家自体の存在を脅かすものと見る。ファシストの頭の中では国家と同義になる人種の優位性を脅かすからだ（一九三〇年代ドイツでナチスが「ドイツ人の血を受け継ぐ者だけが……国家の成員たり得る」と宣言した例がある）。[8]

だから極右は中絶を「白人種抹殺《ホワイト・ジェノサイド》」と呼ぶ想像の陰謀と結びつけるのだ。この陰謀論は、中絶がグローバルサウスからの移民と相まって人種の純粋性を根こそぎ奪い、白人多数の国家の安定を損なおうとしているとの仮定に立っている。国家つまり人種を救ってファシストのいう自然の秩序を回復するには、女の権利（移民の権利と同様に）を撤廃しなければならない。女は再生産労働に戻り、国家すなわち人種を再生させて、白人至上主義を維持するのだ。

極右が女性とマイノリティの権利を「自然に反する」と表現するのには理由がある。平等な権利を求める運動はすべて自然に反すると見ていて、女性の解放も例外ではないのだ。人間社会を彼らが考える動物社会のように機能させたがっている。人々は性別と人種によって明確な階層に分かれ、女性とマイノリティは劣位に囚われる一方、白人男性は権威を保証されて安泰となる。

概念2——常時戦争状態

ファシズムが途切れることのない戦争をありがたがるのは、間違った「自然なもの」のイメージに深いところで囚われているからだ。ネオクレウスが解説するように、「国家《ネーション》と自然《ネイチャー》が結びつくと戦争が命運を左右する……。戦争は自然のダイナミクスを持続させ、国家の力に貢献する」。ファシズムは常時、戦争状態にある必要がある。信奉者が信じるように、常に戦争をしていることが「男の精神を鍛え、自然を自然たらしめる所以」だからだ。[9]

常時戦争状態であることが人間にとって自然な状態だと信じているために、ファシズムは近代化、進歩、人間らしさと絶えず闘っていなければならない。ファシストが闘うのは国家のため、そして国家とは人種だ。こうして信奉者は、それぞれが単一民族国家を創るために人種間戦争を闘う必要に迫られる。

この単一民族国家がすべてのファシスト運動の最終目標だ。米国の極右集団 Identity Evropa は純粋白人国家を提唱したことがある。立派なことをやっているという態度で非暴力的な体裁を整えるため、こうした単一文化を実現する手段は、黒人とユダヤ人も含む少数民族に白人が支配する白国を離れる機会を与える、という形をとった。ネオナチ・リーダーのリチャード・スペンサーが「平和的民族浄化《ピースフル・エスニック・クレンジング》」と寒々しい名前で呼んだやり方だ。[10] むろん、そんなものはあり得ない。ファシストが夢見る単一民族国家の実現手段は、暴力だけだ。

ここでもまたネオクレウスのいうファシズムと戦争の構造を現代ファシズムのレトリックと行動に当てはめてみると、この同じ思考回路が極右のイデオロギーと行動の根底にあることが、はっきりとわかる。過激論者の掲示板では、極右たちが来たる戦争、コードネームで「ブーガルー」のことを盛んに話している。Ｘデーに引き金が引かれるという。二〇二一年八月にタリバンがアフガニスタンを制圧して米国が撤退に追い込まれたとき、極右はこれを自分たちが計画する戦争状態のモデルと見て、祝杯を挙げた。民兵勢力があっという間にひとつの国に襲い掛かってほとんど抵抗を許さずに制圧したタリバンの行動を成功としたのだ。極右の会員が集まっていると悪名高いソーシャルメディア・プラットフォームＧａｂでは、さまざまな集団が「アメリカをハイジャックした共産主義左派対残りの我々の内戦に備える」話をして、「ニュース、情報、活動後報告、戦死者（ＫＩＡ）、戦傷者（ＷＩＡ）、戦闘ビデオ、インテリジェンス、分析、第二のアメリカ革命とも見える内戦の検討」を共有している。西側に「来る大流血」を予告し、「壁への書き込み」を真剣に検討する。来たる大戦争、あるいは来たる大屈辱の敗北のことだ。アメリカ文化が生き残るのか、民主党が後押しする物乞い移民《ギミグランツ》の津波を被って「絶滅させられる」のか。米国市民だというのにネオナチの投稿者は、第二次世界大戦であんな「負けかたをして」と嘆く。ナチスドイツの方に一体感があるのだ。今度こそ勝てる、と極右は信じている。

この戦争の妄想がリアルタイムで展開するのをテレビ画面で見たのが、二〇二一年一月六日、ワシントンDCでの米国国会議事堂暴動のときだった。参加した者の多く(ほぼ白人男)にとって、これはXデー、ブーガルーの始まりだった。戦闘服で武器を携えた男があれだけいたのもうなずける。人質をとるための装備まで用意して、副大統領を吊るせ、と叫んでいた。結局こうした集団には、進歩を巻き戻して自然の秩序を回復するために戦闘が必要なのだ。つまり永遠の戦争状態だ。

暴動に女性の姿がなかったことは、極右の考える女の役割をはっきり表していて興味深い。極右の兵器庫の中で中絶の禁止が鍵を握ってきたことも、これで説明がつく。単一民族国家を創るため、そして白人種とみなすものの交替を防ぐためだ。あからさまにいえば、極右は女の再生産労働がなければ人種間戦争に勝てない。だから私の身体は私のものと主張する「白い」女は、全員自分の人種と国家を裏切る者と見られる(イランのような国粋主義政権国家と同じ態度だ)。こうした反逆が起きないように、そういう女は家父長制の支配下に置かなければならないのだ。

概念3――神話的過去

極右は彼らのいう自然の秩序を、ファシストにおける神話的過去の考え方を拡散することで正当化する。家父長的権威が象徴する、戦争を通じて達成できるものだと言いながら。神話的過去は近代化を拒否する神話であり、白人男性至上主義は今よりもっと優れて偉大だった戻るべき過去であり、歴史のある瞬間に実際に存在した、と嘘の主張がなされる想像の世界だ。この想像上の過去への執着が、ファシズムの核にある。ネオクレウスが説明するように、「過去の価値観、今のように絶えず変化するようになる前の社会と政治の秩序」に戻れと誘いかけるのだ。[11]

ヒトラーのナチスは、中世ヨーロッパと封建主義を彼らの神話的過去として理想化した。社会が人間と土の関係に従って組織され、労働者と無産階級には権利がなかった時代だ。党はルーン文字の記号を使って政権と神話的過去を結びつけた。ムッソリーニのイタリアでは、神話的過去は古代ローマと、「われらを導く星、我々の象徴あるいは望むなら神話と呼べ」と彼がいう古代ローマ帝国だった。[12]（欧米の）ファシストのいう神話的過去が、すべて一七八九年より前だという点は見逃せない。人道主義より前の時代、つまり社会革命運動が欧州を駆け抜け、人間を自然から切り離し、不平等は自然なことでもあらかじめ決められたものでもなく、もっと平等な社会は可能だと声を上げる前の時代の話だ。ファシズムは一七八九年以降に達成された人権の前進を巻き戻し、不平等を自然だとする時代に歴史を凍結せよと要求する。ナチスドイツのプロパガンダ責任者ヨーゼフ・ゲッベルスが党の権力の掌握を「一七八九年が歴史の記録から抹殺された瞬間」と表現したのは、こういうことなのだ。[13]

こうしたファシストの神話的過去は常にジェンダー差別をはらみ、イェールの哲学者ジェイソン・スタンリー教授が書いているように、「伝統的な家父長制に基づくさまざまなジェンダー役割があった」[14]。

ファシスト政権下のイタリアでは、このことはムッソリーニの偉大な国を取り戻す子づくり戦略に表れている。女は妊娠すると表彰され、男は暴力をふるうと評価された。ムッソリーニは「男にとっての戦争は、女にとっての母親業」だと宣言している[15]。同様にナチスドイツでも、第一次大戦後に芽生えた女性運動は多産能力を珍重する風潮の中で一掃された。男と女は明確に異なる性別役割を果たすよう期待された。幼いうちから男の子はヒトラーユーゲント、女の子はＢＤＭ（ドイツ少女隊）の入隊を勧められた。ユーゲントや少女隊は、男の子、女の子らしい古き良き時代のユニフォームと活動で、女の子は子ども、台所、教会、男の子は闘いへ、というメッセージを発信した。

私の調査で、ファシストの神話的過去が極右ともっと主流の保守派の両方の運動を今でも奮い立たせていることがわかった。右翼の指導者が、神話的過去の話を持ち出しては選挙区民を興奮させ、支持を広げようとしていることを思い出してほしい。英国では右翼のブレグジット構想が、イギリスがかつての栄光を取り戻して世界を睥睨しながらグローバルサウスから富を搾取できる、大英帝国２・０という「ルール・ブリタニア」の郷愁を大々的に謳いあげた。ブレグジット派がツイードに身を包み、琥珀色のエールのグラスを手に至るところでポーズをとって、ここでも近代性を拒否する神話的大英帝国の過去への郷愁を掻き立てた。ブレグジット支持の政治リーダーは、何かというとコモンウェルスを口にした。かつて大英帝国を構成した国々のことで、テリーザ・メイはブレグジットでイギリスは「グローバル」になってコモンウェルスとの貿易関係も強くなると言い、ナイジェル・ファラージはブレグジットが「コモンウェルス内の経済関係を醸成し、ＥＵ時代は恥ずべき過去になるだろう」と主張、ボリス・ジョンソンもイギリスの輝かしい未来のためにコモンウェルスが果たすべき重要な役割がある、とぶち上げた。コモンウェルス諸国が続々とこのコミュニティを離れ、女王を国の元首にいただくことを拒否していた時期に、この態度だったのだ。いうまでもなく、何かとコモンウェルスを持ち出すのは、イギリスが帝国の最高主権者として君臨していた過去への右派の郷愁だ。欧州連合では対照的に、他国と対等なパートナーだったというのに。

第6章で見ていくが、ハンガリーでは、極右の首相オルバーン・ヴィクトルが中世マジャール人兵士を祝福し、ハンガリーが軍事国家だった過去に回帰すると約束して信奉者を激励した。二〇一二年、高さ三メートルの神話のトゥルル像[ix]の除幕式が行われた。マジャール兵士の到着を告げたという伝説の鳥だ（共産主義政権では禁止されていた国粋主義者の象徴）。オルバーンはスピーチでこの鳥を紹介し、ハンガリー国民の「血と母なる大地」に帰属する「ハンガリー国民の原型」がここにある、と訴えた。九〇七年のポジョニの闘いを再現する例年の大クリルタイ行事では、国会議長ラズロ・コヴァーが「アッティラ、アルパドの民の継承者、崇拝者」を歓迎した。アルパドはハンガリー最初の王朝を創った首長を想起させる名前だ。[16]

ロシアのウラジーミル・プーチンにとって神話的過去は、ジェンダーと労働者の平等を勝ち取ろうとした一九一七年以降の小うるさい革命の試みすべてに先行する帝政時代の歴史までさかのぼる。プーチンはいわゆる欧米の影響というものを真っ向から否定し、母なるロシアと帝政ロシアのイメージを推進した。最も有名な米国のドナルド・トランプは、「アメリカを再び偉大にする《メイク・アメリカ・グレート・アゲイン》」と約束して失われた神話的過去があることを仄めかした。米国で人種隔離が禁止されてから一世紀にも満たず、連邦が中絶の権利を女性に保障して再生産労働から解放する一助になったロー対ウェイドから五〇年にも満たないとなれば、トランプがどんな神話的過去のことを言ったのか想像に難くない。

一七八九年と啓蒙主義は、歴史に残る進歩と革命的な階級意識の始まりを画した。対照的にファシズムは、ひたすら戦争、国家、自然をありがたがるままだ。だから極右が神話的過去を欲しがる気持ちは、ファシストの自然の妄想と根底でつながっているのだ。「自然と国家がファシスト理論の中核なのだと繰り返して定着させ、そうして喚起される中核の神話と装う伝統は、国家的なものであるか、一種の、抑圧されて近代世界での再生を持っている自然の本質のいずれかだから[17]」だ。

「神話的」という言葉がここでは鍵だ。極右勢力と独裁制の指導者が掻き立てるような過去は、かつて一度も存在したことがない。大英帝国は一度も「白人国家」だったことはなく、ロンドンにはいつの時代も黒人が住んでいた。帝国とは、野蛮で暴力的、残虐で民族を抹殺する所業だった。LGBTIQも常に存在していた。女たちはこれまでも中絶をしてきた。トゥルルにしても神話ではないか。家父長制に完全に押さえ込まれた時代があったことはなく、経済的独立を実践する女たちはいつもいたし、中絶も避妊も実行し、男性優位主義に反撃もしてきたのだ。ただここでは、男が男らしく、女とLGBTIQが分際をわきまえ、LGBTIQが日陰に追いやられた想像上の歴

ix　トゥルル（Turul）はハンガリーの建国神話においてマジャール人をカルパチア盆地に導いたとされる、鷲に似た神聖な鳥。ブダペストの王宮の丘に立つ、国家のアイデンティティと団結の象徴。

史に向かって歪曲するファシストの神話的過去なるものがあるというのみで、今その実態に深入りはしない。極右はこんな過去を創作することで、フェミニズム、ブラック・ライブズ・マター、LGBTIQの権利などの解放運動を、悪意があって自然の秩序を破壊するものと位置づけることができる。暴力と闘争でしか取り戻せない、自分たちの自由を束縛される自然の秩序を。

自由への恐怖

メイソンが論じているように、根のところで「ファシズムとは、垣間見ただけで震えあがるほどの自由への恐怖」だ。[18]女性の性と生殖に関する権利に極右が過剰反応するのはこのせいなのだ。すべての人間が解放され、自分で決められる人生を楽しむのを阻《はば》みたい。自由はイデオロギーの敵であり、自分たちの構想に対する脅威だというのが、ファシストの信念だ。自由は自然に反するとも極右は考える。自然で生来的で、絶対不変なものは戦争であり、女性、黒人、グローバル・マジョリティたちへの抑圧だ。

このことは、ファシズムが自由に抱く恐怖を、極右における反マルクス主義との関連を理解した上で見ると、いっそう理に適う。マルクスは、人間には社会を変える自由があり、社会によって変えられる自由もあると信じていた。この共生関係があってこそ、ひとは人間であることの意味を発展させながら進歩を遂げてこられたのだ。マルクスの著作は、当時の（そして今の）社会のあり方を決めていた不平等が自然なものでは決してなく、変えられるのだと教えてくれる。それができれば、人間の置かれている状況も変わる。人間が自由を手にすれば、社会のあり方を決めて、もっと平等な社会に変えていく主体になれるのだ。今なお極右がマルクスを怖れるのも驚くことではない。

過去五〇年から六〇年の解放運動は、究極的には自由を求める運動だった。liberationという言葉がそれを示しているではないか。極右を中絶の権利への攻撃に駆り立てるのは、再生産労働の拒否を女たちに許すことによってフェミニズムが自然と国家の両方を脅かしているという思い込みなのだが、これに加えて反自由の教義がある。オランダの極右リーダー、ティエリー・ボーデは、表向きフランスの作家ミシェル・ウエルベックについてと言いながら、実際には自分の考えを披露する場になっているあるエッセイで、ファシストによる自由への敵意を吐露している。「近代的であることの喜びのない解放」に触れ、「近代化は我々を幸福にしなかった、それどころか空虚になって目的のない人生とともに見捨てた」と強弁している。リベラリズムと社会主義は目指す社会の構想の基盤を以下に求めている、とボーデは続ける。

すべての個人が一定の「奪うことのできない権利」を享受するという原則。これはこの名の通り、他の要求すべてを退け、他の結びつき、忠誠、関係性すべてに優先することになる。時が経てば、当人が精一杯意味のある生き方をするために望む古くからあるもの、家族、過去と将来の世代とのつながり、国家や伝統、おそらくは教会などは弱体化していずれは消失するだろう。

今日《こんにち》、ひとは史上最も自由で「最も意味のない生活を送っている」とボーデは論じている。[19] ファシストが自由を切り捨てるときの常套句だ。自由はみじめさと苦しみをもたらした、嘘の約束に基づいている、本当の幸福は神話的過去に戻り、昔、確かだったものに立ち返ることにある、という。つまり自然、国家、そして戦争だ。

中絶の権利もボーデのエッセイで攻撃され、「今日、個人の自由を乱されないためには新しい（子宮に宿った）生命でさえなかったことにされることがある」と不満が続く。家父長制から解放される究極の道は、中絶と生殖医療の権利だ。自分がいつ身ごもるかを管理して身体をめぐる自己決定権《ボディリー・オートノミー》を行使し、子どもを産むか産まないか、産むとしたらいつかを自分で決めることができれば、何らかの形で経済的、社会的平等への道を進んでいける。中絶と避妊は女性が家庭から出て社会に踏み出し、再生産労働という至上命令から自由になる手助けをする。選択の権利、つまりフェミニズムだ。

これが現実に意味するのは、中絶に手が届けばファシズムが決めつけた「女の生物としての運命」から解放される可能性が生まれるということだ。極右の屁理屈によれば、それが自然の秩序を破壊し、国家すなわち人種の存在を脅かすことになる。女性の解放と中絶の権利は、ファシズムの足場である家父長的権威と女の従属を根底から脅かして弱体化しようとする。極右が進歩を巻き戻して、女が自然の秩序に従って居場所をわきまえ、終わりのない人種間戦争の燃料資源として使い倒される、ファシストのいう神話的過去に私たちを送り返したがる理由はここにある。

第2章　過激論者——反中絶の極右たち

理論は理解できたので、それが具体的にどんな行動につながるのかを見ていこう。本書でさまざまな極右サブカルチャー、組織、政治家を紹介するが、いずれも目指すのはファシストによる反中絶の実践だ。こういう集団、個人、ネットワークの動きかたを見れば、生殖の管理《リプロダクティブ・コントロール》を手にして白人種抹殺《ホワイト・ジェノサイド》にまつわる不安を解消し、ファシストが思い描く神話的過去と結びついた自然の秩序を取り戻せば白人男性至上主義を盤石にすることができる、と信奉者が確信していることがわかる。この章では、移民、ＬＧＢＴＩＱ、女性に対する過激なレイシズム・ミソジニー思想が傍流の過激論者から世界の主流政府へと浸透し、女性やグローバル・マジョリティ、マイノリティ集団の未来を脅かしている現状を紹介する。

ファシストの思考回路に根ざして極右を反中絶に駆り立てる代表的な陰謀論を二つ紹介する。ひとつは人種大交替《グレート・リプレイスメント》だ。女性の解放や移民に対する怖れと、胝《たこ》のように固く癒着して人種間戦争の正当化に使われる根拠のない陰謀論であり、グローバルノースで白人種を「取り戻す」この戦争の成否を握るのが生殖、つまり女が子どもを産むことを管理しようという発想だ。

この交替《リプレイスメント》の思い込みは、極右とネオナチの掲示板、テレグラムチャンネル、テロリストの声明で盛り上がっていたのだが、やがてネットの片隅から政治の主流へと浸透した。ハンガリーのオルバーン首相は、ある人口問題の会議で人口の交替を演説に取り上げ、聴衆に向かって「さまざまな理由から人口の交替を望む政治勢力が存在する」と発言、オランダではボーデが極右の自覚、民主主義フォーラムへの支持を求めて人種大交替のレトリックを使い、女性の解放が人口の衰退を引き起こしている、ナショナリストの運動は「再び家庭を中心に据え、その中にこそ国家が回復される伝統的な欧州の文化を維持、あるいはあらためて確立しようと試みている」と書いている。[1] フランスの扇動家で二〇二二年大統領選の有力候補者エリック・ゼムールは自著『フランスの自殺（*French Suicide*）』でこの人口の交替論を喧伝し、「国家の主権は消滅した。残骸だけになって別の大陸にいるようだ」、フランスは明らかに「破壊の段階」にあるということだ、と書く。英国でも、白人を交替から護れ、移民対応をもっと強硬に、と極右活動家が政府に圧力をかけた結果、保守党政府が国際法に違反しかねない難民政策を採用した。何の根拠もないでたらめな交替を言い立てて女性の権利や移民を脅威と考える主流の白人男性至上主義者に訴え、陰謀論を政策につなげたのだ。

もうひとつの陰謀論は、Qアノンと、妊娠中絶は欧米を非キリスト教化して人種大交替に手を貸す悪魔の企てだ、という思い込みが中心である。即座に論破できそうな愚かしい陰謀論だが、啓蒙主義の合理性に反旗を翻したファシズムであってみれば、この奇妙で暴力的な思い込みの体系が米国政治の主流を捉えて女性の権利や民主主義そのものを脅かすのも驚くことではない。

ここから、人種大交替と中絶は悪魔の企てだという陰謀論が、ある思考の型を極右に提供し、それによって政治の主流にいる彼らの支持者を引き込んで中絶の権利を攻撃するように仕向けていく過程を、過激論者の反中絶派の例で説明していく。失われた、または脅かされている人口を埋め合わせ、人種大交替を阻止するために、白人女性の身体を再生産労働目的に固定せよと要求するのが、ひとつめの陰謀論だ。これを狙って極右は出生主義《ネイタリズム》を推進し、ナショナリストのインフルエンサーは運動に参加する女たちに白人の子どもを三人から六人産めと急かす。対照的に中絶については、白人種や国民国家への反逆に匹敵するとして敵視する。白人がジェノサイドに瀕している事態になっているのにあえて妊娠を断つとは、我々の破壊を目論む勢力に手を貸すことになるではないか、というのだ。恐ろしいことに、これは一部の過激論者の思い込みではない。イタリアのマッテオ・サルヴィーニのような極右政治家がいう「人口の冬」の逆転を図り、欧州の各国政府は中絶の権利を少しずつ、あるいは丸ごと奪いながら、あの手この手で女たちにもっと子どもを産む気にさせようとしている。状況を整理するために、生殖を管理しようとする要求が他人種に大勢を奪われるという創られた恐怖と結びついた過去の例を見ていこう。

中絶は悪魔の企てだという陰謀論は、中絶がジェノサイドだという思い込みとつながり、悪魔的で自然に反する行為と位置づけることで説得力を持つ。中絶どころか子どもを産むのが女性の自然な役割だ、それを果たせと極右派は迫る。

ここで極右が抱く二つの白人男性至上主義サブカルチャー、インセルとレッドピル運動が登場する。この二つの陰謀論が過激論者の空間から主流の政治風土を煽り、動かしていく過程を見ていこう。どちらもネットで立ち上がり、性と生殖《セクシュアル&リプロダクティブ・フリーダム》をめぐる自由を女性から奪って、白人男性至上主義を揺るぎないものにしようと腐心している。女の解放は、どちらにとっても家父長的権威への自然に反した攻撃で、葬らなければならないものなのだ。

ネット空間の片隅に、極右過激論者が集ってミームを共有し、ヘイトスピーチを応酬、時には結婚適齢期の女を物色している淀んだ一角がある。ファシストの掲示板や過激論者のチャンネルが蜘蛛の巣のようにつながる暗がりだ。

人種大交替陰謀論が喧《かまびす》しいあるテレグラムチャンネルでは、ニカブ頭の女性の漫画が「一〇〇年後、欧州はアフリカになる」と警告する。極右に人気のSNS、Gabでは、白人と黒人の選手、生徒が混ざるサッカーチームや教室の写真を共有して「侵略者はどこだ」と字幕を添え、フォロワーに「白人の赤ん坊を作れ、今すぐ、たくさん」と呼びかける。テレグラムに戻ると、英国の極右活動家でパトリオティック・オルタナティブの創設者マーク・コレットが、中絶提供医院に並ぶ白人女性と、産科病棟に並ぶヒジャブ女性の漫画に、「これはホワイト・ジェノサイドだ」と字幕を付けている。

憎悪に満ちたミームは、極右の中絶攻撃を煽る人種大交替陰謀論を理解する上で役立つ。ニュージーランド、クライストチャーチのモスクで起きた銃乱射事件で世間に知られ、極右の人気を博した、根拠のない陰謀論だ。暗いウェブの一角で今も見つかる犯人の声明は、「人種大交替」と題して「出生率だ、とにかく出生率」と書いている。その悪意に満ちた声明が、（奪われた）人口を取り戻すなら白人女は二・〇六人産めと言い募り、移民増加と相まって白人種抹殺《ホワイト・ジェノサイド》を引き起こし白人出生率を低下させているのは「個人主義」だ、と攻撃する。

この正気とは思えない発想にこれまで出会ったことがない読者に説明すると、人種大交替陰謀論とはグローバルノースの白人がグローバルサウスからの移民に交替させられるという主張なのだ。その移民を奨励しているのがいわゆる文化的マルクス主義のエリートだというのだが、これは創られた極右の敵であり現実には存在しない。反ユダヤ主義を起源とする呼び名なのだろうが、極右が敵視しようにもマルクス主義者がほとんどいないため、フェミニスト、ＬＧＢＴＩＱやブラック・ライブズ・マターの活動家や人権派弁護士、そしてＥＵのような新自由主義的政治機構、米国では民主党を指すようになった。この説によれば、中絶や避妊で白人出生率を抑制するフェミニストがこの人種交替を助長しているという。これはすべてユダヤ人億万長者金融家の謀《はかりごと》だとして、彼らもマルクス主義者だと非難されている。

いうまでもないが、グローバルノースの白人人口が危機に瀕しているとの主張は事実無根だ。そもそも白人種というものは実際には存在しない。イングランド・ウェールズの二〇二一年国勢調査で、白人と自認する者は人口の八七・一%で、二〇一一年の同調査結果[2]に対して二・〇一%の増加、ＥＵ加盟国では黒人や少数民族は人口の一〇%だ[3]。非白人コミュニティが多い米国の白人人口は、一九八〇年の八〇%から二〇一九年六〇・一%に減少しているが、この変化を踏まえても、人種交替は錯乱した白人至上主義者の妄想以外では影も形もない。

ファシストが執拗に生殖を管理したがるのは、この妄想のせいだ。一方、Identity Evropa〔三八頁参照〕で見たように、黒人や少数民族は出ていくよう仕向け、強制送還で暴力的に排除し、不妊化の強制で再生産を阻止し、あるいは極右の暗い妄想の中にあるジェノサイドのための人種間戦争を通じて根絶やしにしなければならない。クライストチャーチ殺人犯の声明は、「出生率の前に、我が土地にいるかこれから入ろうとする侵略者を片づけるのが先だ。移民を粉砕して、すでに住みついた侵略者を強制送還する」と宣言している。[4] 人種大交替は極右の暴力的イデオロギーを推進する手段として完璧だ。人種間戦争、テロリズム、生殖の管理を正当化し、望まない妊娠を終わらせること、同性愛者あるいは黒人であることでその暴力的な目的に抗う人間を裏切り者と位置づけられる。

ファシストの思考回路を肝に銘じて見れば、人種大交替という捏造された脅威が極右の政治に重要な役割を果たしていることがはっきりわかる。欧米はもともと白人の国だと主張することで、白人性《ホワイトネス》を欧州の「自然」や国々と結びつける。その自然の秩序が、移民、中絶の権利、ブラック・ライブズ・マター、ＬＧＢＴＩＱの権利が体現する「文化的マルクス主義」によって脅かされている、というのだ。どれもみんな、行きたいところに行き、自分の身体のことや人生を、誰をどう愛するかを自分で決める自由の運動だというのに。

人種大交替は欧州の反ユダヤ主義とレイシズムの長い伝統の上に立つのだが、この言葉は二〇一二年、仏の小説家ルノー・カミュが作ったものだ。[5] イスラム教徒が大部分を占める非白人移民の襲来でフランス文化が危険に見舞われ、包囲されてしまったという主張である。移民をひとつの逆植民地主義と見て、イスラム教徒コミュニティが欧州のキリスト教コミュニティを圧倒しつつあるとする考え方であり、ファシズム・イデオロギーが根底にある。移民を憎悪するのは、ある国から別の国へ移れることが国家の安定を損ない、国籍を変えられるとなると国家にあるはずの自然に根ざした不変の何かが脅かされる、と信じるからだ。

個人主義を中絶したがる原因として極右が攻撃するのは、女性の生殖に関する権利《リプロダクティブ・ライツ》と自己決定を国家の再生産のもとに置きたいからだ。子どもを産むのを遅らせる、産まないと決める白人女は、人種全体のニーズに自分のニーズを優先させている、と非難するのだ。

人種大交替論はアイデンティタリアンと名乗る極右の諸団体も支持していて、その中でもジェネレーション・アイデンティティが最も有名だ。オランダの政治学者キャス・ムッデの著書『今日の極右（*The Far Right Today*）』によると「欧州のイスラム化なるものへの抵抗と、欧州諸国の出生率およびアイデンティティの刷新がアイデンティタリアン運動の主目標」だという。[6] 主要メンバー、マーカス・ウィリンガーがいうように、「メフメト、ムスタファ何某が欧州人になるのは嫌」なのだ。[7] ネオナチ・テレグラムチャンネルのフルハウスも明らかにこの主義の団体で、会員は「白人一色。地球上のすべての国で、白人を少数派に追い込む輩を敵と見る」と言ってはばからず、「白人種の存続と白人の子どもたちの未来を保証するために、健康な白人の子どもを増やす」必要を感じて中絶禁止を目指すという。[x] 後半部分はネオナチのデービッド・エデン・レーンによる「一四語」スローガンと呼応していて、いずれも運動目的を端的に述べて、他の極右活動家に政治的忠誠を

x　我々の種族の存続と白人の子どもたちの未来を確保しなければならない、という意味のスローガンの略語で英語が一四語から成っている。

伝えている。

白人種抹殺と人種大交替の主張は、極右の情報空間に散見される。英国極右団体のパトリオティック・オルタナティブは、自身のテレグラムチャンネルに人種大交替陰謀論支持を投稿し、活動家は「交替されてたまるか」とスローガンを縫いとったバナーを下げ、リーダーのマーク・コレットが移民は人口の「交替」を助長して「我が民族のジェノサイドを邁進させている」として彼らを非難する。

コレットは指導部に陰謀を企てた嫌疑で英国国民党（BNP）を停職になったネオナチで、[8]「この土地に住む権利のない」移民による英国白人の交替や、強制移動と闘う傍流団体パトリオティック・オルタナティブを立ち上げた。[9] 亡命希望者を「ゴキブリ」、HIV／エイズを「黒人、薬物使用者、ゲイがかかるお友だち病」と呼ぶ、不穏な経歴の男だ。[10]「西洋男の没落」を嘆き、毎年の会合で女は男の支配に服従すべきと考える男たちを前に演説をぶつ。[11]

コレットが広めた上記の中絶提供医院の漫画は、生殖に関する権利とレイシズムを臆面もなくリンクさせている。人種大交替の陰謀が、白人男性至上主義が脅かされるという恐怖で極右を凍りつかせ、その恐怖が女の生殖を支配したがる一部の男の願望に直接結びつくのだ。中絶を求めて病院に並ぶ白人女は、白人の赤ん坊の繁殖を拒否して人種を裏切るばかりか、女だけの空間で身体をめぐる自己決定権《ボディリー・オートノミー》を行使する男の支配が効かない女たちであり、一方でイスラム教徒の女は堕胎された白人の胎児と「交替」させようと褐色の赤ん坊を産む脅威なのだ。この両方を暴力と生殖の支配で叩きつぶすことをこの運動は目指している。

私が反中絶と移民を排斥する極右の関係を最初に知ったのは、テレグラムではなくUKライフリーグだった。この活動家グループの発起人は扇動的なカルヴァン派極右活動家のジム・ダウソンで、反イスラムの極右団体ブリテン・ファースト創立者の一人だ。出身はスコットランドで、過激な政治見解とプロテスタント原理主義を融合させ、欧州で最も影響力のある極右活動家と呼ばれる。性に関する健康医療《セクシュアル・ヘルス》の従事者の個人情報を公開するウェブサイトを立ち上げて物議をかもし、反中絶運動の多くを米国の運動から学んだ経歴がある。

ライフリーグを調べるうち、私は極右運動と反中絶運動がどれほど密接に結びついているか、それはなぜなのかを理解した。ライフリーグが発行する『レスキュー』誌の文字を必死に追い、走り書きでノートをとり、生々しい中絶画像にうろたえながら、私は「我が女性の子宮を通して欧州を征服しようと語る」イスラム教徒を取り上げた記事を次々特定していった。[12] 書き手たちは自国民を大切にする東欧の極右独裁首脳らを褒めそやす一方、英国では「我々の子どもたちがいるはずの空の揺りかご、遊び場、学校の椅子を外国人が占領している」と批判していた。

一九二七年、イタリアのファシスト独裁者ムッソリーニが行った演説とよく似た語調だ。ムッソリーニ体制下、人種大交替論の前兆のような政策が推進された。彼は「赤ん坊闘争」とイタリア母子保健庁を立ち上げ、「正しい種類のイタリア人を増やせと奨励した」のだ、とルース・ベン＝ギアットは言う。[13] ムッソリーニは中絶と避妊を禁じ、独身男性に課税して多産の母親を報奨し、演説の中で「揺りかごは、墓場は大きくなるばかり……。白人種、西洋人種全体が、気づかぬうちに着々と増殖する非白人種によって沈められるかもしれない」と警告した。[14]

現在、国際テンプル騎士団（ＫＩＴ）の生命尊重派《プロライフ》を率いるダウソンは、「テンプルレポート」をサイトに掲載している。折に触れて聖書の一節を挟みながら、女性、移民、ＬＧＢＴＩＱに怒りをぶつける長い独白が大部分を占めるビデオだ。英国の大聖堂の写真、極右の陰謀、親プーチン、親トランプのコンテンツと騎士道精神や処女性に関する奇妙な戯言が渾然としたサイトには、英国の海辺の町ブラックプールの二つの光景を比較した動画もある。一九七〇年代に伝統的な風景の英国の海辺を楽しむ白人の映像と、いろいろな人種の人間が休暇を楽しむ最近の動画だ。海辺を散策する人間の中に黒人とアジア系が増えたのは「五〇年にわたる避妊、プロパガンダ、経済的な必要性から女性は子どもを産まずに働くようになり、文字通り何百万もの中絶が行われた結果だ」と字幕がついている。[15]

コレットが投稿した漫画と同じく、人種大交替に照らして極右が女性をどう見ているかわかることが多い。人口が白人ばかりの英国で、金のために働く必要のなかった女たちが家にこもり、男たちが外の空間を独占できたとファシストが妄想する過去への回帰願望がひとつ。英国で黒人や少数民族が増えたことを、白人女性が中絶できるようになったせいにする露骨な非難がもうひとつ。非白人の増殖を「相殺できる比率」で白人女性が子を産み続けていたら、国の白人人口はもっと増えているだろう、というのだ。避妊をあしざまに言い、女性の身体をめぐる自己決定権を丸ごと葬りたい願望を口にする。

こうした過激な見かたが今や主流なのだ。二〇一七年当時のアイオワ州議会議員スティーブ・キングは、「米国は中絶という形で一〇〇万人の赤ん坊を人口から間引いている。そこへ異文化圏で育ったよそ者の赤子が一八〇万人足されるのだ。我々のアメリカ文化が毎年、二対一で違うものと入れ替わっている」[16]と発言した。ここでは、中絶を禁じて減った白人人口を回復したい者たちの願望を代表しつつ、「我々のアメリカ文化に交替する」移民への憤慨も表されている。アメリカの文化とは白人性のことだ。共和党の下院議員を一八年間務めた人間が、世間に知られる場で極右の陰謀論を口にしているのだ。KKKのデービッド・デュークが「スティーブ・キングに神の加護を」と投稿して称賛したのも不思議ではない[17]。

第6章では、こうした傍流の思い込みがネットの片隅の過激論者から欧米全域で政府の主流政策に持ち込まれ、今ここにある危機となっている現実をより詳細に検証する。ていねいな言葉で発せられることも多い（いつもというわけでもない）が、欧米の議会は、元をたどれば極右による生殖の管理や人種差別的な反移民政策の要求に端を発しているような法律を次々に制定している。続く第7章では、低出生率や資本主義の危機への不安が極右の女性観を主流に浸透させ、女性の将来の自由を脅かしている実態を見ていく。

移民や女性の生殖をめぐる自己決定権《リプロダクティブ・オートノミー》に対抗して捏造されたパニックが主流の政治政策になったことは過去にもあり、白人男性至上主義者が生殖に関する権利を包囲攻撃するのは、今が初めてではない。一八六〇年代の米国女性は、妊孕性の管理も含めて次第に大きな自由と、政治についてものをいう力を手にしはじめていた。中絶薬の入手も簡単になり、歴史学者レスリー・レーガンによると「中絶を誘発する最も一般的な手段である薬物服用が商品化されて、中絶ビジネスは一八四〇年代までに急成長した[18]。販売を禁止する法律（毒薬取締法）があったのに、堕胎薬は大衆紙で宣伝されて医師や薬剤師から郵便で買えたし、薬に失敗しても器具による中絶が専門の開業医に行けた。中絶患者は上・中流階級既婚の白人で、生粋のプロテスタントが多かった[19]」という。

ただ、中絶は白人女性には可能だった一方、奴隷にされた黒人女性にとっては犯罪になったことは重要だ。自分で妊娠を終わらせたり、その助けを求めたりした奴隷女性は、胎児が法律で奴隷所有者のものとされたために窃盗犯になった。黒人哲学者で公民権運動家のアンジェラ・デイヴィスは、「奴隷所有階級は自家の奴隷労力を補充・増加させる確実な道として自然繁殖に頼らざるを得ず、所有者の目から見る奴隷女は母親どころか奴隷労力の増強を保証する機械だった[20]」と書いている。この残酷さこそが、長い間、女の体を再生産の資源と見てきた右派の視線なのだ。奴隷にされた黒人女性は生産と再生産の労働資源として扱われ、白人支配階級を富ませるために搾取された。

あと二つ、白人女性の解放が進むかたわらで、政治の変化が起きていた。ひとつは南北戦争と、搾取して富をむさぼっていた奴隷の解放が支配階級に突きつけた経済的脅威、二つめはアイルランド、メキシコ、中国、その他の非WASP地域からの移民増加だ。移民、女性が生殖の行為主体となり、奴隷制廃止が束になって白人男性至上主義を脅しているという不安が増大した。「カトリックの多い移民が増え、まもなく生粋の米国白人を数で上回り、その政治力を脅すだろうと反中絶運動家らが指摘した[21]」。反生殖をめぐる自由《リプロダクティブ・フリーダム》の急先鋒だった反中絶活動家ハロルド・ストーラー博士は、国が自分たちでなくよそ者の子どもだらけになってもいいのか、股に国の運命がかかっている我が女性たちに答えてもらいたい、と迫った[22]。博士と信奉者たちは反中絶の闘いに勝ち、一九七三年のロー対ウェイドで連邦が認める権利として確立するまで、米国の中絶は犯罪とされた。そのロー判決も二〇二二年六月に覆されることになる。一九二四年には東・南欧や非白人国からの移民を制限する割当てが導入されたのも注目に値する。中国からの移民は一八八二年の中国人排斥法で完全に禁止された。白人男が女の自由に抱く怖れと、移民が多数派WASPに取って替わるという不安を巧妙に利用した極右の勝利だった。

二〇世紀に入ると、セオドア・ルーズベルト大統領によって、人種大交替説の前兆が再び米国の政治舞台に現れた。一九〇五年、「人種の純粋性をなんとしても維持する」と宣言してリンカーンデー晩餐会のスピーチを締めくくったのだ。大統領は一年後再び生粋白人の出生率低下に触れて「人種の自殺《レース・スーサイド》」の危機が迫っていると訴えた。アンジェラ・デイヴィスは、「ルーズベルトはその年の一般教書演説の中で、勝手な不妊化に忙しい裕福な白人女性を、国家の死、人種の自殺が罰として下る罪だと訓戒した」と指摘する。[23]

一九三〇年代から四〇年代のナチスドイツでは、男は人を殺し、女は出産するとメダルを贈られた。いちばん多く産めば金メダルで、明らかに白人至上主義国家の再生産を奨励する第三帝国アーリア人種の構築を目指したものだった。一方、この国で女の役割が再生産労働へ貶められたのは、先行するワイマール時代に拡大した女性の性と生殖をめぐる自由への反動でもあった。

歴史学者グプタ・チャルは一九九一年、「ナチスは女性運動のことを、ドイツ人家庭を破壊してドイツ民族を滅亡させようとするユダヤ人の国際的陰謀のひとつだと信じて、運動が女たちに、経済的自立を主張して子どもを産むという本来の仕事を怠るように奨励して避妊と中絶を勧め、出生率を下げてドイツ民族の存在自体を攻撃している、と主張した[24]」と記している。

性と生殖に関する権利《セクシュアル&リプロダクティブ・ライツ》へのこの反動は、かのネオナチ・テレグラムチャンネルのフルハウスが第二次大戦のドイツ敗北を嘆いて、気分が悪くなるほど長々と連ねる敗因分析の中にも見られる。「移民（と）中絶で白人を破壊するしくみさ……まあ少なくとも俺たちはドイツ語を話していない」と皮肉る投稿、「もしドイツが勝っていたら」の見出しで「文化的マルクス主義も自由主義もその破滅的な結果も、ホモセクシュアルを公言する輩や急進フェミニスト運動とかもなかっただろう」という投稿もある。

英米も欧州もさすがにここまで来て、ユダヤ人六〇〇万、LGBTIQに障害者、非白人に反体制共産主義者五〇〇万を殺害したジェノサイド独裁国家ナチスドイツに逆戻りはするまいと見える。けれど、ナチスが女の権利を攻撃し、女の解放はユダヤ人とマルクス主義者の企みだと主張しはじめていた一九二〇年代後半から三〇年代初期のドイツから見ても、それはまさかそんなことには、という一〇年後の国の姿だったのだ。人種交替、人種間戦争、〔男による〕生殖の管理という過激論者の考え方が瞬く間にあたりまえになって有権者をその気にさせ、政府の政策が変わることがあると肝に銘じなければならない。ハンガリー、ポーランドの反移民政策や家族政策、英の移民・亡命政策も、フランス、スペイン、スロバキア、オランダで選挙で選ばれた政党や指導者が弄するレトリックにもいえることだ。トランプが変えてしまった共和党も同じなのだ。

人種大交替と軌を一にして動くのは、二つめの極右の陰謀論、QアノンおよびQアノンが主張する悪魔的儀式虐待《サタニック・リチュアル・アビユース》だ。

幸運にもQアノンの陰謀論を知らないできた読者には申し訳ないけれど、その幸せはもう終わった。文化的マルクス主義の左寄りエリートが幻覚作用と老化防止効果があるとして化学物質アドレノクロムの採取を目論み、大規模な幼児誘拐ネットワークを動かしている、と主張するような運動なのだ。怯えた子どもから採取するアドレノクロムは強力なのだという。ありもしないこの陰謀組織が悪魔儀礼の生贄《いけにえ》として中絶を行い、その果てに欧米の非キリスト教化を目論むのだという。この話の妄想は、レディットには過激すぎるとされる投稿を発信する4Chan掲示板に現れた。この話には自称、高度機密にアクセスできる政府職員で「来たるべき嵐」に備えて闇の政府《ディープ・ステート》の情報をリークしているというQなる人物が登場する。Qの理論はその後、フェイスブック、インスタグラム、ツイッターに移り、#SaveTheChildrenなどのハッシュタグが付いた。Q関連のアカウントは今、主流プラットフォームの大部分で禁止されているが、大手テック企業であるモデレーターが気づいたときにはすでに深刻な被害が起きていた。

Qと人種大交替陰謀論は、悪魔論者と、西洋が非キリスト教化されようとしているという恐怖との交差点で出会う。イスラム教徒の多いグローバルサウスから欧州へ渡る移民はキリスト教根絶を目論む悪魔の手先だ、悪魔の乗っ取りから欧米を救うには、移民も中絶も終わらせなければならない、とQ信奉者は言う。

こんな狂気はつい無視したくなるけれど、最近米国で何が起きたかと思うと嫌でも考えさせられる。中絶のような人権問題の進展は自然に反する悪魔のしわざだから覆し、ファシズム的な自然の秩序と神話的過去の理想に回帰しなければならない、というのがQアノンの陰謀論だ。こんな発想が、極右陰謀論者に囚われた米国共和党がトランプを支持することで主流に進出し、今では米国人の五人に一人がQアノンを信じているという推計もある。[25]

悪魔的儀式虐待陰謀論には、中世欧州反ユダヤ主義における血の中傷神話に始まり、一九三〇年代ドイツのナチス・プロパガンダ、一九八〇年代にアメリカで託児所を攻撃したマクマーティン事件など、長く不名誉な歴史がある。マクマーティン事件は女性の自由が大きくなってきたことに絡んでいて、ワイマール後のドイツの反動と同じく女性が仕事に行くことを捉えて、子どもを危険にさらしていると責めた。

そもそも悪魔陰謀論《サタニック・コンスピラシー》が、主流に進出する前にどうやって極右を取り込んだのかを理解するには、ファシズム理論を支える自然の秩序、神話的過去、常時戦争状態の三つの概念をあらためて考える必要がある。中絶、移民、悪魔崇拝を結びつけるのは非論理的にも思えるが、女性の権利の成果を後退させて再生産労働に閉じ込めようとする極右の計画の中で、このつながりは重要だ。女性の身体をめぐる自己決定権への強硬な抵抗は、極右が不気味で邪悪な悪魔の姿に重ねて喧伝する、中絶が自然の秩序を破壊する、という思考回路から来ている。

こんな奇怪で暴力的な陰謀論がどうやって定着したのかを理解する上で、ロー対ウェイド判決後に現れた悪魔《サタニック》パニックは注目に値する。米国でキリスト教徒に改宗した元悪魔論者と称する男たちが、世界は悪魔崇拝カルトが牛耳っていると警告したのだ。キリスト教伝道者ワーンケが自著『悪魔の売り手（*The Satan Seller*）』にカルト教団での体験というものを記している。驚くことでもないが、この男も米国で拡大していたキリスト教右派運動に属し、その反中絶の使命に献身していた。

悪魔パニックは、一九八〇年代までにレーガン保守派、レイプ防止活動家が揃って喧伝して、グローバルノースを震撼させたマクマーティン保育園裁判でピークに達する。ローブ姿の男たちがウサギを殺すという薄気味悪い証言もあったが、証拠は見つからず、誰も有罪にならなかった。

マクマーティン事件をめぐるパニックは、生殖医療《リプロダクティブ・ヘルスケア》や避妊へのアクセスが向上して女性の職場進出が進み、社会的・経済的平等が拡大したことへの反動から生まれた面もある。『我々は子どもたちを信じる、八〇年代のモラルパニック（*We Believe the Children: Moral Panic in the 1980s*）』の著者リチャード・ベックによれば、「八〇年代には強力で悪質なフェミニズムへの反動があって陰謀論の定着を助けた」という。[26]

　Qアノンや生命倫理改革センターUK（CBR UK）が広めた今日《こんにち》の悪魔的儀式虐待陰謀論と同じく、このパニックは女性が妊孕《にんよう》性を自分で管理することへの恐怖が根底にある。女性解放運動は一九八〇年代、中流階級の女性が家の外《そと》、家庭から職場へ進出する道を開いた。フェミニストはこれを進歩だと持ち上げたが、反動側は、働く母親は子どもに関する義務、特に子どもを産む義務を放棄していると非難した。

「レーガン主導の保守派が復活して、デイケア（保育所）は、フェミニズムが積極的に展開する悪意だとは言われないまでも、疑いの目で見られてはいた。女が自由になりすぎて家庭が損なわれていると思われたのが、パニックの原因だった」とベックがマザージョーンズ誌に語っている。

　悪魔の姿は自然に反し、右手に対して左手、光に対して闇を表す。中絶は悪魔への生贄だといえば、極右陰謀論者は女の権利を不自然で堕落した邪悪なものと仄めかし、女の解放は「悪魔のしわざ」だと古臭い言いかたで貶めることができる。対照的に良き女とは、子どもを産むという生物学的運命を受け入れて、男の優位に従う女のことだ。この自然の秩序を回復して悪魔の力を叩くために、人権の進歩を巻き戻して神話的過去を復活させ、（女性が）苦闘の末に得た自由を覆すと極右はいうのだ。悪魔の陰謀論はファシズムが繁栄するための常時戦争状態をもつくり出すことを忘れてはいけない。悪魔勢力を倒すまで、善と悪、光と闇の果てしない戦いに赴けと信奉者に要求するのだ。

　二〇二〇年の米国選挙中、Q信奉者は、トランプ大統領が闘いをリードしてXデー（極右Q革命開始の陰謀論用語）当日に悪魔の虐待者《サタニック・アビューザー》への総攻撃をかけると信じていた。ラドフォード大学宗教学教授ポール・トーマスは、「アノン信者によるとトランプは光の子と闇の子の壮大な意義ある闘いに赴いて、悪魔儀礼用に子どもを誘拐している小児性愛者ネットワークの解体に取り組んでいることになっている」のだという。[27]「闘い」がこの分析のキーワードだ。陰謀論はQの信奉者たちを、「虐待」を終わらせる世界的な闘いで暴力の行使を厭わない、好戦的な心情に駆り立てる（信者は抗議活動で #SaveTheChildren のプラカードを掲げ、ソーシャルメディアでこのハッシュタグを用いた）。

　常時戦争状態というファシスト概念の中で、女性の役割が子どもを産むことだと考えると、このタグにまたひとつ別の意味層が加わる。男は悪魔崇拝者から子どもを「救う」ために闘い、女は家にいて子どもを「産め」（中絶を避ける）ということだ。Qアノン信者の大多数は共和党に投票する。「米国の政府、メディア、金融界は、世界的な人身売買組織を運営する悪魔崇拝の小児性愛者団体に支配されている」という発言に同意する者の二三％が共和党支持者だが、民主党支持者は八％にとどまる。[28]これは、人種がQアノン陰謀論とその広がり方の要因であることを裏づけている。共和党の有権者は民主党より白人が多い。白人至上主義者がトランプと彼の選挙公約によって共和党に引き入れられたのだ。

反中絶派と#SaveTheChildren Qアノン陰謀論とのつながりは簡単に見つかる。二〇二〇年米大統領選当時ツイッターのハッシュタグを短時間検索しただけで、民主党エリート、悪魔的儀式虐待、中絶の権利への言及が山ほど見つかった。「中絶合法化狙いの小児性愛者《ペドフィリア》に投票しながら#SaveTheChildrenで投稿か。何千人も子どもを殺す投票をしたも同然、子どもを危険にさらしただけ[29]」、「中絶は子どもの生贄《いけにえ》だ。民主党に投票するのは子どもの生贄支持。#SaveTheChildren」[30]から、Tr1AL11というツイッターユーザーなどは米国選挙の日に「中絶の権利を女から取り上げろ、#SaveTheChildren 悪魔カルトが#生贄にする前に」と投稿する露骨さだ。[31]

事態は二〇二一年一月六日、ワシントンの連邦議会議事堂で起きた暴動のおり、Qアノンがオフラインで姿を現して最高潮となる。そこここで重複するQアノン運動、極右武装集団、レイシスト、反中絶活動家らが、米国民主主義の手続きを転覆させて、一八六〇年代の南北戦争に匹敵する人種間戦争を始めようと結集したのだ。

その日灰色の空の下、議会がジョー・バイデン次期大統領当選の承認投票中に、バス何台分かのトランプ支持者が民主主義大国アメリカの心臓部になだれ込む。二〇二〇年選挙の「盗みを阻止する」と決意した者たちを首都に輸送する段取りは、ターニング・ポイントUSA等の団体が整えていた。ポロシャツの極右プラウドボーイズに混じって軍服姿で顔を覆って身元を隠したオースキーパーの姿が覗く。アメリカ独立戦争のスローガン「自由か死か」を縫いとった旗を掲げ、スローガンや戦いの雄叫びを大音量で上げるデモ一行。「まるで兵士の行進だ。兵士だもんな」と、プラウドボーイのエディ・ブロックがワシントンDCを行進する群衆をライブ配信した。少し年輩に見える男たちが顔の前にiPhoneを構え、極右ソーシャルメディアのフォロワーに見せるセルフィーを撮っている。中絶提供医院の外で「ベビーの命がだいじ《ベビーズ・ライブズ・マター》」とペンキで落書きして有名になった金髪童顔のテイラー・ハンセンも行進しながら撮影していた。一九八〇年代に中絶提供医院の爆破を共謀したジョン・ブロックホフトら反中絶運動のベテランたちも群衆に加わった。[32]

あの熱狂的な群衆の中で歴然としていたのは、これが男、白人男の運動だったことだ。稀に黒人や女性もいたが、その日列をなして議事堂に向かったのは、角付き頭飾りをつけた一人を含む野球帽やカウボーイハットをかぶった白人男の群れだった。「ここは俺たちの街だ、誇り高きプラウドボーイたれ」と大声で叫びながら。[33]

反ファシスト・アンティファの不在が目を引いた。あえて家にとどまった、トランプの顕著な極右化に抵抗するこの勢力は、暴動が街頭の暴力に発展するのを防いだと評価されている。

凍てつくような灰色の午後、トランプが演壇に上がると、万歳の歓声がわいた。大統領は自分を護るために集まった極右集団や陰謀論者を褒め上げ、この日のことを映像に残してくれと訴えた。選挙を不正操作したとされる大手ハイテク企業に怒りをぶちまけ、「公正な選挙と何者にも侵されない栄光ある我が共和国に献身する何千の米国愛国者たち」を称えると、同意の叫び声が上がった。民主党を「急進左派」と激しく非難するトランプにうなずく白い顔の群れ。トランプが自分に反対する共和党議員を「弱腰」と罵倒すると、白い顔たちが「マイク・ペンスを吊るせ」と唱和する。熱心なキリスト教保守派であるにもかかわらず、選挙結果に異議を唱えることを拒否したトランプの副大統領のことだ。「ここにいる全員で議事堂まで行進しよう。平和と国を愛する者として訴えるんだ」とトランプは言った。[34]

Qの視点では、光と闇、悪魔の軍勢と我がトランピアン・スーパーヒーローの闘いの始まり、Qとは連携しないが人種大交替を信じる極右武装集団にとっては、バイデン民主党が代表する文化的マルクス主義者、親女性、親ブラック・ライブズ・マター、親LGBTIQのエリートからアメリカを取り戻し、人種間戦争を通じて白人男性至上主義の盤石化へ向かう瞬間だった。どちらにとってもXデーであり、ファシズムの理論が懐に抱く常時戦争状態への引き金を引く「嵐」の始まりだった。その戦いを、当時まだ世界最強の指導者だった男の許可を得て始めようとしていたのだ。

どちらの陰謀論派にも反中絶勢力がいるのが鍵だ。悪魔の力を破壊して人種間戦争に勝つためならジェノサイドも辞さないこの暴力的運動は、女を家父長制の支配下に置いてもっぱら子どもを産む道具にしておく必要があった。

平和と国を愛する者たちとは思えないふるまいで、男たちは行進した。窓ガラスを割り、フェミニストの著作の本棚を壊し、「ナンシー・ペロシはどこだ」と叫んだ。ペロシ事務所の机の下に隠れた職員は、「愛している」と両親にメールした。男たちはいざ議場に侵入すると、力みかえりながらも勝手が違うのかうろうろと歩き回った。「ここは俺たちの家だ！」男たちは円形の広間で叫ぶ。「これがアメリカだ！」アメリカは自分たち、自分たちだけのものだと言い張る白人男たち。

結局この男たちにとっては人種が国家なのだ。「議事堂からデリック・エヴァンスだ!」、反中絶派ウェストバージニア州議員が叫ぶ。共和党エリートが暴徒さながらの佇まいで、「この国を取り戻してみせる。なんとしてもな」と中絶提供医院の外で女に嫌がらせすることに慣れた男の傲慢さを漂わせながら、自分の犯罪をライブストリーミングした。[35]

やがてトランプが支持者たちに帰宅を命じてその日は幕を閉じる。最後に議事堂の階段を下りたのは、車椅子で警官隊に安全な場所まで介助されたプラウドボーイのエディ・ブロックらしかった。後ろには、警察官ブライアン・シックニック、Qアノンのアシュリー・バビット、トーサン・ボイランド、トランプ支持者ケヴィン・グリーズン、ベンジャミン・フィリップスの遺体が横たわっていた。

陰謀論に突き動かされたこの双子の運動が連邦議事堂で出会った事実を、真剣に受け止めなければならない(悪魔の力がどうのという話は無視してほしいが)。部屋の外で窓ガラスを割り、憎悪に満ちたスローガンを叫ぶ輩だけが陰謀論者ではなかったことに慄然とする。上院議員が戻り、二〇二〇年選挙を批准してバイデンを当選者と宣言する運びになった議場にも陰謀論者はいたのだ。

マサチューセッツ州選出の民主党下院議員ジム・マクガバンは、「恐ろしいことが起きたとはいえ、収まって戻ったらみんなひとつになってまともなことをすると思っていた」とBBCのドキュメンタリー番組『議事堂での四時間』で語った。「9・11のときも現場にいたが、民主党と共和党が議事堂の階段に集まってGod Bless Americaと声を合わせたし今度もそうなると思ったのに[36]」。

議事堂が片づいて暴徒が退却すると、一〇〇人以上の共和党議員が議場に整然と並び、選挙無効に票を投じたのだ。ポール・ゴーサー、ローレン・ボーバート、マージョリー・テイラー・グリーンら、反中絶の信念を共有してQアノンの陰謀説を推進した者も含まれていた。グリーンはQを「愛国者」と呼び、後にこの発言を後悔しているとは言ったものの、トランプの再選は「悪魔崇拝小児性愛者の世界的陰謀団を捕らえる一生に一度の機会」だと述べた[37]。二〇二二年中間選挙ではQアノンを積極的に支持、フォロー、関連する陰謀論を広めていた候補者が四五人はいた。

共和党がどれほど極右に取り込まれているか、政界の既成勢力、反中絶運動、そして根拠のない陰謀論の関連を注意深く見ることがどれほど重要かがわかる。二〇二一年一月六日の暴動から数ヵ月間、共和党は安全で合法的な中絶の権利を含めてやっと勝ち取られた自由に戦争をしかけた。中絶の権利を攻撃したのは、Qアノン支持を表明、あるいは選挙を覆してトランプを政権に返り咲かせようと襲撃者に同調して投票した共和党員が多かった。議事堂の窓ガラスを破壊する極右武装集団の暴力が存分に見せつけたファシストの中絶観、自由への恐怖、人種間戦争を志向するジェノサイド願望は、ファシスト傾向を強める共和党を通じて正式な政治の場でも着実に受け入れられてきている。

過激な反中絶派や極右陰謀論者は、女が存分な人権を手にすることを、護りたい自然の秩序への攻撃と考える。それが女を再生産労働で搾取し、男の権威に従属させて成り立つ秩序だからだ。こんな奇怪な理屈を片隅の過激論者の戯事と嗤《わら》えない現実を、一月六日と後の二〇二二年、連邦議会候補者リストは突きつけた。奴隷制の拡大と大農園主層の権力に抗するべく結成された世界最古の民主主義政党である米国共和党へのこの極右の浸透は、哲学者ハンナ・アーレントのいう「エリートとモブの同盟」の姿だ。共和党の政策立案者、支援する億万長者、最高裁判事候補者らがエリートであり、モブは路上のファシスト、極右武装集団、連邦議会議事堂を襲撃した反中絶主義者だ。両方が生殖の権利に対する右翼のイデオロギーを喧伝して、暴力と陰謀論を路上から議事堂に持ち込み、勝手な信念で司法と政治の方針を動かしている。

白人男性至上主義者の暴力を見せつけ、反中絶の声が民主主義転覆の呼びかけに手を貸してトランプの任期が終焉を迎えたのは、彼が女を憎んでミソジニーから白人至上主義へ進んだ男たちの支持で一気に権力の座に就いた大統領であることを考えれば驚くにはあたらない。これがレッドピル・コミュニティ、いわゆるマノスフィア集団で、一《いち》レディットフォーラムから組織的なミソジニーの拠点となった。レッドピルは主人公が赤い錠剤を飲むことで自分が生きる世界の現実が見えるという一九九九年の映画『マトリックス』から来た名前で、信奉者は女を征服して搾取する性対象と見て、女の解放は不自然で社会の衰退につながるという極右の信念を共有している。

レッドピル・フォーラムの男たちは、トランプを「男への戦争《ウォー・オン・メン》」に勝てる「α《アルファ》男性」だと持ち上げた。自分たちがフェミニストやリベラル派にしかけられていると感じ、プロ・チョイス候補ヒラリー・ロダム・クリントンが体現する戦争だ。ファシズムの思考回路に沿って、自分たちは常時戦争状態にあり、そこでは再生産に励んでセックスに応じるのが女の役割だと信じている男たちなのだ。

初期のレッドピル・カルチャーは個人主義が強く、男性の自己啓発という屈折した考えが基盤だった。体を鍛えて筋肉をつけ、女を操って（あるいは「引っかけ」て）セックスすることでステータスを「β《ベータ》」から「α男性」に上げよと持ち上げられた。その後、二〇一六年の選挙を前に政治化が加速して、トランプへの投票は白人男性至上主義への投票であるとの了解が定着する。フォーラムモデレーターのレッドピル・スクールは二〇一六年一〇月、男性の権利活動家とレッドピラーはトランプに投票して、なんとしてもヒラリー・クリントンを落選させようと投稿した。

当落がまさに我々がここで議論してきた文化的影響やトレンドを直接左右する候補が揃っているこの選挙シーズンは、性の戦略と政治の間に壁を作っていられる状況ではない。性の戦略を決定する候補者が揃っているのだ。我が大統領候補者たちは、それぞれ男性の生活がますます損なわれる（そして女性の選択肢、利点、前向きな結果を促進する）しくみと、そのしくみから疎外される者たちを代表している。[38]

選挙人団投票で勝って大統領になったトランプは、ジェンダーに基づく暴力を受ける女性の保護を無力化し、女性の生殖に関する権利に攻撃をしかけることでミソジニストの支持基盤の要求に応える。これをどう進めたのか、レッドピル・サブカルチャーの選挙運動がトランプのミソジニー的な政治プログラムの形成にどう貢献したかを理解するためには、何が男たちをこの種の過激な活動に惹きつけ、会員が何を信じ、どういう経緯で政治の主流にいる大統領候補を支持するよう説得されたのか、理解する必要がある。そこからレッドピルの思い込みがトランプ政権の政策になった過程を分析してみよう。

レッドピルや関連するサブカルチャーの男たちにとって、女が公共の場に入り、「大挙して」家の外で働き、政治を動かす力を発揮してセックスや身ごもる時期を自分で決めることを許す性と生殖をめぐる自由は、これまで述べてきたようにファシズムのいう自然の秩序を破壊する。男は女より生物学的に優れ、哲学者アミア・スリニヴァサンが「セックスをする権利、フィットネスを心がけて女をセックスにたらし込む権利がある」と信じている、という男たちだ。こんな男たちにとって、女を性的に好きに扱い支配することを否定するフェミニズムは、フェミニズムが進む分、男が抑圧されて罰を受け、「ひどいことをしやがる」と感じるならましな方で、最悪の場合、暴力と生殖の支配によって力と権威の復権を目論むだろう。「オルタナ右翼のおおかたの歩兵たちと同じく、男としての自分を生物学の決定の通りに受け入れるなら、当然フェミニズムは生物学の秩序に対する攻撃ということになる」とポール・メイソンは言う。[39]

メイソンはさらに続ける。

ミソジニーが現代ファシズムへのゲートウェイ・ドラッグとして重要なのは、広く共有できる経験が基盤にあるからだ。移民に仕事を奪われたことのあるレイシストはほとんどいないが、異性愛男性なら誰でも、女が「男らしさ」のイデオロギーを無視して美の基準や性的な場面でのふるまいもますます自由に決めていく現実は不満なのだ。レイシストだが実際に非白人に暴力をふるった者は少数派でも、暴力的なミソジニスト男の大半は、女の身体に暴力をふるった経験がある。[40]

二〇一六年、ジャーナリストのアジャ・ロマノは、ネット上のミソジニストがユーザーを白人至上主義へと送り込む過程を調査して、「女に脅かされ拒絶されたという怒りを捨て切れない若い男性のコミュニティが、この運動で男の権利意識を強め、白人民族主義、白人至上主義へと容易に先鋭化する」とVoxに書いた。[41] これは二年後に名誉毀損防止同盟の報告書「女が敵になるとき――ミソジニーと白人至上主義の交差点」で追認されて、女性への憎しみが「白人至上主義世界への入口」になっていると判断されている。[42]

こうしたオンライン・コミュニティは、組織化されたミソジニーを通じて女性との問題の解決策を男性に与える。二〇一六年、この組織化されたミソジニーが政治に焦点を当てた。トランプへの応援はこの男たちには目的を、極右には人種差別を煽って反中絶問題を主流に押し出す重要な手段を与えた。自分たちの意見が国内外の政策を動かす、これまでは考えてもみなかった機会だ。トランプ自身も男への戦争が存在すると確信して、勝つためなら人種差別もミソジニーも厭わない構えのようだった。

トランプの登場で、こうしたオンライン・サブカルチャーに出入りする男たちは「男であることを認識して、一緒に動けば政治も動かせる」ことを意識しはじめたのだ、と社会学者ピース・ディグナムとディアナ・A・ローリンガーは言う。「女に性暴行を働いて自慢する男の当選は、この確信を裏づけた」のだ。[43] 二〇一九年、トランプへの支持を集めようと極右がこのフォーラムを過激化させた実態を明らかにする論文を二人は発表した。影響力のあるメンバーがトランプを「究極のα」と持ち上げ、セクシュアル・ハラスメントの告発はレッドピルのトランプ支持者をますます奮い立たせた。女を本来の劣った地位に戻してくれると信じる指導者を支持したのだ。トランプは女の解放の反動である男の衰退を覆して、白人男性至上主義を揺るぎないものにするだろう（進歩を元に戻し、時計の針を戻そうとするファシストの思考回路を思い返してほしい）と。「アメリカを再び偉大にする《メイク・アメリカ・グレート・アゲイン》」というトランプの言葉を、レッドピルの男たちは家父長的権威と女の従属の上に立つ神話的過去を約束する声と聞いた。

　レッドピルのサブカルチャーは、自分たちが女やマイノリティの餌食になっているという信念を共有することで常にメンバー間に集団的アイデンティティを育み、フィットネスの秘訣や口説き文句を教えあうことで長く続いた。トランプ当選の直前にこの集団的アイデンティティが武器化・政治化され、自己啓発やワークアウトや女と寝たり暴行したりから離れて、白人男性至上主義に立つより政治的なアイデンティティへと向かう。トランプは男の政治の運命の象徴となり、中絶支持の女性対立候補ヒラリー・クリントンを前に、これが最後のチャンスという危機感が運動に生まれた。

　ディグナムとローリンガーは、レッドピル・フォーラムで影響力のある投稿者たちが「男の権利を個人の信念として理解すること」から「政治への覚醒」へと会員を移行させた過程も明らかにしている。[44]「トランプの立候補を、フェミニズムを政治の場から押し戻し、フェミニストの気に入らないところを凝縮したようなヒラリーを叩きつぶす機会として抜かりなく位置づけた」のだ。[45]男の権利の活動家にとって、二〇一六年選挙はほぼ生存をかけた戦いとなる。トランプに投票して男への戦争に勝つのか、それとも中絶支持派の女を世界最強のリーダーに据えるのか。

性暴行で告発されたばかりか自慢すらしていたことが判明して、レッドピラーのトランプ支持が強くなった例を、この二人の研究者は確認している。「性暴行だからこそドナルド・トランプを米大統領に」とスレッドを起こして、「トランプみたいに権力者だったり有名人だったりする人間が性暴行で告発されたとなれば、もう決まりだ。やったことも、した人間も糾弾しないでそっちに走り寄る。世間のお偉方が言いがかりで責めまくるときこそ、誰がどっちについているかいちばんよくわかる。戦争で味方を見つける術はこれさ」という者がいた[46]。

性暴行の告発で男性至上主義者の支持を勝ち取ったトランプは、男が女に性行為をする権利を取り戻してくれる究極のαの地位を確立した。性暴力疑惑の発覚は「何十年も前からトランプが作ってきた、男の魅力という名の女性差別のブランドを強化しただけ」と歴史学者ルース・ベン＝ギアットが断じている[47]。悪名高い極右陰謀論サイトのインフォウォーズは「トランプ時代、男はついにまた男らしくふるまうようになるか?」と問う。「また」に漂うのはファシストの神話的過去への郷愁と、男性至上主義のいう自然の秩序を取り戻したい悲壮な願望だ。

一方、レッドピルのクリントン憎悪は、男の魅力に乏しい自分というメンバー自身の不安を露呈した。ヒラリーが勝てば「嘆かわしい売春婦に堕落するフリーカードを全米の女に与えてしまう」と怖れる投稿もあった[48]。女に性や生殖を好きにさせるともれなく「売春婦」になるが、トランプに投票すれば偉大なアメリカ白人男の復活につながる、という思考回路だ。

レッドピル・フォーラムの政治活動は短期間に効果を上げた、とディグナム、ローリンガーは結論している。レッドピル・スクールのようなフォーラムのリーダーは、「反対意見をなだめてレッドピルのアイデンティティを巧みにトランプへの投票につなげることで、ネットの片隅で過激論を弄する小集団が少数の強い声に支配されて、低俗な考え方の候補者を当選させることもあり得ると証明した」[49]。トランプは躊躇なく低俗な考えを実行に移し、白人男性至上主義層が要求していた政策綱領を実現して期待に応えた。米国憲法が認める安全な中絶の権利に幕を下ろす土台作りを含めて、次々と反フェミニズムの手を打ったのだ。

まず反中絶派の裁判官を最高裁に任命し、その最高裁はやがて二〇二二年六月ロー対ウェイド判決を覆す。反中絶派ニール・ゴーシュ、続いて反中絶ばかりか指名承認公聴会の席で性暴行を糾弾されたブレット・カバノーを任命した。疑惑を全否定するカバノーが滞りなく終身最高裁判事に任命され、女の体と性の自己決定はアウト、男の支配はイン、の強烈なメッセージをトランプ支持者に送った。カバノー任命は、性虐待を告発された男を我らが最高裁代表と称える過激論者のフォーラムで、してやったり、と歓迎された。これぞ「フェミニストと闘って勝ったヒーローだ」と、ミソジニー男たちがネットで書き立てたのだ。カバノーに続く反中絶保守派エイミー・コニー・バレットの承認は、二〇二〇年九月、中絶支持のルース・ベイダー・ギンズバーグが亡くなるや超特急で進められた。

トランプ政権の四年は、白人男性保守派の判事や議員任命のもと、矢継ぎ早に進む反中絶政策に明け暮れた。その議員らが、六週以後の中絶を禁じようとするいわゆるハートビート法や、全米各地での中絶提供医院の閉鎖強行、ＴＲＡＰ法で知られる不必要に達成困難な医療安全規則を実施した。中絶した胎児の葬儀を義務づける州法を考案して、中絶を求める側・提供する側ともに物・金・感情の負担を生んだ。グローバル・ギャグルール復活のような政策で、米国以外にも世界各地で性と生殖に関する医療の従事者への資金提供が撤廃された。生殖をめぐる健康《リプロダクティブ・ヘルス》チャリティのMSIリプロダクティブ・チョイスによると、中絶や中絶のアドバイスを提供する国際NGOへの連邦資金を否定した資金削減は、安全でない中絶を少なくとも一八一万件、妊産婦死亡を二万件増加させた。

二〇二〇年にトランプは敗れたものの、被害はすでに甚大だった。全米の司法長官人事とコニー・バレットの突貫任命とで保守反中絶の司法が誕生、最高裁の過半数を占める保守派は二〇二一年、ロー対ウェイドを無視して六週以降の妊娠中絶を禁止し、中絶しようとする女性を助ける者を犯罪者とする自警団法まで導入するテキサス州を許容した。最高裁不介入の決定が発表されると「ロー対ウェイドが終わったときに手をこまねいていた報いを、これからずっと受けていくのね」とある女性がツイッターに投稿した。一年も経たないうちに、最高裁は一九七三年判決を覆して、中絶法を州レベルに戻していた。金曜日に判決が下されて月曜日にはもう九つの州が中絶を禁止していた。一回の週末で一六〇〇万人の米国女性と少女が人権を奪われた。

政府や司法の主流の方針を通じて中絶の権利を攻撃することは、レッドピルと極右のミソジニー目標達成の根幹だった。生殖を自分で管理調整することは女性解放の上で絶対に譲れない権利であり、身体をめぐる自己決定権なくして女性の自由はあり得ないからだ。

中絶の権利への攻撃と並行してトランプ政権は、LGBTIQの権利にも広範な攻撃をしかけ、家庭内虐待と性虐待の被害者やサバイバーの保護解体に目を光らせた。一九九四年、対女性暴力阻止法の再承認を阻み、ＤＶの法的定義を見直して軽犯罪、重罪に該当する危害のみを虐待とみなし、経済的虐待はむろん、強圧的・支配的な態度もＤＶの定義から外された。

ジェンダーに基づく暴力から女性を護る法律や定義の撤廃は、ファシスト・極右政治の重要目標だ。スペインのVoxからロシアのプーチン、アメリカのレッドピラーに至るまで、極右は、国家に保護される、少なくとも国家の介入から護られる家庭内の家父長的権威を信奉している。家庭内虐待に対する女性の保護を解体するトランプの決定には、妻、恋人、姉妹、娘に対して男が最終的な権威を持つべきと信じる極右支持基盤の願望が強く感じられる。

だが、レッドピル運動の最大の成功は、極端なミソジニー観を主流に持ち込み、もはや異常とも感じられないまでに定着させたことだ。レッドピル会員が動員されてこのサブカルチャーが実世界に踏み出し、ホワイトハウスを血に染めた。無視・嘲笑されがちなネット上の過激論者らが政治的な組織化に成功して、政治の主流に影響を与え、切実に望むもの、つまり女の自由の後退と白人男性至上主義の正当性を勝ち取れることを見せつけたのだ。

トランプの当選に最も影響し、ファシズムによる女性の権利への攻撃を主流に持ち込んだのは間違いなくレッドピル・フォーラムだが、暴力的なミソジニー、陰謀論、極右の思い込みを寄せ集めたネット・サブカルチャーは他にもある。同様にレディットで始まって現在 incel.net や incel.is 等、他のプラットフォームでも盛んなインセルグループが最も極端な例だ。

インセルはinvoluntary celibatesの略で、男として女から拒絶されたと感じて強い怒りを抱いている男性や少年の集まりだ。その不満は性の権利意識と結びついていて、自分には女を性の相手にする権利があって必要なら暴力で行使してもいい、と信じている。白人男なら誰でも持てるはずのモノ、つまり作家のタナハシ・コーツがいう、白人女の体を不当に奪われたと感じている、女を所有物、セックスして子どもを産ませるモノと見る男たちだ。

広範なレッドピルや極右の運動とは違って、インセルのサブカルチャーは影響力のほとんどない傍流なのだが、過激論者がバンでカフェに突っ込んだ事件や、カリフォルニアの男女射殺、マッサージパーラーのアジア人セックスワーカー殺害、英プリマスの刺殺事件など暴力的な妄想がテロ行為となって、実社会に及んでいる例がある。インセルが見逃せないのは、人種大交替のような極右の人種差別的な思い込みや陰謀論と、女性と少女を捉えて性奴隷にするか殺したがる暴力的な欲望との結びつきを、それが端的に示すからだ。

私は偽のIDを使ってインセルのフォーラムを訪れ、「中絶」でキーワード検索して目からうろこが落ちた。インセルとレッドピルのカルチャーの議論で見逃されることが多かったのは、あからさまな白人至上主義なのだが、インセルの男の大部分が人種大交替を信じ、しかも女に生殖に関する権利を与えるからますますそれがひどくなる、と考えている。これほど過激でないパープルピルのフォーラムでも「中絶とか女に権利を持たせるから子どもが減って、奴らに喰われる。女の権利を取り上げるか、権利権利という奴らに死んでもらうかだ」という投稿があり、「白人は集団として生きる意志を失った。フェミニズム、社会主義、グローバリズム、多文化主義とか自分で自分の文化を滅ぼす運動を無抵抗に受け入れている。ひどい暴力や憎しみを突きつけられても、白人の罪悪感で何もできない」さらには、「絶滅が近い」「少子化だし核家族はじわじわ壊れて西洋文明は衰退へ向かう」と応じる者がいる。レッドピルでの言い分は「移民が来なくていいようにするなら、女にもっと子どもを産みたいと思わせないと」というあけすけなコメントに集約されている。

インセルではスレッド「チャドのバスタードが殺されてて超むかっ腹」で「中絶で人口抑制とか言いながら山ほどの移民はOK。n***rsを喰わせて何十億繁殖させてもへっちゃらな、くそフォイド」（フォイド、フェモイドは女性を意味するスラング。チャドは女とセックスしまくるジョックスタイルの男性で、チャドの私生児は中絶された胎児）と、これ以降出入り禁止になったGameDevCelがわめく。[50]

こうした反発はスレッド「女が文化と国を亡ぼしている」でも見られる。Uncommonが二〇二〇年一〇月一七日に投稿した「アンティファとフェモイドは欧州を丸ごと侵略するアフリカ人、アラブ人を支援している。五〇年後の欧州は多様性のお題目で、戦争とシャリア法だらけのクソ第三世界と化すだろう」[51]や、別のスレッド「忘れるな、フォイドは自分の権利のためならジェノサイド（中絶のこと）も厭わない」では、先のGameDevCelが「フォイド」がいかに「チャドとファックする」権利を欲しがっているか、それが自分たちの人種全体を滅ぼすことになろうとも「何も気にしない」と書く。[52]自分の意志でセックスして中絶する女たちは白人種抹殺の責任がある、という妄想的な批判だ。

この程度の抜粋でも人種大交替説がどれほど極右インセルのサブカルチャーに根付いているかがわかる。ところが、この閉鎖的な運動の中で男性至上主義と白人至上主義が結びついている事実は繰り返し無視されてきた。この無知を止めなければならない。こうした空間で表現される暴力的なミソジニーは、グローバルノースの人口危機の原因が女の性と生殖の解放にあるとする極右のアジェンダから直接湧き出ている。つまり、インセルの女性に対する憎悪は主に、女性の性と生殖をめぐる自由が「男性」至上主義を脅かすことへの恐怖に起因するのだが、その女性の自由が「白人の生存」をも脅かしているという思い込みで、さらに悪化しているのだ。白人で〔非白人に奪われた分を〕交替する、そのために生殖を支配しなければ、という妄想に取りつかれた極右の運動がインセルなのだ。

白人男が女の体に好きなだけ手を出してセックスで子どもを産ませ、不本意に独身を強いられる男などいなかったとファシストのいう、実際にはありもしなかった神話的過去への信仰によって、この極右の妄想がさらに加速する。女の権利を取り上げればこの妄想の過去に戻れる、とインセルが考えるのもうなずける。インセルの中絶関連スレッドではCoffeeeが「自分の身体のことを決める権利を女から取り上げろ」、WelcomeToMyDNAが「フェモイドに得させるな」と気炎を上げ[53]、GameDevCelが「そうだ、フォイドの権利なんかいくら奪っても足りない」と合いの手を入れて[54]、中絶を禁止すると安全でない方法に走って病気の原因になる、と指摘する投稿には「せいぜい病気にでも何でも汚されるがいい」と言い放つ。[55]

「インセル頭脳の中身を強化」というスレッドでは、失われた古き良き男性優位時代に思いをはせ、「もっと前の時間軸に生まれていたら妻や子どもが持てたのに……昔は離婚は恥ずかしくて眉をひそめられた。中絶は違法で女は自分の居場所をわきまえて女のすることをしていた」と信じるスタッフTupolevがしんみりとつぶやき、[56]「ボーイズ俺が聞いてやる」というスレッドでは「フェミニズムもLGBTも中絶もない、男なら誰でも妻が持てる普通の世界に住めたらと妄想する」とKaczorが告白している。[57]

人種大交替へのパラノイアと結びついたインセルは、フェミニズムや進歩的運動の台頭が欧米社会を退化させていると考えている。ジム・ダウソンら極右活動家の見解と同じだ。二〇一九年の記事「男への戦争」でテンプル騎士団のダウソンの仲間たちが「女の解放がなかったら」移民や非キリスト教化の脅威もなくなると主張している。[58] ダウソンも「愚かな女たちが社会を飲み込んでいる」、公共空間に女がいることで「社会全体の退化」が起きている、と発言している。女性、LGBTIQ、公民権の進展やリベラルな対移民アプローチを退化だというのだ。

ダウソンとインセル同志たちの主張は、PayPalとPalantirの共同設立者でフェイスブック初の外部投資家ピーター・ティールが表明した見解のおうむ返しだ。ティールは二〇〇九年、自由と民主主義はもはや両立しない、ひとつには社会自由主義を支持する票を執拗に投じる女性に選挙権を与えたからだ、と発言。[59] これがインセルのスレッド「女が文化と国を滅ぼす」へのKaczorの投稿で受け売りされている。「女、特に若い女もLGBTIQの権利や中絶の支持、左翼の退廃に投票して、国や社会を破壊しようとしている」とも、この投稿者は書いている。[60] レディットのパープルピルフォーラムからも、女性の民主主義への参加が社会を損なっているというこの思い込みに共感するコメントがある。「この衰退は女の乱交ではなく女の自由と働いて選択する権利のせいだ」「今の状況は衰退だ。性革命とフェミニズム運動が直接の原因じゃないか」と誰かが言い、別の誰かが

「衰退するのは女の乱交レベル（女性の性の解放）が極めて高いからだ」と言い募る。

性と生殖をめぐる自由から選挙権や公共空間を占有する権利に至るまで、女性の解放が社会を衰退させているという思い込みは、反マルクス主義者やファシストに見られる自由への恐怖から来ている。マルクスは人間には社会を変える力と自由がある、そしてもっと重要なこととして、人間は社会によって変えられもする、と主張した。固定した自然秩序があるという信念を傷つけるこの発想は、ファシズムにとって耐えがたい。変化した社会がその中の人間を変える力を持つのであれば、人間はもっと進歩して自由になることができる。女の自由が極右を恐怖させるのは、社会は変化しうる、社会の進歩に応じて人は変化しうる、白人男性至上主義は固定された自然状態ではない、という意味になるからだ。女性の解放は極右の世界観を丸ごと破壊する、だから女を野放しにしてはならないのだ。

さまざまに異なるサブカルチャーの烏合の衆にもかかわらず、生殖と性を支配するとなると、過激論者の極右集団には明らかに一致点がある。本書冒頭で述べたファシストの思考回路に根ざすイデオロギーを例外なく共有しているのだ。ティールの発言でさえ、米英で女性が民主的権利を持たなかった一九一八年以前の社会に戻りたいという願望が露骨に表れている。これも元をたどれば自由への怖れというファシズムの定義に行きつく。女の自由は極度に恐ろしく危険で、欧米社会の破壊を引き起こしている！　という発想だ。

共謀ということではない。ダウソンはティールとつながっていないし、どちらもインセルやレッドピルだと公言したことはない。極右はミソジニーのイデオロギーを共有している。そして共有されたイデオロギーは、主流に押し込むのが比較的容易なのだ。

こうした空間にどれほど女性への憎悪が存在するかを理解しないといけない。女を屠殺場に送れ、膣を鎖でつないでおけ、肛門に手榴弾を突っ込め、と書き立てられている。女は「レイプの燃料」「刑務所で腐らせろ」「クズ」と表現される。男たちは女が殴られるビデオを共有して暴力をはやし立て、児童レイプの妄想を広めている。二〇二一年八月にタリバンがアフガニスタンを奪還したとき、インセルたちは「タリチャド」を祝福して、女が鞭打たれる画像をいいぞ、と共有した。中絶のことで「中絶に関心はあるよ。女はひどい目に遭わないと。ひどい目に遭いたくない女なら俺たちが遭わせてやる」という投稿もあった。

先にそれほど過激でないと紹介したレディットのパープルピルでも、「理屈では女性は中絶できるべきだと思うが、正直いうと女やフェミニズムがセックスのことで自分の言い分を通すのが憎らしくなってきた」「中絶が非合法化されて安全でないやり方に走った女が死んだって、なんとも思わないな」というやりとりがある。反中絶運動の根底にミソジニーがあるのは疑いようがないのだ。

極右は白人女性にはおとなしく搾取される子産みの器になれと迫りながら、黒人や褐色人種の女性にはその逆を命じる。人種間戦争を信奉する極右は、最も過激な者たちになると黒人や少数民族の女性には中絶強制や不妊化の政策を求めるのだ。「小せえ脳みそ＝プロチョイス、大きな脳みそ＝プロライフ、銀河脳みそ＝何人種？」、その心は「バカ＝プロチョイス、賢い＝プロライフ、本当に賢い＝中絶させるかどうか決める前に胎児の人種を確認さ」という投稿がある。

フェミニスト作家で「家事労働に賃金を」キャンペーン創設者のシルヴィア・フェデリーチがいうように、「フェミニズム運動の闘いは常に子どもを産まないための闘いで、子どもも産める資源の闘いだったことはなく、それが黒人女性との間に大きな分断を生んだ。黒人女性は奴隷制の時代からずっと否定されてきた母性の問題と闘ってきた。不妊化、お金がないこと、いつも、それも他人の家で家事をしなければならないこと……」[61]。

黒人女性、グローバル・マジョリティ女性に対する不妊化の歴史は、極右が取りつかれているジェノサイド願望を明らかにする上で重要だ。ファシストの思考回路の中にある女性の身体への功利主義的な態度（白人の保育器として、不妊手術が可能な労働者として）を明らかにするのにも役立つ。

黒人女性とグローバル・マジョリティ女性の生殖能力を破壊したい願望は、多くの極右のネット空間で共有・増幅されている。テレグラムの「人種大交替」チャンネルに白人女性の生殖を管理して黒人やグローバル・マジョリティには不妊化を強制する空想が、「人種大交替反対」チャンネルでは「中絶と避妊は白人に対しては違法にするべきだ」とさらりと書く投稿が、それぞれ見つかった。

このレトリックは掲示板界隈に閉じこもらず、主流の政治にも現れる。ブラジル前大統領ジャイル・ボルソナーロは反中絶派かもしれないが、黒人の「キロンボラ・コミュニティ」のことは「子孫を残すに適さない」と何でもないことのように言う。一九〇九年から七九年にかけて、カリフォルニア州だけで二万人以上の男女を強制的に不妊化したのが極右の人種観、性問題観なのだ[62]。不妊化は、移民、非白人、貧困層、未婚の母、障害者、精神病者など、望ましくないとされた人口を制御する手段として米国で使われた。二〇世紀を通じて連邦政府の資金援助による不妊化プログラムが三二州で実施されたのだ。[63] アンジェラ・デイヴィスは、プリンストン大学の人口管理室が一九七〇年に実施した全国出生率調査で、既婚黒人女性の二〇%が永久不妊化され、ほぼ同率のチカーナ女性が不妊手術を受け、連邦政府の助成プログラムによって不妊化された女性の四三%が黒人だった、と記している。[64]

ナチスの優生主義者が着想を得たのが、カリフォルニア州の不妊化計画だった。ヒトラーは「今日、拙いが少なくともより良い（市民人口の）懐胎に向けて確かに歩みだした国がひとつある。もちろん我がモデルドイツ共和国ではなく米国だ」と発言している。[65] 一九七〇年代、フェミニスト活動家たちがこれで米国の中絶が違法でなくなった、とロー対ウェイド判決の成功に祝杯をあげていた頃、先住民女性の最大五〇%が米政府の手で強制的に不妊化されるというジェノサイドを受けていた。[66]

さすがに今どきこんな政策はあるまいと考えたいのは山々だけれど、二〇二〇年には米ジョージア州の移民収容所で、女性たちが子宮摘出を強いられているとの内部告発があった。刑務所のような環境に収容されていた女性たちが、最後まで適切な説明も十分な通訳もないまま産婦人科医が手術を行った、と証言している。施術に抵抗すると看護師に怒鳴られ、「医療スタッフが私たちの身体で実験をしていた」と人権監視団に訴えたという。卵巣嚢腫摘出で取る卵巣を間違えた医師がそのまま手術を続行して、合意なく全摘になった女性もいた。[67]

スロバキアなど東欧諸国では、ロマ・コミュニティの女性たちが強制不妊化計画の対象になった。

ロマは人種差別・隔離主義的政策により、この地域一帯で一貫して迫害されてきた少数民族だ。ロマ女性から二三〇件聞き取りを行って二〇〇三年に発表された報告書によると、半数が威圧強要下で不妊化されていた。「医者が来て（帝王切開のために）手術室に連れて行かれて麻酔をかけられた。うとうとしていると看護師が私の手を握りこんで何か署名させられたけど、字が読めないから何なのかわからなかった。私がわかるのは名前の書き方だけだし。病院を出るとき、もうあなたは子どもを産むことはない、と言われただけ……前はとても健康だったのに今は始終痛みがある。感染症も何度も起こしたし」と、アガタという女性から研究者が聞いている。[68]

これは数千マイル彼方、一九九〇年代を通じて強制的に不妊化されたペルー先住民女性の体験そのままだ。主に現地の先住民コミュニティから女性約二七万二千人、男性約二万一千人を選び不妊化した計画があった。陣痛や婦人科検診のおりに、何も知らされず同意もないままその場で不妊化されたのだ、と女性たちは活動家や研究者に語っている。米国黒人女性、スロバキア・ロマの女性と同じくペルー先住民女性も、特定的にレイシズムとミソジニーの悪意の標的にされたのだ。

ブリストル大学のクイピ・プロジェクトが集めた証言は、女性たちが耐えた痛みと苦しみを物語る。「はめられた。医院に健康診断に行って。妊娠中だったから定期健診に行ったら『あなたは妊娠していないから不妊処置をしましょう』って言われて、力ずくで救急車に乗せられてイズクチャカの医院に連れて行かれた」とある女性が、そして「私たちは無理やり不妊にされた。当時は不妊にするって何なのか知らなかったし。ズリテからやってきて、そこの看護師のキャンペーンで、私たちが『モルモットみたいに』たくさん子どもを産むからだと言われた」ともう一人が証言している。[69]

国家主導の不妊化は、右翼・極右政府によるとは限らないが、常にナショナリストの強い要請から生まれ、女性が被害者となる。最悪の例のひとつである中国共産党の不妊化政策では、男児が少女より重視される家父長制社会の一人っ子政策が、女児の堕胎、放置死といった女性憎悪殺人《フェミサイド》につながり、現在国内女性一人に対して男性一・一六人という非対称を生んだ。一人っ子政策が本格化した一九九〇年代、出生児千人あたり一歳未満死亡数は男児二六人女児三三人、二〇〇〇年代には男児二一人、女児二八人。対して一九八〇年代は男女とも三六人だった。

白人至上主義社会が好ましくない、あるいは異質とみなした集団が受けた強制不妊化の過去と現在が描き出すのは、生殖に関する権利への攻撃が生んだ荒涼とした破壊の世界だ。白人女性の身体は人種大交替に対抗して使い倒す資源、黒人やグローバル・マジョリティ女性の身体は根絶の対象として別に扱う。黒人女性、グローバル・マジョリティ女性の強制不妊化は白人至上主義を強化し、究極的には純粋民族国家建設のために女性の生殖に関する選択《リプロダクティブ・チョイス》を否定する。目標は白人男性至上主義のグローバルノースであり、女の子宮はその道具なのだ。

不妊化というジェノサイドの脅威もさることながら、中絶の制限が黒人やグローバル・マジョリティの女性に不均衡に影響することを忘れてはいけない。米国では確実にそうだ。一九六〇年代のニューヨークは、データによれば「違法な中絶による死亡の約八〇%が黒人およびプエルトリコ女性関連」だ[70]。ガットマー研究所の二〇一六年の推定では、米国の中絶は二八%が黒人女性で、どんな禁止も黒人に不均衡に影響することがわかる。黒人女性がおそらく白人女性よりも貧しいために子育ての助けが少ないことが一因だ。貧困は、中絶の権利の否定と同じく生殖に関する女性の選択肢を奪う。幸せで健康な子どもたちを育てて可能性を発揮させる社会保障や支援がなければ、家庭は子どもを産む機会を完全に否定されるか、「余裕もない」くせにと右派が決めつける子どもを産んで、社会的制裁を受けることになる。中絶の禁止ではなく社会保障と子どもを持つことに関わる選択肢を増やすのが解決策だ。

英国でも同じく、貧しい女性は中絶する可能性が三倍高い。最も困窮が深刻な女性は全中絶件数の一六・五%、最も裕福な女性はわずか六%だ。米国と同じく、黒人やグローバル・マジョリティ女性は白人女性よりも貧困の可能性が高い。英国妊娠相談サービスの支援を受けた女性のほぼ三分の二が、中絶を決断した理由のひとつに経済的要因を挙げている。[71]

深刻な格差だ。女性が望む子どもを産み、望まない妊娠を終わらせる権利を認める生殖の正義《リプロダクティブ・ジャスティス》のことを、もっと話さなければいけない。これは医療へのアクセス、住居、経済的支援、職場での支援を必須とする考え方だ。アンジェラ・デイヴィスが書いているように、中絶支持運動は「合法的に中絶する権利を望む女たちの、社会がこれではこれ以上産めないから、と嘆く声を代弁できないことが多かった[72]」。

この歴史から黒人の反中絶運動が生まれ、強いられた不妊化や中絶の実体験、医学実験の後遺症を訴えている。反中絶活動家たちはこの壮絶な遺産を利用して、中絶は姿を変えた黒人種抹殺《ブラック・ジェノサイド》だと言い、人種差別を武器にして（主に）黒人福音派教会の支持を得ようとする。「ブラック・ライブズ・マター」のスローガンが反中絶運動に利用され、「アフリカ系アメリカ人女性が最も危険な場所は、子宮の中だ」と投稿される。反人種差別運動に乗って黒人、少数民族女性の生殖をめぐる健康《リプロダクティブ・ヘルス》への手段を絶ってしまうこんなやり方は、皮肉なだけでなく危険だ。

　南部貧困法律センターは、男性至上主義が「女性を生殖機能と性的機能だけに貶める」思い込みの体系であると定義し、「男性の方が生物学的にも知的にも劣っている女性よりも社会的に優位な立場に立つ権利があるという信念によって、……白人男性の地位が失われることへの恐怖と怒りが原動力になっている」と解説している。

　女性の公共の場へのアクセスは、避妊と中絶を手にすることで（も）可能になった。この二つが女性の価値と目的を子宮から切り離したのだ。インセルやダウソンのような男たちからトランプやボルソナーロに至るまで、男性至上主義者は公共空間に（生殖に関する選択によって可能になった）進出する女を男への攻撃と見る。その通りだ。よくわかっている。女性の解放は、まさに男の権威への攻撃だ。そして男は優位、女は劣位として何世紀もの間、女性に多大な被害と抑圧を押しつけてきたジェンダーによるヒエラルキーを解体しようとしているのがフェミニズムなのだ。

　中絶禁止法が成功した歴史を分析した作家・弁護士のエミリー・オライリーは、「女が公私を問わず自分の生活のあらゆる面をコントロールできるようになったときほど、その（家父長制的な）制度が脅かされることはない」と言う。そのコントロールの究極の鍵を握るのが、子どもを産むとしたらいつどんなふうに産むかの決定なのだ。アイルランドで憲法に中絶禁止を明記すると決まったのは「家父長制が突然脅かされ、女の反撃が始まった」ときだったともオライリーは記している。[73]

　フェミニズム運動が成功を収め、公共空間に女性が進出して中絶の権利が拡大している今、私たちはまさにそこに立っている。一八六〇年代の米国、一九二〇年代のイタリア、一九三〇年代のドイツで中絶の権利が後退したのは、まさにそのときだった。男の優位と女の従属を大急ぎで取り戻す必要に極右が迫られたのだ。

この極端なサブカルチャーの調査から私が学んだのは、自然に反し、家庭に害を及ぼし、男を攻撃するフェミニズム、という極右の女性観だ。極右は家父長制的権威を社会の基盤と想定していて、女性の権利は社会にとって有害、国家つまり人種の存亡の危機だと考える。女性が公的領域で着実に成果を上げていることや、女性が受胎時期を自身で判断する権利がもたらした家族構造の緩みを極右は攻撃と捉え、自分たちの描く自然の秩序に回帰することで倒せる、倒さなければならない、と考えるのだ。

すべては自由への恐怖に根ざしている。

第3章　潜入――極右の政治を主流に運ぶネットワーク

先の二章で、ファシストの思考回路が性と生殖に関する権利《セクシュアル&リプロダクティブ・ライツ》にどう関連し、そのイデオロギーが人種大交替《グレート・リプレイスメント》と悪魔的儀式虐待《サタニック・リチュアル・アビュース》／Qアノンという双子の陰謀論を通じて表出するときにどんな形をとるのかを把握した。そしてそこから、インセルとレッドピル・サブカルチャーの中にあからさまに現れるミソジニーと、ミソジニーを抱く極右の支援によって、米国のリーダーの座に就いたトランプがどれほど過激論者の要求に応えて礼を尽くしたかを見てきた。

トランプの例を見れば、極右が既存政党を取り込むことが、女はこうあれというファシストの女性観を政治の主流に持ち込む手段のひとつだとわかる。もうひとつの戦略は、それなりに一目置かせる玄関口を通じて過激論者のイデオロギーを侵入させる経路を作ることだ。この玄関口はいわば仲介役で、ファシストの思考回路を権力の回廊に持ち込み、ここで陰謀論と暴力を政府の政策に結実させる。

欧米を縦に横に、女性と中絶の極端な考えに囚われたさまざまな団体が、こうしたパイプラインとして機能するネットワークをつくり上げた。連携する組織の例を一部挙げると、アジェンダ・ヨーロッパとこれに同盟するCitizenGOの活動家、ポリティカル・ネットワーク・フォー・ヴァリュー（一般にアジェンダ・ヨーロッパの世界舞台での継承者と見られている）、自由防衛同盟（ＡＤＦ）、全米法律正義センター（ＡＣＬＪ）、その欧州拠点である全欧法律正義センター（ＥＣＬＪ）、国家政策評議会（ＣＮＰ）、そして世界家族会議（ＷＣＦ）がある。こうした団体は戦略的なイデオロギー目標だけでなく、人員や戦術も共有している。保守系活動家への研修、人脈づくりのイベント、ミーティング、会議の開催、ＥＵでの請願やロビー活動、米国最高裁を含めて展開する第三者としての法的介入や訴訟まで多岐にわたる。

片隅の過激論者から政治の主流へのパイプラインは、次のように機能する。アジェンダ・ヨーロッパやＣＮＰのような組織が、反権利アクターが集って極右の女性の身体観、性と生殖をめぐる自由《セクシュアル&リプロダクティブ・フリーダム》観に根ざす戦略を練るネットワークを構築する。CitizenGOや自由防衛同盟らがキャンペーンや法的異議申し立てを通じてこの戦略を実行する実働部隊で、こうしたキャンペーンが主流の政府政策を動かしていく。アジェンダ・ヨーロッパもＣＮＰも世間の目に触れないところで動きたがるが、手下の組織を使ってイデオロギーを主流に乗せようとするのが重要なところだ。これらの組織の会員は、欧州評議会議員総会（ＰＡＣＥ）やトランプ政権などで力のある職位に就いたり招待講演者として国連に招かれたりする。CitizenGOのケニア代表アン・キオコなどは、中絶とＬＧＢＴＩＱの権利は東アフリカに押しつけられた一種の植民地主義だと国連の演説で主張している。[1]

「こういう団体は理想だと自分たちが思う政治や司法のしくみを手に入れようと結束している」のだと、性と生殖に関する権利欧州議会フォーラムを立ち上げたブリュッセルのネイル・ダッタから私は聞いた。「そうするにはいろいろぶち壊す必要があるんだ。ビジョンを構築するためにね」とダッタは言う。

本章では、アジェンダ・ヨーロッパ、CitizenGO、国家政策評議会（CNP）、自由防衛同盟（ADF）とその欧州組織ADFインターナショナルの例を考察して、それらが導管として働き、さまざまなキャンペーン戦術と反中絶支援運動家をグローバルな意思決定の核心に置くことを通じて、過激論者の反中絶イデオロギーを（ネットの）片隅から主流へと持ち込む過程を明らかにする。こうやって過激論者の性と生殖の権利観は各国政府や国際機関に持ち込まれ政策につながっていくのだ。

アジェンダ・ヨーロッパは、二〇一〇年代を通じて反ジェンダー・イデオロギーが欧州一帯で主流になっていった事情を理解する上で欠かせない。その理由は、まず「自然の秩序」というファシスト概念を携えて、そのイデオロギーを『自然秩序の回復』と題するマニフェストにまとめ、それを使って欧州一帯で性と生殖に関する権利に反対するキャンペーンを煽っているから、そして力のある政治家や活動家を抱える主要な反ジェンダー団体を膨大な数結集し、過激な言説を主流に持ち込もうとしているからだ。ここからはこのマニフェストをじっくり検討して生殖に関する権利への計画的な攻撃を理解し、このネットワークの中で誰が主力なのか、そして彼らがどうやってアジェンダ・ヨーロッパの青写真を世界に持ち込んだのかを見ていこう。

舞台は二〇一五年ダブリン、同性婚が国民投票で法制化された年、そして中絶を拒否されたサビタ・ハラッパナバールの死から三年後のことだ。一七週の胎児が子宮内で死亡し、自分が死なないために中絶が必要だった。助けてほしいと懇願したサビタは看護師から「ここはカトリックの国だから」と言われ、病院に着いて八日後に敗血症に起因する心不全で亡くなった。

国民投票の結果は、欧州の反ジェンダー運動を震撼させた。カトリックの国だからと信頼していたアイルランドのまさかの投票動向だった。アジェンダ・ヨーロッパが二〇一五年のサミットをアイルランドの首都にあるオール・ハロウズカレッジで開こうとしているのは、理由あってのことだったのだ。そこは一八四二年以来、何世代も正義、奉仕、リーダーシップの精神で司祭、リーダー、専門家を教育し、その精神で世界の隅々にまでコミュニティに奉仕する卒業生を送り出している、灰色のレンガを積み上げたヴィクトリア朝様式の大学だ。新古典主義の佇まいを称える建物を通って、各地から到着した参加者が絵のように美しい教会でミサに集う。盛んに耳に入ってくるのは、障害や胎児欠陥症例の中絶に反対するキャンペーンをどう展開するかという会話だ。どうやってもっとましな「性の教育法」を実現するか、何よりも同性婚国民投票の敗北から学ばなくては、という話が行きかう。

初日は自由参加の討議、観光、ランチのみ。みんなでケルズの書を見にトリニティ図書館に行くか、ぶらぶらとオコンネル通りの中央郵便局まで歩いて、銃の弾痕をじっくり見たのだろう。アイルランド独立を賭けたイースター蜂起時に、バリケード一面に火を噴いた銃だ。そのあと午後五時には英国国教会神学者フィリップ・ブロンドが登壇し、サミット開会を正式に宣言する。当時の首相に強い影響力があったらしく、デービッド・キャメロンが「クリエイティブ・マイノリティ」たらねばという話をする。そしてディナーと人脈づくりの時間となる。

アジェンダ・ヨーロッパは裕福な篤志家、政治家、宗教指導者、活動家を、このダブリンの例のような年次サミットに結集して反権利運動の戦略を練り、人脈を作る。バチカン代理人のお歴々のご機嫌伺いも抜かりなく、ダッタによれば「カトリック教会の著名人が並んでアジェンダ・ヨーロッパのサミットを飾ってきた」そうだ。初回サミットの段取りをしたのは、グルドン・クグラー、テレンス・マッキーガンといういずれも教皇庁に務めるオーストリア人、アメリカ人のカトリック弁護士だった。マッキーガンはこれ以前に教皇庁の国連常設オブザーバー大使の法律顧問も務めていた。[2]

　アジェンダ・ヨーロッパの会員には欧州各地の政治家がいて、その顔ぶれを見れば主流化戦略が見えてくる。アイルランド上院議員で反中絶政党である人間の尊厳同盟を率いるローナン・ミューレン、多国籍反中絶団体を運営し、欧州評議会議員総会（ＰＡＣＥ）にも所属していたイタリアのルカ・ブォロンテ、クロアチアの政党オークの木（ＨＲＡＳＴ）の創設者ゼジカ・マルキック、欧州保守改革党（ＥＣＲ）政治顧問ポール・モイナン、欧州キリスト教政治運動（ＥＣＰＭ）の欧州部門理事レオ・ファン・ドゥースブルフ。元ＥＵ委員でＥＵ信教の自由特使も務めたジャン・フィゲルは、二〇一六年サミットで発言した。

　米国側では、アジェンダ・ヨーロッパはマッキーガンを通じて米国信教の自由の巨人である自由防衛同盟、そして全欧法律正義センター（ＥＣＬＪ）とつながっている。ＥＣＬＪは元トランプの弁護士ジェイ・セクロウを雇っている。ＥＣＬＪのグレゴール・パピンクは、ソフィア・カービー、ロバート・クラーク、ロジャー・キスカ、ポール・コールマンら自由防衛同盟の欧州組織ＡＤＦインターナショナルとつながる面々に混じって、ダブリンで発言した。反ＬＧＢＴＩＱで反中絶のネットワーク世界家族会議の創設者ブライアン・ブラウンはアジェンダ・ヨーロッパのサミットに頻繁に顔を出すが、これはWCFのロシア代表アレクセイ・コモフも同じだ。この蜘蛛の巣を張りめぐらしたような人脈は、アジェンダ・ヨーロッパが末端どころか、反中絶、反LGBTIQの目的を欧州、ロシア、そして米国という世界の主流政治に持ち込める勢力だということを示している。

アジェンダ・ヨーロッパの目指す社会は、『自然秩序の回復――欧州の課題』と題するマニフェストに概説されている。研究者のエレン・リベラが「神学小冊子と反共パンフレットと極右陰謀論や全体主義ロードマップの合体」と表現している文書だ。[3] 一四〇ページに及び、フェミニズム、マルクス主義、ホモセクシュアリズムそしてジェンダー論を自然に反するとして攻撃しつつ、中絶、離婚、LGBTIQ関係と家族、IVFその他、性と生殖の権利に関連する領域の法律を覆す、明確な戦略的計画を練っている。

マニフェストが中絶と避妊を攻撃するくだりは、社会に果たす女の務めに向けた教会筋の積年の野望と密接につながっている。「国に避妊を禁止させることが、社会に果たす女の務めというカトリック教会の大計画をアイルランドで実現させる上でどれほど重視されているか」がわかる、とエミリー・オライリーは書いている。[4] 少なくとも女は持ち場である家庭から出してはならない、国の公の仕事に口を出したりしないよう厳重に取り締まるべきであるという。女が公共の空間を占拠することが欧米社会の凋落を招いているという前章の極右の思い込みとまったく同じだ。

世間に一目置かせる表向きの顔として進歩的な価値観を攻撃するアジェンダ・ヨーロッパだが、

そこここに見えるのは旧態依然とした極右のお題目だ。世間を説得して反中絶という目的に立ち返らせるために「考えられる戦略」のひとつが「人口の凋落を争点に使う」[5]ことであり、そうした計画は、極右が抱く人種大交替の懸念と、女が生殖に関する権利を手にすることで白人大虐殺《ホワイト・ジェノサイド》が可能になっている、という恐怖に直接訴える。アジェンダ・ヨーロッパでこれが可能な戦略だと理解されているとすれば、こうして極論を主流に持ち込む力のある組織といえるだろう。

アジェンダ・ヨーロッパはまた、ファシストの抱く自然という概念を引き合いに出しながら、極端な思い込みを発信もする。マニフェストを『自然秩序の回復』とはよく名づけたものだ。この秩序には生命の保護（中絶の終わり）、家族の保護（家庭では父親が権威者）、信教の自由という三つの分類がある。極右のいう自然の秩序とは男と女が互いに補い合う関わりのことだ（男は男らしく一家の権威として女を、女は女らしく男に従うことで男を補うという相補主義は生来的に異性愛規範であり、LGBTIQの家族は除外される）。異性愛結婚の家族が「唯一道徳的に許容可能な」規範だという。[6]

家父長的権威を強調するところに、過激な極右がこだわるファシストの神話的過去の再現願望が覗く。アジェンダ・ヨーロッパの目的は、ファシストの思考回路の上に立つ過激論者のイデオロギーに礼儀正しげな装いを整え、会員が国連や欧州議会など国際機関に売り込んで、その極右姿勢を政策に変貌させるお膳立てをすることだ。こうしてアジェンダ・ヨーロッパは自身を変えるべきことを変えていく正当な勢力と位置づけ、一目置かせて性と生殖に関する権利を壊滅的に損なう法案や政策転換に影響力を行使し、時には発案までもする。「適材適所」によってこれを実現すると説明しているのは、次のような方法だ。国連条約監視団体や特別報告者、米国最高裁、欧州司法裁判所、欧州人権裁判所、EU、EU司法、基本権委員会、欧州対外行動庁の高等人権代表などにおいて空席になる予定の要職をリストアップし、特定した職位に「ふさわしい候補を前もって見つけておいて」、領域一帯で息のかかった人間と計略を上位意思決定職に着実に根付かせるのだ。[7] アジェンダ・ヨーロッパは学術機関や志を同じくするジャーナリストも存分に利用して、「自然的正義を護る技量のあるマスメディア人材」と組んで自分たちの計略を拡散していく。[8]

アジェンダ・ヨーロッパからの発信に二つの流れがあることが重要だ。一方の経路から戦略を流して過激論者の集団を取り込み、戦術を伝授して反中絶キャンペーンへと煽動する。もう一方の経路からは過激論者集団の信念を主流メディアと政府の殿堂に運ぶのだ。

過激論者の反中絶集団がこうした国際的な人脈を持っていることには、明らかな証拠がある。二〇一三年〔アジェンダ・ヨーロッパ〕ロンドン・サミットの招待客リストに40デイズ・フォー・ライフの国際キャンペーン責任者ロバート・コルクホーンがいる。コルクホーンとは誰あろう、生命倫理改革センターUK（CBR UK）の役員だ。サミットの議題のトップには、サミットの会食室から草の根運動の活動家に届く生命尊重《プロライフ》戦略の議論が上がっている。

もうひとつ、「ママ、パパ、キッズ」で知られる二〇一五年の運動を介した人脈がある。アジェンダ・ヨーロッパ内部から生まれ、結婚の平等と性に関する権利の拡大に反対して展開した運動だ。立ち上げメンバーの一人が、当時ADFインターナショナルで働いていたロジャー・キスカだ。キスカはのちに、CBR UKと運営を共有して緊密に協働するキリスト教コンサーンの法律顧問になっている。キスカとコルクホーンを通じて、アジェンダ・ヨーロッパとイギリスの街角の反中絶派過激論者が直接つながっているのがこれでわかる。

アジェンダ・ヨーロッパのマニフェストは「受胎から生命が始まることに合理的な疑いはあり得ない」、中絶を許す法律はたとえ他人や近親によるレイプ、母体生命の危機であっても「倫理の自然法と明らかに矛盾する」と冒頭で断じている。そして自然の秩序の回復という構想を実現するための二つの長期目標を論じる。全法区域で中絶を法律で禁じること、そして国際法でも中絶禁止を明文化することだ。

そこに至るため、少しずつ着実に女性の生殖に関する権利を侵食していく計画がある。強調するのは以下だ。

1　胎児欠陥症例に対しても禁止を実施して中絶の制限を強化
2　中絶期限の上限を下げていく
3　未成年者には事前に親の同意を求めるよう要求
4　カウンセリングの義務化、待機期間の導入
5　子どもの父親の同意――これは脅迫的な支配の手段として妊娠を強いるような虐待者に暴力を振るわれている女性の場合、特に危険だ。

五つの方法はどれも安全で合法的な中絶へのアクセスを少しずつ着実に壊していっており、その

冷酷さにぞっとする。胎児形態異常の中絶を阻むような禁止がされれば、さらに制限を持ち込む議論の余地が生まれ、母体生命の危機ですら中絶ができなくなるかもしれない。期限の上限が一二週間から一〇週間に下げられれば、次は「八週間でもいいんじゃないか、六週間は？」という話に流れていくのは目に見えている。子どもの父親の同意が必須と法律にはっきり書かれてしまったら、女性の身体は家父長制という外の権限に法律上所有される物になる。身体が女性本人ではなく外の力に管理されるのだ。「すべての」中絶反対運動の目的は、間違いなくここにある。女性の身体を白人男性至上主義の侍女にすることだ。

これ以外に『自然秩序の回復』が概説している中期目標については米国の反中絶ロビー団体による戦術のところで詳しく検討するが、強権的な衛生規制を導入し、中絶提供医院の経営を困難にすることが含まれている。資金についても強調されていて、アジェンダ・ヨーロッパは国連やEU、各国政府による中絶資金提供を絶ち、中絶を公的医療保険制度の対象から外したがっていた。これを英国の状況で見ると、中絶をNHSの対象に入れることを禁じさせようとしていた。望まない妊娠をした女性と少女が生殖医療《リプロダクティブ・ヘルスケア》の料金を払わされるということだ（英国ではほとんどの女性と少女の中絶医療がNHS経由で無料になるが、いくつか支払いが想定される在留資格がある）。資金を断つことは結局、いちばん貧しい女性が妊娠を終わらせることを望めなくなり、最も豊かな女性だけが欠けることのない人権に手が届く、階層化した社会を創ることになる。

米国のグローバルな言論統制法をそのまま真似る方針を導入し、世界各地の国際的援助基金による中絶提供者への支援を禁止することも提案されている。これも英国の状況に当てはめると、二〇二一年に保守党政府が性と生殖に関する医療《セクシュアル&リプロダクティブ・ヘルスケア》に対する国際支援を一億三千万ポンド削減し、期せずしてアジェンダ・ヨーロッパの計画を手助けしている。

法的経済的政策の変更と並行してアジェンダ・ヨーロッパが「採り得る戦略」は、世論に影響を与えて中絶に反対させるよう仕組まれている。「問題の大きさに対する世間の理解」を助けるためという中絶統計の出版がその例だ。「中絶支持のプロパガンダ」と呼ぶものは禁止させて、「プロライフのカウンセリングとポスターキャンペーン」は許可させようとしている。[10]

こうした目標を達成する手段には「映画、ポスター、イベントで中絶を可視化」し、「生まれなかった子どもたちの碑を建てる」、「生まれなかった子どもたちをしのぶための場所」を作る、などがある。中絶や流産した胎児の葬儀をせよ、とマイク・ペンスが女性に要求したような米国のキャンペーンの影響が見てとれる。何もかもが、自分の身体に関わる権利にもかかわらず、女性に与えるアクセスを縮小するか行使する女性に対して、世間が疑惑の目を向けるように仕向けるテクニックだ。アイルランドの中絶法をめぐる二〇一八年国民投票中のポスターで際立っていたのが、「女性を信頼しよう」だった。アジェンダ・ヨーロッパは「信じるな」という。

これが欧州のダイニングクラブで密かに開かれる人脈作りの場での話で終わるなら、不気味なマニフェストのこともものんびり構えていていいだろう。でも私のルーマニアでの経験を思い出してほしい。国という国が女性とＬＧＢＴＩＱの権利の進展を阻止しようと同じ戦術でキャンペーンを張っているのを見たのだ。複数の欧州の運動と政党がこうした権利の侵食を狙っているのを目撃した私は、こうして主流に出てきて成果を上げていることこそがアジェンダ・ヨーロッパの問題なのだ、と痛感した。欧州各地で、『自然秩序の回復』にはっきりと書かれている反中絶の目標がマニフェストのページを飛び出して、投票ブースから立法の場へと、多くはアジェンダ・ヨーロッパの人脈につながる組織や個人を通じて入り込む。こうして過激論者の反中絶イデオロギーがパイプラインに沿って、片隅から政府の政策へと運ばれるのだ。アジェンダ・ヨーロッパの会員の手によって。

スロバキアでは四〇歳を超える女性の中絶への公的資金が廃止された。この国では反中絶をリードするアンナ・ザーボルスカーが、世界家族会議を通じてアジェンダ・ヨーロッパとつながっている。ポーランドでは強権的な反中絶法が拡大されて、胎児形態異常の中絶まで禁止されてしまった。オルド・イウリスという組織がポーランドの中絶禁止強化キャンペーンの中心になったのだが、驚くなかれこの組織はアジェンダ・ヨーロッパとつながっていて、ワルシャワでサミットを主催している。スペインでは二〇二二年六月に法律が変わるまで、未成年者は親の同意がなければ中絶を申し込めなかった。親の同意は、後に出てくるが、上手にアジェンダ・ヨーロッパの表向きの顔に収まっているCitizenGOが強く擁護している。

欧州一帯で同じパターンが繰り返されている。反中絶団体の虚偽情報キャンペーンには何の制限もかからなかったのに、「中絶支持のプロパガンダ」が二〇二二年六月まで禁止されていたドイツ。政府が家族の権利というレトリックを使って中絶への不信を煽る、プロライフ・ポスターキャンペーンで他国をリードしているハンガリー。アルバニア、アルメニア、ベルギー、ボスニア、スロバキア、そしてアイスランドと、中絶を望む女性にカウンセリングを強制する国は本当に多い。ポルトガルとルクセンブルクには待機期間があるが、ハンガリーはカウンセリングも待機期間も両方要求する。世界保健機関（WHO）は、そうした方針は「有能な意思決定者である女性を貶める」として、待機期間要件を非難している。[11]

英国では、否決されたとはいえ、中絶提供者が望まない妊娠をした女性にカウンセリングすることを禁じようとする法案が提出された。起草者の元デジタル・メディア・文化・スポーツ相ナディーン・ドリスは、キリスト教コンサーンと協働していて世界家族会議のイベントにも出席している。キリスト教コンサーンの顧問はアジェンダ・ヨーロッパにコネクションを持ち、もう一人の反中絶派議員フィオナ・ブルースは性別選択と胎児形態異常の場合を含めて制限を強化する法案を繰り返し提出している。欧州一帯でこの謎の多いネットワークにつながる組織と個人が中絶を制限せよと盛んに訴え、多くの場合は成功しているのだ。

どうやって世界から中絶を一掃するつもりなのか、その計画の全容は『自然秩序の回復』がアジェンダ・ヨーロッパのキャンペーン内容を具体的に述べている。「アジェンダ・ヨーロッパの会員がEUやPACE、各国のさまざまな状況下で精力的に遂行してきた息づかいが聞こえるような行動計画」とネイル・ダッタが評するものだ。[12]

極右の目標を推進する場合は権利を求める側の言葉を取り入れよ、とのアドバイスが戦略一だ。「敵の武器を逆手にとって反撃せよ」とアジェンダ・ヨーロッパは会員に勧める。そして計画書は以下のように続ける。

世間の議論で優勢な発想や概念を使って我々の目的にうまく利用することを躊躇しないこと。例えば「言論の自由」や「集会の自由」という概念は「ゲイ・プライド」イベントの主宰者だけでなく、それに反対する側も使うことができる。逆説的にではあるが、現代の主流カルチャーは「差別の被害者」の役割をうまく演じる集団に有利に働く。この役割の演技に疑問を覚えることがあるとしても、戦略として非常にうまく利用できることに疑問の余地はない。[13]

中絶の議論で、これを実行するためにアジェンダ・ヨーロッパは平等を主張せよ、と計画書は続く。そして、活動家は男と女がどうのという話になったら差別の被害者の立ち位置をとり、障害者の権利の話は「中絶反対の議論」として進めていくこと。「良心の自由を議論に利用して」、「情報の権利」のことを「中絶の何たるかについて誰もが正確に伝えられるよう確実を期することが国の義務である」という話にして、「情報の権利を我々の目的に利用せよ」と。

中絶の権利の話になったら男は不平等の被害者だという方向に持っていけ、父親には中絶に行こうとする女を止める法的権利がないのだから、とアジェンダ・ヨーロッパの助言は反中絶運動家に働きかける。この戦略の縮図が、二〇二二年デイリーメールの「願いもむなしく赤ん坊を中絶された男たちの苦悩」という見出しだ。[14]「情報の権利」の議論を利用すれば、反中絶活動家は中絶反対の生々しい画像と動画を見せつけることができるようになる。中絶の「真相」を見せるのだ、とCBRUKのアンディ・ステファンソンも自分の作戦を抗弁している。

この戦略がいちばん頻繁に見られるのが、「家族の権利」の文脈だ。ずいぶんぬくもりのある響きだけれど、ほとんどの場合、家庭内ジェンダー暴力からの防御に対する攻撃、あるいは父親には中絶に行く女を阻止する権利があるという主張の暗号だ。『自然秩序の回復』はこればかりか用語の一覧を掲示して、「大体において、こうした文化戦争は自分の言葉を押しつけた者が勝ちということだ」とまでいう。[15] 用語の一覧は「敵方が」ある言葉を使うときそれが「どういう意味なのか」を概説して、それをアジェンダ・ヨーロッパにとって「それが本当に意味するもの」に言い換えている。結婚を例にとると、それは「二人の人間の、正式に法律で認められ社会的、経済的利便を受ける結びつき」ではなく、「男と女の、家庭を構築するという目的を持った生涯続く結びつき」となる。「レインボー・ファミリー」は代わりに「破綻した家族」と呼び、「同性愛者の平等な処遇」は「同性愛者の特権」と定義する。「生殖に関する権利」は「無料の中絶」という意味になる。「同性愛」は「肛門性交愛」、そして「選択の自由」は「殺す自由」だ。

米国の反中絶運動は、自分たちの大義を理解させるために左派の使う言葉を利用する必要をかなり前から認識している。一九八八年刊行の『中絶Ｑ＆Ａ（*Abortion: Questions and Answers*）』著者らは、女性の「自分の身体への権利」にまつわる「フェミニスト教義」を借用して胎児に使えと読者に教える。[16] ジョセフ・シャイダーの『非公開資料――中絶を止める99の方法（*Closed: 99 Ways to stop Abortion*）』は「胎児とはできる限り言わず、赤ちゃんか生まれていない子どもと言え」と助言する。そして「敵方の語彙に降伏する必要はない」、「こちらがこちらの言葉を使えば相手もそれを使いはじめる」のだから、と続ける。[17]

どう言葉を駆使して反中絶のメッセージ発信を主流に侵入させるかについては、「部分出産中絶《パーシャル・バース・アボーション》」

という用語をめぐる米国の論争に重要な例がある。妊娠後期に（母体）生命を救うために行う不育症中絶を指す医学的に不正確なこの言い回しを、政治論議にそして最終的には法律に持ち込んだのは、宗教極右が生殖医療への信頼を損なおうと意識的に練った作戦だ。二〇一七年、急進右派団体リーダーシップ研究所の国内国際企画官ロバート・アルナキスが、反中絶・反ＬＧＢＴＩＱの家族研究評議会（ＦＲＣ）で、この用語は同研究所が一九九五年、中絶の不安を拡散させるために使いはじめたのだ、と友人に話している。リーダーシップ研究所は保守派活動家の養成を目的に立ち上げられ、出身者には元副大統領で反中絶イデオロギーの信奉者マイク・ペンスがいる。

「中絶法案の審議をしていて、最初は妊娠後期の中絶という言い方をしていた」と、妊娠後期の中絶実施を禁止しようとする試みに言及しながら、アルナキスは説明している（最初の試みは一九九〇年代半ばで、当時の大統領クリントンに拒否権を発動された）。

「妊娠後期の中絶」から「部分出産中絶の禁止」へと変わっていった。そして「部分出産中絶」が話が中心になった。こちらは「部分出産が、部分出産は」と畳みかけるように言い続けた。そのうち勝てるなという手ごたえが出てきて結局、議論に勝つことになった。こちらが使う言葉をメディアが使いはじめて、そのうち敵方までが使うようになったんだ。さて今日聞いてみよう。「部分出産」と聞いてどんなイメージが浮かぶ？　私は子ども、それも幼い子どもの姿だな。とても強烈なイメージだ。目に浮かぶイメージを使ってストーリーを語れたら、そうして感情に訴えることができたら公共政策の議論にも勝ち目が出てくる。[18]

妊娠後期に起きる中絶の感じ方、それがどういうものなのか、どうして起きるのかをわざわざ歪曲するように創った言葉を使う作戦だ。この処置を、生命を救う最後の手段や、子どもが出産で死ぬことになると告げられた親のケアと見ず、致死的胎児形態異常や母体生命の危険に対する妊娠後期の介入を残虐な行為のように表現する。米国の中絶アクセスをめぐる議論を宗教極右がどれほど支配してきたか、背筋が寒くなるようなエピソードだ。宗教極右が発明する一九九〇年代半ばまで部分出産中絶などという言葉はなかったのに、今では米国の法律に刻まれている。これが二〇〇三年の部分出産中絶禁止法《パーシャル・バース・アボーション・バン・アクト》だ。米国で起きたこととはいえ、例えばアジェンダ・ヨーロッパは世界家族会議、自由防衛同盟など米国組織とつながっている。こうしたつながりを通して成功した戦略が共有され、世界のそこここで採用されるのだ。

そして人権擁護運動を、生殖をめぐる自由《リプロダクティブ・フリーダム》やＬＧＢＴＩＱの平等の問題を威圧的な作戦で強引に推し進める、まるで強力なロビー団体であるかのように表現するのが第二の戦略だ。ここでアジェンダ・ヨーロッパは、進歩推進のゴリアテに対抗するダビデ、貧相な武器を手に反対の声を粉砕しようとする中絶支持擁護の巨獣に立ち向かう小男を装う。生殖をめぐる自由を訴える小規模で資金も少ないＮＧＯや個人を巨大コンビナートかのように見立て、はるかに力が及ばず、抑圧されて権利も十分訴えられないマジョリティの声を封じ込めようとしているように伝える。「中絶業界」、時には「ビッグ・アボーション」のような言い方が、宗教右派団体の間で普通に口にされるようになっている。反権利運動組織の大部分が米国の献金者やロシアのオリガルヒから莫大な現金を受け取っている事実を意図的に無視して、こうしたNGOを事実と違う姿に仕立てるのだ。アジェンダ・ヨーロッパだけをとっても世界で最も強力で富裕な組織のひとつ、カトリック教会と結びついているのに。性と生殖に関する権利を推進する側が保守派やキリスト教徒から権利を取り上げる気はまったくないことも無視している。私たちがしたいのは、「それこそ」抑圧されている人々の人権と自由の拡大だ。

もうひとつ、アジェンダ・ヨーロッパには反マルクス主義と反フェミニズムを通じて極右のイデオロギーを主流に持ち込む経路がある。フェミニズムを新しい服を着たマルクス主義と呼び、「みんなのための男らしさを目指している」のだと主張する。「なんと名乗ろうと（フェミニズムは）典型的な女らしさと見られるもの、特に結婚している妻、夫と子どもの世話をする母親をすべて見下し、軽蔑する」と批判する。アジェンダ・ヨーロッパのマニフェストは「フェミニストの行動指針によると妻たちも夫から経済的に独立するべきだというが、ある意味、結婚の根本的なあり方と矛盾する発想だ」、そして「フェミニズムは間違ってそれを信奉する社会をすべて損なって荒廃させる、非常に破壊的なイデオロギーだ」と警告している。[19]

『自然秩序の回復』では社会政策に関わる仕事をする女性に、とりわけ激しい憎悪が向けられている。たいていはレズビアンで子どもを産みそうにない女たちだ、と執筆者らは断じる。欧州内で女性問題に取り組んでいる欧州女性ロビーを、「本当の生活を送っている、特に現に家庭を持って子どもを育てている何百万人もの女性とは何の関わりもない」とアジェンダ・ヨーロッパは批判する。言いたいことは明らかだ。女の自然な居場所は家庭なのだから、子どもと家族があるのが本当の自然な女たちであり、だから外に出る女は本物ではないか、不自然な女たちなのだ。マニフェストは次のように続ける。

根本的な問題は、家庭も実体経済での仕事も持つ女性は通常、多忙すぎて政治に関わることができない、ということだ。すると当然の結果として政治の場に意見が反映されないことになるが、一方でレズビアンや子どもを持たない女性の意見は過剰に反映される。その結果、「女性の権利」に関する政策はしばしば、女性政治家が自分では選ばない結婚と家庭に対して、あからさまな悪意を向けるものになる。[20]

またもや、公共の場に進出する女性を誹謗する極右の過激論者と、反中絶運動に関わる表向きそれなりにまともに見える団体との、はっきりしたつながりが現れる。ここのくだりには、意思決定の役割に女が出てくる、もっといえば女が民主主義に近づくだけでも欧米を腐敗させ、社会を退化させてきた、という極右の考えが反映されている。フェミニズムが女の自然な役目を破壊しようとしている、という議論は極右の男女観と呼応する。こうした流れを覆す、つまり女性の生殖をめぐる自由をなかった時代に戻し、過激女権論者や子どもを持たないかレズビアンの女たちという偽りの敵をつくり上げることでしか、男が優位に立ち女が従属する状態の維持も、いわゆる自然の秩序の回復もできないのだ。

中絶の権利を葬ろうとすると同時に、「結婚と家族」という長期目標がアジェンダ・ヨーロッパにはあった。ここでの主眼だった、同性パートナーシップの各国導入の阻止は、アジェンダ・ヨーロッパの最大の成果でもある。国際協定で「結婚は男女間の結びつきであるという明確な定義を採用するよう」各国に圧力をかけて「明示的に同性婚を排除する」ことを提案しながら、「同性パートナーシップに関する現行法の全廃」と「すべての憲法において結婚を男女間のものと定義する憲法改正」を推奨している。「離婚を認める法律の撤廃と、反ソドミー法[xi]の採択」という長期目標も掲げられている。[21]

マニフェストの「考えられる戦略」の章では、「一般法のレベルで結婚がすでに正しく定義されている場合は、そうした保護が改憲を通じてあらためて施行されるよう」確実を期することで、アジェンダ・ヨーロッパの会員は結婚の平等の採択を阻止することができる、と説明している。欧州各国でアジェンダ・ヨーロッパの会員が、ＬＧＢＴＩＱの平等に反対する陳情に成功している。例えばクロアチアでは、アジェンダ・ヨーロッパの傘下団体「家族の名において」が国民投票を求めるキャンペーンを張り、結婚は男女の結びつきである、と明記する改憲につながって、結婚の平等の進捗を遅らせた。スロヴェニアでも同じように、アジェンダ・ヨーロッパ傘下の「子どもたちが危ない」の尽力で、結婚の平等法の採択が阻止された。ただし最終的には二〇二二年に同性婚が法制化されて、これは覆されている。

xi　同性愛、同性間性行為を処罰する法。米国では二〇〇三年に連邦最高裁が違憲と判断して、それ以降無効になっている。

不備には終わったものの、過激論者の反ＬＧＢＴＩＱ観を主流の政策に反映させる試みも、何度かアジェンダ・ヨーロッパの工作員が指揮をとった。スロバキアの家族同盟は、結婚の権利、同性愛者の養子縁組、性教育の三点を問う国民投票を要求した。投票率の低さから結果は無効と宣言されたとはいえ、スロバキアの同性カップルはまだ法的に承認されるに至っていない。すでに記したように、欧州一帯に迫る極右の脅威に警鐘を鳴らしてくれたのは、ルーマニアで取材した家族連合（これもアジェンダ・ヨーロッパ傘下の団体）の戦術を知ったことだった。結婚を男性と女性の間のものであると憲法に明記するための国民投票を指揮したのはこの連合なのだが、ここでも投票率が低く、投票結果は無効とされた。それでも一面では、ルーマニアでのアジェンダ・ヨーロッパのアプローチは確かに成功した。二〇二〇年の選挙でこの国民投票の立案者が何人か、極右政党ルーマニア統一同盟（ＡＵＲ）から国会議員に当選したのだ。今や過激《エクストリーム》は主流《メインストリーム》になっている。

近年、アジェンダ・ヨーロッパは国際機関重視の戦略から離れ、傘下組織を使って各国政府を標的にしている。二〇一八年以来、「アジェンダ・ヨーロッパが欧州の空間に出てこなくなった。ＥＵとか欧州評議会とか。特にＥＵに。代わりに数を絞って、各国レベルで足場の確保に専念していた。ちょうどブリュッセルに出てこなくなったな、という時期に、イギリスでは自由防衛同盟、ポーランドではオルド・イウリスがよく出てくるようになって、あっという間にものすごい勢力になっていった。そしてそこから他の国にも入っていった。いくつか他の国でも、がっちり足場を固めていったのがわかった。クロアチアからはじまり、今はスロバキア、スペインだろう」とダッタが話してくれた。

アジェンダ・ヨーロッパに代わって会員でも戦術戦略でも、年一回集まる反中絶アクターの顔ぶれも同じくするポリティカル・ネットワーク・フォー・ヴァリューが勢いを増しているようだ。同ネットワークは活動家を政治家や資金提供者に紹介する。あのメル・ギブソンまでが二〇二二年五月、ブダペストの会合に現れてスピーチしているのはいかがなものか。ポリティカル・ネットワーク・フォー・ヴァリューの役員には、アジェンダ・ヨーロッパと密接につながる大物が二人名を連ねている。世界家族会議のブライアン・ブラウン、そしてCitizenGO創設者のイグナシオ・アルスアガだ。

CitizenGOは、アジェンダ・ヨーロッパのマニフェストにある戦略とイデオロギーを採用して実践し、反中絶の空気を日常の風景にして拡散を図っている。マドリード中を「フェミナチ」バス、南米を「反ジェンダー・イデオロギー」バスで走り抜ける曲芸をやる。それは欧州で、そしてグローバルサウスでも着々と、派手で物議をかもしつつ展開する反ジェンダー運動の、世間の目に触れる顔だ。安定した連携でグローバルに展開し、反ジェンダー・イデオロギーを主流の諸政府に揺さぶりをかけるキャンペーンに変貌させている。

「共に働き、生命と家族と解放を推進する活動市民のコミュニティ」を自称するCitizenGOは、超のつく保守派イクナシオ・アルスアガがスペインで立ち上げた。その前にもHazte Oír（君の声を聞かせよ）というスペインの反ジェンダー組織を立ち上げた経験がある。CitizenGOはドイツ、イタリア、ハンガリーの極右政党、ロシアのオリガルヒ、米国の家族の権利擁護者、ケニア政府とつながりを持ち、メキシコにも謎の多い人脈がある。オンライン請願で保守派キリスト教のアジェンダを推進するのが有名で、ディズニーキャラクターとネットフリックス番組に抗議することから、コロナパンデミック中は妊娠早期の中絶を遠隔医療で提供する方針を撤回するよう英国政府に要求することまで、やることの幅が広すぎてつかみどころがない。

三大陸での有効会員数を一五〇〇万人というけれども、「有効」の定義は謎だ。ネットワークを利用して、五〇ヵ国で性と生殖の権利に関わる政治の方向に影響力を行使している。[22] 世界家族会議（WCF）会長であり全米結婚組織を設立もした理事ブライアン・ブラウンを送るなどして、グローバルな反権利の舞台には必ず顔を出す。南部貧困法律センターが「ヘイト・グループ」に指定したWCFは、反中絶・反LGBTIQアクターが一堂に会して反動的な目標を達成するための戦略戦術を議論する会議の場だ。主として反中絶過激論者が招かれるが、ハンガリー首相オルバーン、イタリアの極右政治家マッテオ・サルヴィーニら主流の政治家の登壇も歓迎される。

世界家族会議は聖ワシリー慈善財団のアレクセイ・コモフをロシア代表に送り込んで、CitizenGO の役員会ともつながっていた。トレードマークの無精ひげに流行りの眼鏡から灰色の目が覗く美男で、CitizenGO、WCF、ロシアのオリガルヒ、コンスタンチン・マロフェーエフを通じて、主要な反ジェンダー運動のほぼすべてとつながりがある。同性婚を法制化することがEU加盟の前提条件だ（実際はそうではない）との虚偽情報をウクライナで流し、一気にもてはやされるようになった。コモフはロシアのウクライナ侵攻を受けて、CitizenGO の役員から外されたが。他の役員はルカ・ヴォロンテ、ウォルター・ヒンツ、ブランカ・エスコバール、ガルベルト・ガルシア、アレハンドロ・ベルムデス、ジョン・ヘンリー・ウェステンだ。

アジェンダ・ヨーロッパが目標を実行に移せるのは、実動部隊のCitizenGOがあるからだ。アジェンダ・ヨーロッパの戦略綱領を実際のキャンペーン活動に移すというやり方で、女性の身体に関わる過激論者の発想を主流に持ち込む。生殖に関する権利にファシストが抱く思考回路が、パイプラインの入口だ。この思考回路を過激論者の集団が街頭やオンラインで声にすると、アジェンダ・ヨーロッパが中絶の権利の前進を押し戻す戦略構想に取り入れる。CitizenGOがその戦略を一般の目に触れる請願活動、ロビー活動、主流に向けたキャンペーンといった行動に移す。ロビー活動は欧州議会や各国政府、政党などの意思決定機関に到達して肉づけされ、政策や法律になるのだ。

この流れの実例が、CitizenGOの形成期の成果のひとつ「エステレラ報告書」採択阻止キャンペーンだ。エステレラ報告書は、学校で包括的な性教育が実施され、安全な中絶への手段が提供されるよう確実を期することを加盟国に求める国連の活動だ。報告書は性と生殖に関する権利を、もっと広範な人権と同列に置くことを目指していた。ポルトガル社会民主党の政治家エディト・エステレラは、誰もが「自分の性と生殖をめぐる生活《セクシュアル&リプロダクティブ・ライフ》を十分な情報を得て責任を持って決める権利を保障される」ことだ、と自身の目標を総括している。拘束力のない報告書だからEU加盟国が推奨事項を実施せよと脅かされるわけでもないのに、CitizenGOは及ぶ限りの力でこれを破壊しようとした。この行動以降、欧州連合による女性とマイノリティ集団の人権保障を妨害しようとするその後の運動は、同じ論調を繰り返している。CitizenGOは死力を尽くした。請願を起こして「エステレラ決議は中絶と人口管理を国際開発の政治的優先事項にしようとするものであり」、報告書は「より多くのEU納税者の金を中絶賛成派ロビーに流そうとしている」と訴えた。

この言葉使いは、アジェンダ・ヨーロッパの戦略が実際の活動になったわかりやすい例だ。まず安全で合法的な中絶へのアクセスを、人口管理目的の邪悪な計略のように訴える。第1章と第2章を見てもらえばわかるが、この論調が人種大交替という極右の陰謀論ときれいに噛み合う。EUは白人の出生率を下げておきたいからグローバルサウスから移民を受け入れ、数合わせをしながら中絶を擁護するのだという発想が、白人種抹殺《ホワイト・ジェノサイド》パニックの核にはある。CitizenGOが極右の決まり文句を主流に持ち込み、反中絶の政策につなげるために支持を集めようと動いているのがたちどころにわかる。

次に「中絶ロビー」という言い方だ。性と生殖に関する権利を、金のたっぷりある最強のキャンペーンであり、被害者として黙らされている多数派キリスト教徒の不安や信仰を踏みつけているかのようにいう。中絶支持派の運動が置かれている現実を無視するばかりか、反権力団体の資金の豊かさと影響力を見えにくくしている。

中絶ロビーというこの発想に関連して持ち出されるのが、こうする間にもEU納税者の金が中絶のために使われていると煽り立てる、被害妄想だ。このテクニックが、良心的拒否と信教の自由というアジェンダ・ヨーロッパの議論、そして敵方の武器を使ってやり返すという戦略と一緒に使われている。議論が個人の権利の問題になって、中絶に反対する権利が軽視されている、そして私の税金が「私が同意できないもの」に使われている、という話にされていくのだ。

請願文はさらに性教育にも及び、「エステレラ報告書はEUと候補国で性教育プロパガンダ役をせよと未成年に求めている」と訴える。子どもの堕落を招くという怖れ、そしておそらくもっと切実な、ＥＵは子どもと親の仲を裂こうとしているのではないか、という極右の懸念が見てとれる。そしてエステレラ報告書で父母が「親の資格を失い」、「自分の子どもたちの第一責任者と認められなくなる」とまでいう。性教育を、家族に対する、そしてもっと重要な家庭内の家父長の権威に対する攻撃と意図的に位置づけるのが、CitizenGO のやり口だ。極右の頭の中では、家庭は自立した実体でなければならない。性教育はしたがって、家父長的権威の侵犯と扱われる。一方、子どもたちをプロパガンダ要員にすると脅すのは、教育課程が子どもと親を敵対させるように組まれているからではないか、と妄想は続く。

そして最後に、権利派の用語を転用するアジェンダ・ヨーロッパの作戦を使い、「すべての女性、母親と生まれていない子どもたちの人権を尊重するという欧州議会の決意を表明し、実際に国際人権を尊重しているというＥＵの対応を示すための完璧なプラットフォーム」として本請願を提出する、と結んでいる。中絶支持やＬＧＢＴＩＱ支持の団体を人権と対立関係に置き、一九八〇年代後半に反中絶派のＪ・Ｃ・ウィルケが最初に使ったフェミニスト運動の用語を採用して、胎児に当てはめる方法をなぞっている。

巧みな操作、転用、虚偽情報戦略の傑作だ。人種交替《リプレイスメント》と家父長的権威の簒奪という極右の恐怖を突きながら、支持者に被害者の物語を与え、女権論者ゴリアテに立ち向かう勇敢なダビデの気分にさせる。言葉を駆使した請願は一〇〇万を超える欧州市民を納得させ署名させた。欧州議会内の政治家には並行して続々とメールが送られ、エステレラ報告書は骨抜きにされて、跡形もないほど保守的な内容になってしまった。いうまでもなく、本書執筆時点で欧州連合全域での包括的性教育と安全な中絶へのアクセスの保障は実現していない。

エステレラ報告書に対する反動を見れば、アジェンダ・ヨーロッパとCitizenGOが過激論者の性と生殖の権利観を主流の欧州政策に入り込ませていった巧みさがわかる。中絶・避妊への反対は、請願やロビー活動を通じて、親と納税者の権利に基づく尊敬すべき抗議を装い、過激論者がたむろする片隅を離れた。そして、極右のメッセージが欧州民主主義の中心に到達して耳を傾けられ、何よりも重要なことだが「敬意を払われる」という結果になったのだ。

二〇二一年、性と生殖に関する権利に注力した次の報告書が欧州連合で作成された。マティック報告書である。欧州議会はこの拘束力のない報告書を、CitizenGOと極右、右派ポピュリスト政治家らの反対を押し切って採択した。このキャンペーンの成功からわかるのは、中絶支持は女性の権利運動が反動のさなかにあっても勝てる可能性があるということだ。

エステレラ報告書反対の成功を受けて、CitizenGOはワン・オブ・アス市民運動を支援した。英国の「命の権利」をはじめ、志を同じくする団体を欧州のほぼすべての国からメンバーに含み、「欧州において受胎から始まる人の命の保護を大きく前進させる」ことを求め、そのために「人間の胚の破壊を前提とする活動への資金提供を、特に研究、開発支援、そして公衆衛生面において」停止するという運動だ。その年のEU予算がすでに決定していたことから不首尾に終わりはしたが、キャンペーンは一七〇万の署名を得て、国際舞台の各地で戦術とキャンペーンモデルを試験実施する機会となった。ワン・オブ・アスキャンペーンは法律で成功することだけが重要ではないことを示している。何よりも、起爆剤として反中絶団体を結束させ、大多数の素朴な人間たちが言葉を奪われ、欧州連合の政治エリートたちに騙され、無視され、軽んじられている、という物語をつくり上げる戦略だったのだ。

この点は私も同意してもいいのだが、アジェンダ・ヨーロッパはワン・オブ・アスを、反中絶、反ＬＧＢＴＩＱの発想を主流の政策に影響を与えるキャンペーンに仕立てあげる運動の成功例としている。『自然秩序の回復』もこれを「中絶禁止という長期目標達成のために取り得る戦略」だと称賛して、「ワン・オブ・アスに倣え、この成功した請願での要求を、すべての機会を捉えてＥＵが動くまで繰り返し訴えるのだ」、「ワン・オブ・アスを各国レベルの似た請願で使え」、「欧州市民によるワン・オブ・アス運動の余波で今、生命尊重団体欧州連合を実現させる機運が高まっている」と続けている。[23]

こうしたことすべてが何よりも気にかかるのは、アジェンダ・ヨーロッパ、CitizenGO のような圧力団体とスペインの極右政党 Vox など、この地域で公選されている政治家とのつながりを考えるときだ。こうした問題は、もはや片隅にとどまらず各国の政策に直接影響するようになっていることを示している。それは Vox 党が強いスペイン・ムルシア地方の「ペアレンタル・ピン」をめぐるキャンペーンを見れば明らかだ。

性教育の授業を子どもに欠席させる権利を親に与えよ、と要求したペアレンタル・ピン・キャンペーンはかのパイプラインがまさに稼働した不気味な運動で、第一段階では子どもに対する親の権限を奪って同性愛と中絶支持の内容を推進しているとして極右が性教育に反対し、第二段階ではアジェンダ・ヨーロッパがその反対を性教育を葬る戦略目標として形にし、第三段階では CitizenGO

がこの問題を世間の目に触れるキャンペーンで取り上げ、そして第四段階では公選を経た政党が国会で性教育の制限を提案した。

主流の各国政府が極右の生殖の権利観を転用し、反動的な行動指針を強硬に推し進めた過程は第6章で詳しく見る。とりあえずここでは、過激論者の宗教極右のネットワークが作戦、戦略、キャンペーンを共有して欧州議会での影響力を高め、性と生殖に関する権利を攻撃するやり方の重要な指標が、このペアレンタル・ピンの例なのだと覚えておいてほしい。実際、CitizenGOが二〇一九年のスペインと欧州議会の選挙で極右政党VoxのスーパーPAC（political action committeeの略で、糸目をつけない資金を注ぎ込んでアメリカの選挙を左右する複数の保守的団体。攻撃的、否定的なキャンペーンで悪名高い）の役割をしたと批判されるに至ったのはVoxとの緊密な関係のせいだ。事実、ある上級Vox党員がCitizenGOをスーパーPACになぞらえる発言をしていて、的を射た比喩だと思う。CitizenGOはVoxの選挙の野望を支援し、フランコ以来のスペイン議会で初めて議席を獲得する極右政党となる手助けをした。Voxの政敵を攻撃する宣伝をするなどの選挙活動を展開したのだ。

CitizenGOの役員イグナシオ・アルスアガは、「他党のリーダーの問題発言を全部見せるんだ」と説明している。この「問題発言」とは「中絶に賛同する、あるいはLGBTIQ法に賛同する」見解のことだ。アルスアガは、CitizenGOは「Voxに投票してくれとは絶対に口にしない。……それでもキャンペーンは間接的にVoxを助けることになる」と発言した、と報道されている。[24]

今ではCitizenGOは、グローバルノースから生殖や医療に関わるインフラが脆弱なことが多いグローバルサウスへと、反権利の先述、戦略、目標を輸出している。女性の権利を後退させ、女性の命を危険にさらすことの影響が特に強く実感されるのがケニアだ。私は二〇二二年六月、CitizenGO の活動を報道するために、バイライン・タイムズからこの国に派遣された。

CitizenGO はケニアで、「ジェンダー・イデオロギー」が、脆弱で食い物にされている「伝統的な」集団に押しつけられているという虚偽情報を拡散した。現地代表のアン・キオコが性と生殖に関する権利を文化的帝国主義の一形態だと主張する一方、中絶支持の議員らは「欧米の中絶派」に「利用されている」と糾弾されている。もちろん、そもそもスペインに暴力的な帝国主義の過去があり、キオコらが護ろうとしている伝統自体が、欧米のキリスト教植民地主義者が現地の文化に押しつけたものだという事実を無視した議論だ。CitizenGO が欧州の運動体で、その憎悪に満ちたイデオロギーをグローバルサウスに輸出している事実も無視している。

ケニア滞在中、私はアヤソン・ムクリア・ケネディと話した。東アフリカ立法議会（ＥＡＬＡ）の議員で、東アフリカ共同体の加盟七ヵ国において性と生殖に関する権利を推進する法案を提出したことがある。この提出を受けて、CitizenGO がアヤソンを「中絶主義者」と呼び、ＥＡＬＡからの更迭を要求する請願を立ち上げた。反中絶活動家から脅迫の電子メールが来たこと（「おまえは監視されている」など）、法案の報道が増えるたびに何百というツイートで攻撃されたことを話してくれた。法案の公聴会の席で、キオコは法案内容を「私たちの子どもの殺害」を「こそこそとやろうとしている」と糾弾する。同時に法案反対の請願が、オンデマンド中絶を導入しようとしていると虚偽の主張を展開した。

アヤソンのほかに私が話をした中絶支持派の活動家からも同じような攻撃を受けたと聞き、反中絶アクターがケニアの保健省を巧みに掌握して公衆衛生政策を弱体化させた経緯を説明された。二〇二二年七月にスタートした生殖をめぐる健康《リプロダクティブ・ヘルス》政策はこの影響を真っ向から受けており、安全でない中絶が母体の健康に与える影響への配慮が足りないことから、中絶支持の団体の多くが放棄せざるを得なかった。CitizenGO が次々と活発に公聴会を開き、反中絶のイデオロギーを訴えて保健省を動かした結果だと活動家たちから聞いた。一見、一目置かれる団体がここまで過激論者のイデオロギーを政治の意思決定の中核に持ち込んでいると聞いて、私はなんともいえず嫌な気分になった。ケニアでは毎年二五〇〇人を超える女性が安全ではない中絶で亡くなる。そして、ある若い果敢な活動家によると、望まない妊娠を終わらせたくて消毒薬を飲んだ少女も何人かいるという。

この運動モデルは中南米でもある程度の成功を収めていて、CitizenGO はコロンビアの街頭でキャンペーンを張り、アルゼンチンでは地元のアクターと協働してこの国で中絶を法制化しようとする動きを妨害した。法改正を阻止するには至らず、二〇二〇年一二月、アルゼンチンは国民投票により安全で合法的な中絶を成立させた。それでも、このキャンペーンで CitizenGO はまた影響力を拡大したのだ。

そして次は米国とのつながりだ。欧州には、大西洋をまたいで反中絶仲間と協働する反ジェンダーネットワークが多い。戦略を共有して互いのイベント（WCFなど）で発言し、欧州の現場で動く組織に具体的なサポートを提供している。信教の自由を訴える米国の大組織、自由防衛同盟とリバティ・カウンセルはその例で、家族連合と連携して反LGBTIQプロパガンダを大々的に展開し、ルーマニアの同性婚国民投票に抜かりなく備えて目覚ましい働きを見せた。

本拠地である米国では、どんな様子なのだろう。欧州とまったく同じで、米国の団体もファシストの思考回路と極右のイデオロギーを主流の政治に持ち込むパイプラインとして動いている。アジェンダ・ヨーロッパの米国版ともいえる国家政策評議会（CNP）が、最も顕著な例だ。どちらも戦略を練っては活動家、ロビイスト、資金提供者、政治家を結集して概ね姿を現さずに影響力を行使する、謎の多い人脈の網だ。実働部隊を支援して、キャンペーンや法的異議申し立てによる反ジェンダー、反権利戦略を実行させるのも同じなら、仕上げに会員を国内・国際組織の要職に送り込んで、ヘイトに満ちた計略を主流に届けるやり方も同じだ。


CNPは高度に秘密主義の組織で、保守派の活動家と思想家が戦略を練って人脈を構築する場として、一九八〇年代に立ち上げられた。会員は急進右派寄りの経済政策、災害資本主義、規制緩和を好み、反ジェンダーキャンペーンにも関与する。ロー対ウェイド判決に続く反フェミニスト・バックラッシュの時期に誕生し、レーガン時代を謳歌した。保守派の政治家が白人男性至上主義と自由市場の新自由主義に根ざす伝統的な国のあり方を強く求めた時代だ。本章では、CNPの会員がほぼ例外なく主流の共和党政治家、そしてもちろんドナルド・トランプとつながっているさまざまな反ジェンダー・宗教右派団体に属している実態を紹介する。

CNPを聞いたことがないという読者もいるだろう。姿を現したがらない組織だから無理もない。ところが二〇一四年、南部貧困法律センターがCNPの会員リストを公表して、その世界が垣間見えた。[25]反中絶、反LGBTIQ、急進右派イデオロギーの信奉者と出資者の紳士録だ。リバティ・カウンセルのマシュー・ステイヴァー、家族研究評議会（FRC）のトニー・パーキンスとケン・ブラックウェル、自由防衛同盟のアラン・シアーズ、ヘリテージ財団のエドウィン・ジョン・フュルナー・ジュニア、反フェミニスト活動家のフィリス・シュラフリー（故人）。元自由防衛同盟、後にポリティカル・ネットワーク・フォー・ヴァリュー役員のベンジャミン・ブルも掲載されていた。反中絶、反LGBTIQ団体フォーカス・オン・ザ・ファミリー創設者ジェームズ・ドブソンはCNPの元メンバーで、CNPの副会長ティモシー・ゲオグレインはネットで公表されている二〇二〇年九月の名簿には載っていた。

こうした団体や個人が生息しているのが、パイプラインの第三段階だ。中絶やLGBTIQの権利の偽情報を流したり人権の保護を後退させたり、中絶に関する法律を転覆させせようと法律に異議を申し立てたりする者たちだ。そして、こうした戦略をCNP内の仲間に共有して、第四段階を実行させる。主流の政治家と政治アクターが極右の中絶イデオロギーを議会に、上院に、そしてホワイトハウスに持ち込む段階だ。

この第四段階を首尾よく進行させせるためにCNPが頼りにするのは会員の中でも共和党につながる人脈で、その中には元大統領候補テッド・クルツの参謀だったポール・S・テラーがいる。そして、いずれも会員として前述のリストに記載されている、元首席戦略管スティーブ・バノン、元顧問ケリーアン・コンウェイらトランプの信奉者たち。トランプの弁護士で全欧州法律正義センター（ECLJ）主任顧問ジェイ・セクロウは、CNPの弁護士であり会員でもある。元CNP会長のリチャード・デボスはトランプ政権時の教育長官、ベッツィ・デボスの夫だ。ベッツィの母親はCNPのゴールド会員（最も会費が高い最高位会員）である。

CNPは、反中絶派が極右の生殖の権利観をもとに行動を策定し、その行動で、決定権を持つ政治家にアプローチするための人脈を作る、要するにアジェンダ・ヨーロッパの米国版で、重複する会員も多い。この重複こそが、米国の団体が成功した戦術を欧州に輸出しつつグローバルに展開する、極右による生殖をめぐる権利への攻撃の広範さを把握する鍵なのだ。自由防衛同盟と全米法律正義センターも同じことをやってきたに違いなく、いずれも大西洋を挟んで拠点を展開し、反中絶、反LGBTIQの戦術を共有して、現地のアクターと協働しながら欧州各地の法廷で進歩的な法律の転覆を狙っている。

CNPとアジェンダ・ヨーロッパ両方とつながる最大の、そして欧州に投じる資金の額が二番目に大きい米国宗教右派団体、自由防衛同盟（ADF）から見ていこう。ここからは、米国のADFが戦略的訴訟を駆使して反中絶計画を進め、最高裁まで持ち込んで女性の権利の侵食を図っていった過程を紹介する。次に、米国の成功の再現を期待して英国と欧州で動くADFの欧州組織ADFインターナショナルを見る。

ADFは一九九四年、「信教の自由、言論の自由、婚姻と家族、親の権利、命の尊厳の擁護」を決意したキリスト教指導者三五人により、アリゾナ州で設立された。アメリカ合衆国に福音を招くドアを開いておくためには、同盟が必要だと考えたのだ。牧師、ビジネスリーダー、そして欠かせないのが法律家だ。[26] もとはキリスト教を基盤として構築された司法制度が、信教の自由や人命の尊厳、言論の自由、婚姻と家族という原則に背を向けてしまったという議論を経て、中絶とＬＧＢＴＩＱを支持する法律への異議を最高裁までも申し立てることで、これを本来の姿に戻そうと計画した。こうした法廷闘争はＡＤＦの戦略の礎石で、今ある法律を変えるのはむろんのこと、油断ならないことに文化まで変えようと企図されている。文化を変えるための言説の転換は、中絶、結婚、家族、信教の自由をめぐる問題に未来永劫、勝利するための戦術なのだ。

　米国最高裁での一四件を含め、全訴訟の八〇％で勝っている、とＡＤＦは豪語する。性に関連するビジネスとその社会への影響に汚染されないようリトルトン市の人々を護った裁判、連邦政府によるいわゆる部分出産中絶の禁止、後に英国でＡＤＦインターナショナルが真似て失敗した、中絶提供医院の入口に近づけないよう中絶抗議運動を阻止する緩衝地帯《バッファゾーン》の撤廃の例がある。ホビーロビー訴訟の弁護もあった。オーナーのキリスト教信仰を根拠に、産児制限手段が含まれる民間保険料の支払いを要求されてはならない、と工芸品チェーンを弁護して勝ったのだ。文化を変えることを目指すＡＤＦは、この裁判の勝利で勢いを得る。米国で一九七二年以来、法律が全女性に認めているピルなどの避妊手段に反対する宗教的信念を抱き、反対だと真っ向から否定する態度が当然視されるきっかけを作ったのだ。この権利の相反と思われる事態で、避妊をめぐって医学と道徳の両面から疑いの空気が醸成された。これは生殖医療への女性のアクセスと権利を阻むべく企まれたテクニックであり、医療へのアクセスが医学ではなく道徳の問題にすり替えられている。

　CitizenGOと同じく、ＡＤＦのような団体も宗教極右の反中絶戦略目標を具体的な行動に移している。ネットワーク内で発想をリハーサルして現場のキャンペーンに載せ、法廷で実践するのだ。

これまで見てきたように、部分出産中絶をめぐる闘いがひとつの例だ。胎児または母体が出産を生き延びられそうにないときの極度に稀な施術だというのに、右派は後期の中絶を生きている赤ん坊を殺す、と表現する。

クリントン政権時、反中絶の右派が共和党議員の後押しを得て、後期中絶を禁止しようとしたことがある。出産しても子どもが生き延びられないことを妊娠後期になって告げられた女性たちに聞き取りをしたクリントンが拒否権を発動したのだが、反中絶のジョージ・W・ブッシュが大統領になって二〇〇三年、部分出産中絶禁止法を通過させ、連邦政府による禁止が成立した。

反中絶運動が採用した戦略のひとつが、後期中絶の必要性と医学的な働きを世間に誤解させる情緒的な言葉使いだ。生々しい描写と痛ましい画像を使って、やっぱり子どもは欲しくないと心変わりした自分勝手な女のせいで医師が新生児を殺している、と信じ込ませる。胎児に致死的な異常がある、自分自身の命が危ない、と告げられた女性たちの痛みは、殺人医師と勝手な女という語りの中で跡形もなく消されている。完全に無視されているのは、米国の中絶のうち二一週間以降の中絶の比率はわずか一・三％であり、九一％は妊娠第一期に行われている事実だ。しかもその一・三％の大半は第二期の実施だ。妊娠後期の中絶は、ほぼないというほど稀なのだ。

「宗教右派は中絶の問題をあてつけみたいに武器にして歪曲して、アメリカの女性と少女にとんでもない厄災を招いた」、とライターでジャーナリストのアンネ・ネルソンが教えてくれる。ネルソンはCNPを調査して『影の人脈（*Shadow Network*）』を書き、今の共和党にどれほど極右が入り込んでいるか、その実態をつきとめる道を切り開いた。「最高裁がロー対ウェイド判決を出した一九七〇年代だったら、保守派のプロテスタントも大部分のアメリカ人に同調して、しかたがなく中絶することもあるだろうっていう態度だった。でもその後、宗教右派と結託した政治工作員がポーリングやフォーカス・グループを使って、誤解させるような言葉使いを煽って（時には金を出してやらせて）有権者に揺さぶりをかけた。部分出産中絶なんて、医学で認められている言葉じゃない。ぎょっとするイメージを掻き立てて、感情的できつい非難を引き出そうとする。オンデマンド中絶、誕生日の中絶とかもうさん臭さは同じ。生まれる寸前になってやっぱり産みたくないといえば、じゃ中絶しましょうって、体に何の危険もなくできるみたいに。そんな楽な話なら現場でやってるし、家族計画連盟や民主党議員が進めるはず」とアンネは続ける。

反中絶派は妊娠後期の医療介入を口を極めて非難した。家族研究評議会（ＦＲＣ）のトニー・パーキンスは二〇一六年の大統領選を、ラスベガスのヒラリー・ロダム・クリントンとの討論でトランプが「部分出産中絶」を口にした瞬間が勝負だった、プロライフ派の票が一気に集まってトランプを権力の座に押し上げたのだ、と言い切る。[27]

二〇〇七年最高裁でゴンザレス対カーハート訴訟が審理された。これは部分出産中絶禁止法の撤廃を求めた訴訟で、家族計画連盟が「後期中絶は母体生命保護の見地から必要になることがある」と訴えた。言葉の操作で後期中絶の姿をゆがめてきた反中絶運動はこれを、その腕を国の法廷で披露する絶好の機会と捉え、法律面を担うＡＤＦが戦略と戦術を伝授した。この二〇〇三年法を護り抜こうと、法廷助言書の作成に向けて必要なところと連携し、全側面から対応する取り組みに資金を提供してきたのがＡＤＦだった。そしてキリスト教法律協会（ＣＬＳ）の同盟者と共同で準備書面を提出し、この禁止法が合憲であると言葉を尽くして最高裁に訴えた。そして主張を認めさせたのだ。この禁止法は再度、二〇一七年にも正当性を問われたが、このときもADFとCLSが準備書面を提出して持ちこたえた。

本書の編集が終盤に入る頃、ドブス対ジャクソン訴訟の米国最高裁判決があり、米国の中絶の法的根拠、ロー対ウェイド判決が覆された。衝撃は瞬く間に現れる。金曜日に判決が出て、月曜日には九つの州が中絶を禁止していた。一週間も経たないうちに、レイプされて妊娠した一〇歳の女の子がオハイオで中絶を拒否された。この妊娠をチャンスだと考えなさいと言われ、女の子は飛行機でインディアナ州に行って、必要な医療ケアを受けた。中絶薬と同じ薬が含まれる処方箋を出して拒否された、生殖医療提供医院で門前払いされた、敗血症が始まるまでは不完全流産の処置をできませんと待たされた、という女性たちの話がツイッターにあふれた。なるほど、自由防衛同盟が転覆キャンペーンを張ってきただけのことはある。ロー対ウェイド判決の息の根を止めた祝い酒は、さぞかし美味かっただろう。

二〇一九年、ある会社がADFから三万六五一七ドルを受け取っている。二〇二一年のテキサス中絶禁止法の法設計を担当した弁護士ジョナサン・ミッチェルが所属する会社だ。[28] 二〇二一年九月に最高裁が執行の継続を認めた禁止法がこれで、この時点でロー対ウェイド判決の退場は避けられない見通しとなった。これを受けてミッチェルは、ドブス事件を審理する最高裁に自説を盛り込んだ準備書面を提出したのだ。裁判は妊娠一五週間を超えた中絶を禁じ、米国憲法が保障していた中絶の権利を破棄して終わった。この準備書面でミッチェルは、「米国で中絶を終わらせることで女性は性交渉を節制する習慣を身につけ、そういう形で自身の生殖生活を管理することになる」[29]と論じている。異性愛者の性交渉と妊娠に男が果たす役割は、どこにも触れられていない。

私が暮らす英国では、米国の成功の二番煎じを狙う自由防衛同盟のヨーロッパ支部ADFインターナショナルが、戦略と戦術を教わっては英国の街角でその練習に忙しかった。福音派クリスチャンが経営するベルファーストのパン屋がケーキに「同性婚賛成」とデコレーションしてほしいというLGBTIQ活動家ガレス・リーの頼みを拒否したアシャーズ・ベーカリー事件では、争いが欧州人権裁判所までもつれ込み、二〇二一年一月、リーの訴えは認められないとの判決が下された。先立って、米国のADFが似た訴訟で主張を通して最高裁で勝っていて、ADFインターナショナルは米国で何が奏功したのか承知していた。そして同性愛者がケーキのことで起こした訴訟を知ったとき、同じ議論で同じように勝てると見て、このベルファーストの件を標的にしたのだ。

英国でADFインターナショナルが包囲網をしかけていた女性の生殖をめぐる自由に絡む法廷闘争の最新版は、バッファゾーン問題だ。これは抗議行動やいわゆる祈りの追悼を禁じることを、中絶や家族計画の診療をするクリニック周辺に指定する一帯のことで、反中絶活動家が受診に訪れる女性に嫌がらせや脅しをしかけないようにと配慮したものだ。これに対抗するキャンペーンには、まず英国の法律にバッファゾーンを盛り込ませない、すでにあるバッファゾーンをすべて撤廃する、という二つの目標がある。米国で成功した二〇一四年のマッカレン対コークリー訴訟での介入をそのまま真似て、それをやろうとしたのだ。マッカレン対コークリー訴訟は、最高裁が中絶提供医院の周囲に一〇メートル強のバッファゾーンを認めたマサチューセッツ法を撤廃する判決を出した裁判だ。ＡＤＦはこのとき、「プロライフを訴える人々」から「穏やかに中絶に代わる選択肢の情報を提供する」機会を奪うことは、実質的にすべての全国民に基本的な権利と自由の行使を禁じるに等しく、このことからバッファゾーンは違憲である、と（準備書面で）強く訴えていた。そして原告側は「口頭での訴え、カウンセリング、祈りといった穏やかな表現行為を、生殖医療施設に隣接する公道で行っていたのだ」と続け、このようなゾーンを認めることは「原告らそして第三者が、耳を傾けることを厭《いと》わない、および厭う聴衆いずれからも注意を引くことを非常に難しくし、結果的に意図する聴衆に到達することが困難になる。一〇メートル強前後の距離では、人によっては標識を読むまたは明瞭な聞き取りが困難にもなり得る（強調著者）。このゾーンはまた、原告が通常の会話の口調で相手に話しかけることを阻止するものである」とＡＤＦの主張は続いた。

ＡＤＦのいう「標識」は、生命倫理改革センター（ＣＢＲ）の米国支部その他類似の団体が展示している生々しい画像のことで、妊娠している女性を苦しめて心をかき乱す。「通常の会話の口調で相手に話しかける」と言うが、医療者としての訓練も積んでいない人間が偽情報と相手を操るテクニックを用いて女性に中絶に行かせまいとしているのが実態だ。「祈り」というのは元ＣＢＲＵＫ会員ウィルフレッド・ウォンらが喧伝する追悼のことで、悪魔の力を断ち切って中絶が効かないようにする手段だという。米国最高裁はマサチューセッツ法を、米国憲法修正第一条に違反すると満場一致で決定した。

英国のバッファゾーン闘争では、ＡＤＦインターナショナルが「検閲ゾーン」なる言葉を発明した。ことさら検閲と言いたがるのが不思議だったが、圧倒的に中絶支持の英国で、なんとか足場を築く道を模索している米国の反中絶運動が後ろにいたからだったのだ。世界のそこここで、中絶支持運動は人権を損なうものだと印象づけ、安全で合法だというのに中絶を受ける権利をなんとか損なおうと図っている。信教の自由と医療の権利との対立に持ち込んだホビーロビー訴訟と同じく、バッファゾーンの争いも、言論の自由の権利と医療の権利の対立に持ち込もうとした。これが、中絶支持運動を反権利に位置づけようとネットワークに助言していたアジェンダ・ヨーロッパの戦術なのだ。何人《なんぴと》にも身体を侵されない権利を、それは言論の自由の権利に反するという図式に嵌め込んで、安全で合法な手段である中絶の必要性を見えにくくする論点をずらした議論をわざわざ作っている。

英国の国会議員にも反検閲運動家にも、このアプローチを口にする者がいた。中絶支持側にいてもよさそうな人間までが。権利擁護の用語を用いて反対の論陣を張り、率先してバッファゾーンを非難してきた反中絶派保守党国会議員フィオナ・ブルースは二〇二〇年、「場合によっては言論の自由を損ないかねない影響が懸念される」から反対するのだ、とスピーチした。[30] その一年前、ブルースはウィーンに赴き、ＡＤＦインターナショナルのユース会議で演説している。九二七ポンドのつつましい寄付をして、旅費はＡＤＦインターナショナルが持っている。

反中絶法案を何度か議会に提出した経歴のあるブルースは、中絶提供医院の外で過激な反対運動が行われるのは極めて稀で、かかるゾーンの導入は「我が国でもっと広く信奉されている言論の自由を損傷」しかねない「極端な過剰反応」であると不正確な主張をしてバッファゾーン採用に反対し、「我が国には人が集って各自の考え方を表明するという長年の伝統があり、これは誇るべきことである。集会の自由、表現の自由、信教の自由そして平穏に異議を唱える権利と情報を受け取る権利は、多く困難を通じて勝ち取られた民主主義の礎を成す基本的自由である」と続けた。[31]

この演説からは、反中絶運動がADFインターナショナルのようなそれなりに世間にまともに映る組織と、アジェンダ・ヨーロッパをはじめとするネットワークを通じて世界に網を張り、過激な思想を政治の主流に持ち込んでいる実態がうかがえる。バッファゾーンを外して得するのは、中絶は悪魔の陰謀だと極右の説を喧伝するCBR UKなどの過激論者や集団の方だ。脅しと嫌がらせを情報の公開と言論の自由の問題だと抗弁する戦略をアジェンダ・ヨーロッパが練り、ADFインターナショナルがその戦略を法律的主張に転換して、必要とあれば法廷に出る体制を整える。そしてADFインターナショナルのような団体につながる国会議員がそれを議場の論争に持ち込んで、法律にするのだ（あるいはバッファゾーンの例のように法律の改訂を困難にする）。

とても面白いことに、二〇二一年に保守党政権は、抗議する権利に強権的な制限を持ち込み、「騒々しく」て「規律を乱す」とあらば抗議行動を強制停止させる、過去に例のない強権を警察に与える警察・犯罪・量刑・裁判所法案を出したが、ブルースは範囲の拡大が懸念されると言い訳しながらも賛成票を投じている。だが、これは偽善というしかない。内務長官時代「過剰対応」であるとしてバッファゾーン反対を決定したサジド・ジャヴィドも同じだ。それ以来、中絶提供医院の外の反対運動は激化の一途をたどっている。

抗議する権利と言論の自由の権利が護られるのは当然だけれども、それは医療の権利と医学的治療へのアクセスも同じだ。中絶を必要とする女性にも権利はある。中絶を求める権利、脅されたり嫌な思いをさせられたり、声高なデマ情報を聞かされたりせずに医者に行き、安全で法律が認める医療を受ける権利だ。中絶反対派はバッファゾーンのせいで中絶反対の考えを持てなくされることも、中絶反対の抗議が阻止されることもない。中絶を止めさせたければ、ルートも方法もメッセージ発信の場もいくらでもある。逆にクリニックの周囲に防御がなくなれば、女性は命を救われる医療へのアクセスが阻まれるのだ。

こうした集団による英国内の具体的な活動を掘り起こしてみると、米国が欧州に戦術を持ち込み、極右が主流の議論に巧みに入り込んでいる実態が見えてくる。反中絶のメッセージが、悪魔的儀式虐待の噂話から言論の自由擁護の議論に姿を変えて、国の議場に流れ込んでいるのだ。こうした例は英国が過激論者のイデオロギーにいかに弱いかも懸念させる。これは第6章で詳しく検証するが、ADFインターナショナルが他でもないロンドンで設立されたのは、活動の鍵を握る法律や政策、そしてメディアの展開に有利な、世界で最も影響力のある都市だったからだ、とだけここでは言っておく。ADFインターナショナルは現在、年間五〇万ポンドという欧州連合加盟国の合計を超える資金を英国に投じている。ロンドンへのこのこだわりを見ると、生命倫理改革センターを米国で立ち上げたグレッグ・カニンガムの野望が思い起こされる。「間違いなく欧州最大の影響力を持つ英国は、我々の優先事項だ。欧州大陸の動向は、たどればたいてい英国諸島から発している」と二〇一二年にカニンガムは述べている。

ブレグジット以来、欧州内での英国の影響力が低下しているのは確かだとしても、ブレグジットがあったからこその過激な反中絶観が主流に侵入しやすいこの国の脆弱性が懸念される。ADFインターナショナルらに簡単に利用されてしまう社会保守主義と進歩的価値観との文化戦争の引き金を英国で引いたのはブレグジットだ。言論の自由となれば、さらに付け入れられやすい。英国で暮らしてみるか現地で少し極右の動向を観察することがあれば、白人保守の男たちがウォーク[xii]の大衆に黙らされ、歴史を消されたと訴えるのがここ数年の英国の文化戦争だとわかるだろう。保守派の考え方が攻撃されている、黙らされているという思い込みが昂じて、英国の軍神の像を護るのだという建前で、極右がロンドンの街中を練り歩くようになってしまった。「文化的マルクス主義」なる言葉で敵を攻撃する右派の政治家が増え、不穏なほど大勢の白人の英国人が、ブラック・ライブズ・マターはマルクス主義で分断を招く有害な運動だ、と声を荒らげ、行き過ぎじゃないか、とフェミニズムに敵意を燃やす若い男性の数が日に日に増えている。

一方、白人至上主義者の声が抑え込まれていると不満が口にされる割には、ブレグジット国民投票以降、人種を動機とするヘイトクライム、同性愛嫌悪的なヘイトクライムの発生率は高くなっている。憎しみに満ちた古い時代をありがたがる人間たちがブレグジットとそれに関わる議論で我が意を得、なぜブレグジットなのかという理由の不透明性が、分断とヘイトを利用しようとする集団に、人種、セクシュアリティ、ミソジニー、歪曲された言論の自由観で凝り固まった文化戦争を強化する余地を与えた。ブレグジット自体が自由を目指すもので、その自由が進歩派によって脅かさ

xii　ウォーク（Woke）はリベラルで社会の不公正への意識の強い人々を意味する。ただし近年は冷笑的に使用されるケースも多い。

れているという混乱した感覚が、この傾向に拍車をかけた。

この争いが、女が避妊や中絶へのアクセスを手にすることを、（白人男の）基本的自由を侵害すると信じるＡＤＦインターナショナルのような団体に、生殖に関する権利に包囲網をしかけて自分たちの自由を護り抜く恰好の土壌を与えたのだ。

反中絶右派の主流化作戦の仕上げは、危機妊娠センターが中核を担う。中絶を受けないで望まない妊娠を継続するよう女性を説得する組織だ。危機妊娠センターのサービスは全世界にあるが、グローバルな拠点の多くは米国に本拠を置く組織の傘下にあり、つながっている米国の組織から習得した虚偽情報と操作戦術を使って中絶を阻止している。反中絶のメッセージを、すでに妊娠していて終わらせるための助けを求めている人々、女性と少女に直接、多くは医療施設や病院内の人間を装って伝えるところが許しがたい。女性のことを考え、困っている女性に善意で奉仕する者としてふるまい、一方でいわゆる中絶業界のことは、いかにも本音は女性を憎んでいて安全ではない金儲け主義のようにいう。

こういうことをするとき、危機妊娠センターの運動はアジェンダ・ヨーロッパから借りた作戦を使う。敵側を強大で、私益のための問題ばかり掲げて自分を押しつける圧力団体かのようにいう。また「敵の言葉を使って切り返す」戦略をとってもいる。思いやり深く女性の健康を憂慮して希望とケアの手を差し伸べる者を装って、これをやるのだ。実際には虚偽の情報を伝え、女性の健康状態を逆手にとって、不可欠な人権を損なおうとしているのに。

最大の危機妊娠センターネットワークのひとつがハートビート・インターナショナルで、もとは「中絶に替わる選択肢《オルタナティヴ・トゥー・アボーション》」といった。一九七一年、「生命への情熱と女性を救いたいという願いを注ぎ込んで米国に本拠を置く初めての妊娠支援組織を創ろうと考えた」尼僧、カウンセラー、医師らが立ち上げた。[32] 特定の教会の傘下にはないが、キリスト教信仰が組織の目的の根幹に置かれた。ハートビートは「神から求められることを日々励行する神の民」と自称している。創立者らは、一九七三年ロー対ウェイド判決を受けて成立した米国の中絶法で、女性が中絶せよという圧力を感じることになると信じていた。「選択するというより屈服してしかたなくという方がはるかにあたっている中絶になるだろう。伝道者たちは支援のセーフティネットを創り、脆弱な女性たちに中絶以外の選択肢で手を差し伸べると決意した」と言う。[33] 女性が中絶を強要されることになるという証拠はもちろん示されていないが、虚偽情報こそが危機妊娠センターの本業なのだ。ハートビートが究極的に目指すのは今も「今日が、中絶が望ましくないもの、将来は考えられないものになる世界」だ。

ハートビート・インターナショナルには米国外の九七一ヵ所をはじめ国内外に支部がある。人の住む大陸のすべてにパートナーがいて、危機妊娠センターのグローバル名簿が置かれている。傘下の組織はハートビートから広範な支援を受ける。研修費の割引や人材、オプションズラインというヘルプラインへの掲載、ウェブデザインやマーケティングのサポート、年金制度に加えて個々の団体に合わせた「サービス」というよくわからないもの。思いがけなく妊娠してしまった女性を、過激論者の反中絶団体CBR UKがハートビートのオプションラインに差し向けるしくみだ。本書執筆時点でハートビートには英国内に三ヵ所支部がある。ニューキャッスルのタインサイド妊娠アドバイス（妊娠アドバイス・サンダーランドと連動）、ベルファーストのスタントン・ヘルスケア、ロンドンの危機妊娠ヘルプラインがそれだ。実践的なサポートに加えて、ハートビートは米国外の連携組織と傘下の組織に毎年何万ドルも送金している。二〇一五年は一〇団体で一四万九一九四ドル、うち欧州の団体へは六万三六〇一ドルだった。送金先国にはイタリア、ウクライナ、マケドニア、スペインなどがある。[34]

その金はネットワークで提供されるサポートとともに、特に安全で合法的な中絶に進むなと女性を説得するために考案した虚偽情報の拡散に使われるのだ。ハートビートは同じ虚偽情報を使い、中絶の法的根拠の切り崩しも狙っている。このことは、ハートビートが欧州の中でも中絶が法律で認められ、女性が妊娠を終わらせることを選べる国で動いていることを考えると重要だ。選べない国で動いているのはマルタ、そして二〇二〇年までの北アイルランドだけだ。

二〇二〇年一二月、私は「手ごわい問い合わせに答える」という研修ウェビナーをダウンロードした。その二年前に openDemocracy 50:50 と行った一八ヵ国対象の匿名調査の一環で、別のハートビートの研修を二つ終えていた。三つのウェビナー全部で、虚偽情報と操作によって女性に中絶を受けさせせないやり方を教えられたのだ。不正確な女性の健康の情報を伝えて「電話の相手を落ち着かせる」よう指導された。緊急避妊薬を含む生殖医療に適切な時間内にアクセスすることを阻む重要戦略だ。

「手ごわい問い合わせに答える」は、「中絶するしかない、絶対にすると思い込んでいる相手への対応法がわかるように作成されています。電話を受けたら相手の目的が何であれ、あなたには提供できるものが三つ、信頼、希望、愛があるのを忘れないこと」と言う。どうしてもプロライフ団体で役に立ちたくて新しいスキルを身に着けようとする、カウンセリングを勉強中の生徒を装って、私はウェビナーに入った。受講の前に「これは教育資材であり、非公開である」を了承するボックスにクリックを求められたが、世界各地の脆弱な女性の人生とウェルビーイングに影響するハートビートの研修内容を共有することは、公共の利益に資するだろう。

研修中、ことあるごとに「明確に事実に基づいて」電話の相手に向かい、中絶を提供することがこちらの仕事ではない、と相手に伝えるようにと言われた。つまり、中絶提供者と話しているかのように相手を誤解させない責任をハートビートは自覚しているのだ。でも考えてほしい。電話の女性が「中絶するしかない状況にある」ことを認めて通話を終わらせるべきなのに、トレーナーは「スピードを上げて相手の状況をもっと詳しく聞き出してください」と言う。ここで意図しているのは、相手を落ち着かせて中絶ができるところへ行かないよう説得することだ。「急いでいる相手を落ち着かせて、本当に中絶の決心が固いのかどうかを判断するのが重要です」とトレーナーは言う。

「落ち着かせる」、が危機妊娠サービスの重要戦術だ。私が受講したウェビナーのうち二つで、妊娠検査と超音波検査を提案して時間をかけて判断するよう説得せよ、と言われた。女性には生殖に関する選択肢をじっくり検討する空間と時間が当然あるべきだけれども、中絶には時間の制限がある。侵襲性は低いが妊娠第一期でなければできない、薬剤による中絶を希望するなら特に切実だ。落ち着いて考えさせるのは、手術による中絶手術を受けるしかなくなる可能性が高まるだけでなく、中絶を実施する選択肢が狭まることになる。妊娠後期の中絶ができる施設や医師は限られており、特に欧州では大部分の国で一二週間を超えた中絶が制限されているからだ。もちろんそれこそが、こうしたセンターの狙いだ。

「中絶すると決めた瞬間から時間の勝負になる」と中絶支援ネットワークのマーラ・クラークから私は聞いた。[35] マーラは自然の申し子で、できない国に支援ネットワークを次々立ち上げて中絶を提供し、移動して生殖医療を受けられるよう経済、実際のニーズ、情緒の面で女性たちを支援している。「中絶が公共医療の対象になっていないところだと、妊娠が進めばそれだけ費用も高くなる。どれだけ進んでも中絶は安全な処置だけれども遅くなる分、侵襲性が高くなるのは確か」。

だからこそ「こういう妊娠センターはまず引き伸ばしに出るの」だそうだ。「危機妊娠センターに行って『中絶を手配するから安心して待て、予約が済んだら電話する』って言われた人もいた」。「もちろん電話する気なんかない。九週間待たされたあげくに、マリー・ストープスのお母さんが亡くなったばかりで予約を受けつけていないから、って言われた女性もいたのよ。どれだけでたらめをやっているかがわかるでしょう」(マリー・ストープスは二〇世紀の生殖に関する権利運動家で母親は一九二九年に亡くなっている)。

トレーナーからは、落ち着いて中絶の判断をさせることに加えて、緊急避妊薬の情報もぜひ伝えるようにと私は言われた。緊急避妊薬をことさらいうのは、たどってみれば戦争の武器に用いるレイプを除いて緊急避妊薬を禁止させようとするアジェンダ・ヨーロッパが口にする戦略と、自由防衛同盟のホビーロビー訴訟への介入から来ている。自由防衛同盟は、緊急避妊と中絶の区別をあいまいにすることと、宗教の自由の権利と医療の権利の相反があると示唆することによって、避妊の考え方の文化を変えようとした団体だ。

ウェビナーのナレーションは続く。「アフターピルのことを訊いてくる電話を受けて、委縮したり伝えられることが何もないと考えたりしないように。中絶のことを訊かれたときに伝えられるものがあるのと同じこと。情報を伝えればいいだけです」。

トレーナーから私に渡された情報は、誤解を与える内容だ。「アフターピルのことを訊いてくる相手は、ほとんどの場合それが中絶のひとつだとは考えていないか、中絶する効果があることを理解していません」と言うが、言葉遣いが間違っている。アフターピルは受精卵が子宮内膜に着床するのを防ぐもので中絶ではない。でももっと問題なのは、緊急避妊薬は提供しないと説明して通話を終えず、妊娠検査を受けて妊娠しているか確認するようにいえ、と指導されることだ。

なんとしても急いで「落ち着いて考えさせ」なければならない。広く市販されているアフターピルには通常、七二時間以内に服用しなければならないものと五日以内まで服用できるものの二通りがある。妊娠検査については「妊娠とわかるまでに最短でも七日から一〇日かかる」と、ハートビート・インターナショナルの別のセミナー「中絶のことを話しましょう」が説明している。七日から一〇日も経ってしまったら、アフターピルは妊娠を防げない。妊娠しているかどうかはっきりするまで待てというのは、計画外の妊娠という負担を女性に負わせることになる。

研修は「中絶する気になっている」相手への対応の説明へと進み、私はハートビート・インターナショナルの「健康と安全の10ポイント・チェックリスト」を案内するように言われる。架空の通話相手に最後までチェックリストに記入させて、「(中絶を)受ける際に傷つけられる可能性がとても小さくなります」と言え、と指導される。中絶が女性を傷つけると仄めかすのは、それ自体女性が医療を受けることを阻み、中絶提供者の信用を失墜させ、欧州の大半の国で中絶の法的根拠を損なうことになる虚偽情報だ。

このチェックリストは二つめのウェビナー「中絶のことを話しましょう」でもっと詳しくなっている。[36]ここでも、ぜひセンターに来て妊娠検査か超音波検査を受けるようにと伝えて、相手を落ち着かせることが力説される。「受診したクリニックで、妊娠していない女性に中絶が行われている、と認めた人もいます」とウェビナーは言う。この主張の根拠は示されない。「秘密を守り、無料で妊娠検査と超音波をお受けいただけます。予約をされますか」

「10ポイント・チェックリスト」は中絶で「情緒的合併症」が起こることがあると警告している。これをウェビナーでは、「他にどんな選択肢があるかじっくり考えないで」、または「なぜ中絶したいのか現実的な理由、例えば経済的なこと、ひとり親になること」ばかりを考えて「急いで中絶を決めてしまうと、起こりやすくなる」と説明せよという。虚偽情報の一種だ。もちろん中絶後に情緒的合併症を経験する女性はいるが、ある女性が中絶するとして、その女性が妊娠を継続する場合よりも「心の健康の問題を経験しやすくなるということはない」と英国のＮＨＳでは確認されている。[37]

だがトレーナーは、中絶の「身体的合併症」へと話を進め、「統計的には、ほとんどの中絶は身体的傷害の原因になりません。しかしながら、もしあなたが中絶を受けていれば、今後妊娠する可能性が統計的には高くなくなっていたかもしれません。合法的な中絶で死亡する女性は、私たちが考えていたより多いことも明らかになってきています。中絶に関連する死亡は、そのようには報告されないからです」と続ける。

またしても何の証拠も示さずにこんな主張をしている。反中絶の右派が中絶と死亡を関連づける戦術をとっていることが、ますますはっきり見えてくる。根拠なく中絶後の女性の死亡を中絶自体に関連させる、それも生命を脅かす疾患や症状が中絶と関連しているからだと主張することが多いのだ。

中絶を死亡と関連づける虚偽情報の最も多いやり方のひとつは、妊娠を途中で終わらせると乳がんと子宮外妊娠のリスクが高まる、という嘘の主張だ。どちらも生命を脅かす症状であり、どちらも中絶経験のある女性に起こることはある。でも中絶が「原因」ではない。中絶とがんリスクの関連を「裏づける学術的な証拠はない」とアメリカがん協会は述べている。[38] 中絶とその後の妊娠の問題が関連しているというのは虚偽だとして、NHSは「中絶することが将来妊娠する可能性、正常な妊娠をする可能性に影響することはない」と説明している。[39] 中絶とそれに続く子宮外妊娠を検討した米国の研究でも、関連はほとんど認められなかった。[40] もうひとつ、中絶するとそのあと不妊になることがあるという主張もよく目にするが、これもNHSなど専門家のソースで完璧に反証されている。

とりわけ腹立たしいのは、がんと子宮外妊娠という女性が切実に感じる不安を捉えて虚偽情報と中絶反対のメッセージを展開しようとする危機妊娠センターのサービスだ。ほとんどの女性と同じく私にも生命を脅かす子宮外妊娠に苦しんだ知り合いがいるし、自分自身がかかるのであれ愛する人がそうなるのであれ、がんは私たちみんなの問題だ。女性の生命、恐怖、健康上の不安をゲームの駒にするのは許せない。どれも現実の深刻な問題で、尊重されなければならない。反中絶運動がこうした問題を「子どもさらいの小鬼」に使って女性を生殖医療に近づけまいとするのは、私に言わせれば計算づくの残忍さだ。

もうひとつのウェビナー「中絶入門」（私がその内容をopenDemocracy 50:50で報道したあと削除されたもの）では、「10ポイント・チェックリスト」に妊娠合併症とされるものが増え、詳述されている。それには、がんに関する虚偽情報の共有、死亡、「新生児の障害」、PTSD、自殺、薬物濫用、「同性愛（中略）性的不能、ポルノ、自慰中毒」など、女性・パートナー男性双方の性的機能不全が加わっている。[41]ウェビナーでは、中絶すると女性は上の子どもやそのあと生まれる子どもをネグレクトしたり、虐待しやすくなるとも言うが、この甚だしく人を傷つける主張の根拠を何も示していない。

危機妊娠センターのサービスと反中絶の右派が提供するこうした虚偽情報はそれ自体が有害極まりないが、これにはもっと深刻で懸念される目的がある。中絶提供側や中絶の精神的・肉体的な影響に関して彼らがする主張には、生殖医療に絡む法律を変える意図があるのだ。この目的には二つのやり方がある。まず法律が医院に課す負担を重くして、中絶の提供を難しくする。次に英国、イタリア、その他の欧州諸国において、中絶の法的根拠を弱体化するのだ。

中絶提供者の法的負担を重くするために、危機妊娠センターはまず不信の空気を作る。例えば「中絶のことを話しましょう」で「その大部分は規制を受けていない」と言いつつ、中絶提供者のことを、臨床規範を無視して動く不埒者どころか犯罪者であるとまで仄めかす。野放し状態の危機妊娠センターに言われる筋合いは毛頭ないが、こうして女性に恐怖を植えつけ、法が認める安全な中絶という意識そのものを誹謗しようとしている。

事実はまったく違う。イングランド・ウェールズの一九六七年中絶法は、中絶を臨床現場でのみ可能と規定していて、妊娠早期に中絶しようと服用する場合でも錠剤を医院や登録医療施設に持参しなければならなかった。これはコロナウイルス・パンデミック中、NHSの負担を軽減する意味で緩和され、反論も多々あったが法律も二〇二二年三月正式に変更された。一方、米国の中絶提供者には連邦労働衛生安全規則はじめ、厳格なエビデンスに基づく規則が適用されている。まことに正しく適切なのだが、今次々と反中絶の主要州が、中絶提供者を標的にしていることで知られる戦術、いわゆるTRAP法を使うようになっていて、あからさまに過剰配慮な法規制を適用されて行き詰まり、廃業に追い込まれる提供者が増えている。衛生の促進を意図するのではなく、女性の生殖医療へのアクセスを困難にするための規則なのだ。

ガットマー研究所によると、TRAP法の大半は「中絶提供医院に州の外来手術センター（ASC）基準を適用するが、手術センターは、危険度、侵襲性がもっと高い施術を提供し、より高濃度の鎮静剤を使用する可能性が高い。TRAP法は場合によっては中絶の相談を受ける医院、薬剤を投与する中絶のみを行う現場にも適用される」。女性が相談や錠剤の処方箋を受け取るために訪れる医院にまで、外科手術の衛生基準を適用するのは明らかに不合理で、多くの施設にとって払いきれない費用のかかる改修を要求される可能性もある。反中絶の右派はこれをすべては患者の安全のためにすることだというが、ガットマー研究所は反対に、「こうした法律は、このような金銭と運営の制約下で診療を続けられる中絶施設の総数が減ることで患者を脅かし、安全な医療の入手を困難にしている」と所見を述べている。[42]

対照的に、危機妊娠サービスは開拓時代の西部のようだ。米国では憲法修正第一条が危機妊娠センターを保護して、さまざまな訴訟で正確であるか否かを問わず女性に助言する権利を認めている。超音波検査のような医学処置を行うセンターでも、中絶提供者と違ってASC規格への準拠は要求されない。英国保健省は妊娠カウンセリングに対して「非指示的かつ中立的であらねばならず、障壁や遅延の原因となってはならない」との指針を出しているが、そのためにどうするかは示していない。超音波検査のような臨床処置をする危機妊娠センターは、英国のケア・クォリティ委員会の規制対象になるが、規制の範囲は健康と安全であって、助言の中身を問われることはない。

ハートビート・インターナショナルのような反中絶団体も、アジェンダ・ヨーロッパに倣って「中絶業界」ゴリアテに立ち向かう反中絶のダビデを気取り、女性の苦しみを種にして金を設けていると言い募って、中絶提供者の信頼を貶めている。NHSで中絶が無料（NHS医療の対象者のみ。英国市民として国民健康保険料を払っているにもかかわらずアイルランドの女性と妊娠している人に無料中絶が可能になったのは二〇一七年であり、特定の状況にある移民は医療が有料である）の英国では、この傾向は比較的弱い。ただ、医療が無料の英国でも中絶提供者は妊娠を終わらせて大儲けする業界だ、と反中絶活動家は表現している。私はCBR UK理事のアンディ・ステファンソンから電子メールで「中絶で金儲けをする側だけが女性に近づけるようにしたいだけじゃないのか」と訊かれたことがある。[43]嘘と生々しい画像から女性を護るという意味でなら、答えは「ええその通り、アンディ」だ。

中絶提供者が嬉々として弱い立場の女性から金を吸い上げているという発想を触れ回っているのは、ハートビート・インターナショナルだ。「手ごわい問い合わせに答える」研修では、「あなたの決心で私がお金になることは一切ない、と強調するように」と言われた。反中絶団体は女性の相談や妊娠検査や超音波検査をすることを金儲けにしないので信頼できる、と仄めかすのだ。中絶提供者は女性のケアに努めるのではなく女性の健康を種に金儲けをしているとあてこすって、信頼を傷つける言い方だ。もう一度いうが、これは本当ではない。危機妊娠サービスは金を持っているし金を儲けている。先に見てきたようにハートビートは提携団体に何万ドルも配り、二〇二〇年の総収入は六〇〇万ドルを超えている。

反中絶宗教右派の危機妊娠運動側がとる戦術でいちばんいやらしいのは、世界中で中絶の合法性を損なおうと動いていることだ。英国では国内で起きている中絶の大部分が違法だ、と誤った主張をする宗教右派団体がこの動きを支えている。中絶は女性の精神的／身体的健康を危うくすると虚偽の情報を流すのだ。欧州の大部分の国で、中絶は妊娠早期なら求めればできるし（上述のようにカウンセリングや待機期間を実施している国は多いが）、第二期、時には第三期でも健康上の理由があれば許可される。例外はあって、ポーランド、マルタ、アンドラでは今も中絶は違法であり、ジブラルタルでは母体の健康にリスクがあるときに一二週間以内でのみ合法だ。英国では希望すればできるということはなく、妊娠の継続により本人の精神的／身体的健康に悪影響が生じる、と二人の医師が確認する必要がある。スイスとルクセンブルクでも妊娠の継続により本人の精神的／身体的健康に悪影響が生じると確認されて、初めて中絶の許可が出る。ここで重要なのは、いずれかの妊娠段階で精神的／身体的健康が脅かされるかどうかが、欧州のほぼすべての国で中絶できるかどうかを左右する主因になることだ。

この例外的に中絶を認める理由である精神的／身体的健康が今、キリスト教コンサーンやクリスチャン・メディカル・フェローシップ（ＣＭＦ）を含む英国の団体によって、中絶の合法性を弱体化するために利用されている。この国で行われている中絶のほとんどは犯罪行為だ、と言い、虚偽情報を使って中絶は望まない妊娠を続けるよりも女性の精神的／身体的健康に有害だ、と思わせようとするのだ。ＣＭＦ広報のトップ、フィリパ・テイラーは、女性は「精神の健康リスクが低減されるという推測に立って多くの中絶が行われているが、中絶に何らかのベネフィットがあると証明する学術研究はないことを知らされなければならない」と主張している。[44]率直に言ってばかげている。望まない妊娠を終わらせ、そんな妊娠を続けて出産を強いられることによる精神的／身体的健康へのリスクから救われるのが、中絶のベネフィットだ。

キリスト教コンサーンは、英国で行われている中絶がすべて「現行の規制に適合している可能性は非常に低い」と言う。中絶は不良な精神衛生転帰と関連している、だから大半の中絶は一九六七年中絶法で認められていないのだと虚偽情報を伝える。そして、だから「英国で行われる中絶は、ほとんどが本当は違法なのだ」と続けるのだ。[45]

一方、ハートビートの全世界名簿に載っている危機妊娠チャリティのライフは、根拠を示すこともせずに、がんと中絶が関連しているという見解を発表したことがある。[46]実際には何度も反証されているのだが、この関連が証明できるものなら英国の中絶の合法性が崩れる怖れがある。ライフは中絶とそれに続く精神衛生の不良との関連を否定するエビデンスを疑問視して、「女性が何年も中絶の痛みを抱え、成人期が損なわれるのは珍しいことではない」と述べてもいる。[47] どちらの主張も中絶を妊娠よりも精神的／身体的に有害だとして、英国の中絶の法的根拠を傷つけるものだ。

危機妊娠運動と反中絶の虚偽情報を調査してみて私が理解したのは、中絶が女性の精神的／身体的健康に与える影響に関する虚偽の主張は、中絶を受けないように仕向けるためだけに流しているのではない、ということだ。中絶の合法性を貶めるツールでもあるのだ。ハートビートとそれに同調する宗教右派は、中絶することは「ほとんどすべての場合」望まない妊娠に耐えて出産するよりも女性の精神の健康にとって害が少ないという事実を隠したいのだ。もっといえば、たとえ「望んだ」妊娠と出産であっても、女性の健康と生命にとって安全で合法的な中絶よりかなり危険だということを、こうした団体はほとんど口にしない。出産で死亡した女性は二〇一六年から二〇一八年の英国で五四六人、その大半は黒人と少数民族女性だった。[48] 同様に「死亡証明書に中絶が言及されている」女性の死亡は二〇一五年から二〇一九年で三件、中絶が死亡の根本原因とされていたのはそのうち一件だ。[49]

イタリア人ジャーナリスト、フランチェスカ・ヴィッサーの匿名調査で、ハートビート・インターナショナルの影響が世界中に拡散している恐ろしい実態が鮮やかに考察され、私が研修ウェビナーで与えられた情報が日々臨床現場で女性に繰り返されていることが明らかになっている。

ヴィッサーは望まない妊娠をした若い女性を装って、イタリア南部ベネベントのサンピオ病院に行った[50]。ここでハートビートと提携する「生命のための運動」のボランティアと出会う。こうした提携はハートビート・インターナショナルの展開の基本で、「地球のすべての大陸で女性と家族にもっと役立つ」機会を反選択権《アンチ・チョイス》（反中絶）運動に提供している。

ヴィッサーは中絶すると「中絶後症候群」を起こすことがあるとボランティアから教えられた。精神衛生不良と中絶を関連づけ、中絶ががんにつながるとする偽の疾患だ。私が受講したウェビナーと違い、このボランティアたちは乳がんのリスクが五〇％高くなると具体的なリスク数値を口にした。根拠の参照先を教えてくれることもなしにだ。ヴィッサーはさらに五つのクリニックで受診したが、どこでも同じ虚偽の情報を伝えられた。次にミラノ近郊のビジェバノ病院にある生命のための運動センターに電話して、他所から情報を探すのはやめた方がいい、この病院に来て産婦人科病棟にいるボランティアたちとどんな選択肢があるか話し合ってくれと言われた。

「それから一時間半も、中絶がどんなに体に危険かっていう生々しい表現や誇大妄想みたいな説明を使って、ボランティアたちは中絶をやめさせようとした。大部分は中絶のあとで深刻な心の問題とかその後妊娠できるかとか人間関係の問題に苦しむ女たち、という設定の話だった」とヴィッサーは説明してくれた[51]。

こうした主張はすべて私が受けた研修ウェビナーの話題に上がっていた。もっといえばイタリアの法律は「妊娠九〇日以内で妊娠の継続と出産・子育てが精神的／身体的健康を重度に損なうと思われる場合」は女性は中絶を受けることができると明確に規定している。だから中絶が女性を身体的・精神的に害するという虚偽の主張は、イタリアの法律の信頼性をも損なおうとする戦術なのだ。

危機妊娠運動は、宗教極右の連合が女性の生殖に関する権利を否定するために使う戦略だ。中絶提供者に対する不信の種を蒔き、虚偽の情報を使って女性を動揺させて中絶から遠ざける、そして根拠もないのに重度の健康被害と関連づけて、中絶の法的根拠を貶めようとする。この運動は、アジェンダ・ヨーロッパのような団体が設計した戦略が国際舞台でどう展開されるかの例でもある。危機妊娠センターが女性の権利に関する用語を転用して、中絶支持運動を金儲けの業界のようにいう。女性から中絶の権利を取り上げるという目標は、元をたどれば妊娠を強要して女を再生産労働に閉じ込め、想像でしかない自然の秩序を維持するという極右の目標の全体像に行きつくのだ。

第4章　同盟者——極右陣営に付く（一部の）女たち、伝統的な妻《トラッド・ワイフ》から反トランス活動へ

白人男性至上主義者として目指すものを達成するために、極右は女を必要とする。ファシストの考える性別、家族、再生産を主流に持ち込むために、そして運動への勧誘要員に白人の女が必要なのだ。もっといえば、この運動に今すぐ必要なのは女の子宮だ。それを存分に使って人口を取り戻したいからだ。ファシズムではネオクレウスの解説にあるように「生物学が運命だ。男の運命が戦争なら女の運命は母親業」なのだから。[1]

極右は大義のために女性を勧誘して利用する一方で、女性の反トランス活動家（その中にはフェミニストを名乗る者もいる）と奇妙な同盟を結び、自分たちの反ＬＧＢＴＩＱ運動に進歩的な趣を加えようとする。ＬＧＢＴＩＱの権利を攻撃するために女性だけの空間、女性スポーツ、性別上の女性というアイデンティティの保護といったフェミニズムの論点を取り入れて、これまでなら敵視したような女たちと通路を越えて手をつなぐのだ。女性の安全が心配だと極右活動家はいうけれど、その実、彼ら反トランス活動家は、女は劣り、男はそのはるか上というファシズムがいう自然の秩序を取り戻そうと、男女をめぐる固定観念をすり込むことしか考えていない。ジェンダー・クリティ

カル[xiii]であっても極右の甘い誘いに頑として乗らなかったフェミニストも中にはいたけれど、残念なことに本音では自分たちを嫌っている運動に取り込まれてしまったフェミニストが多すぎた。

哲学者のジェイソン・スタンリーによれば、「ファシストのいう神話的過去には、決まって極端に家父長的な家庭が君臨している」[2]。精神分析学者ヴィルヘルム・ライヒも、ファシズムが「家父長的家族によって生み出された性格類型」にとっていかに自然な政治形態だったかを『ファシズムの大衆心理』の中で確認している。したがって、「家父長制的な家族構造が支配的な国には、常にファシズムの可能性が存在した」のだという[3]。

家父長の権威と女性の従属というファシストの神話的過去が、伝統的な妻《トラッド・ワイフ》や伝統的な生活《トラッド・ライフ》と自称するサブカルチャーの中で息を吹き返している。女性がフェミニズムの成果を手放し、喜んで家にいて、家父長の権威（夫）に従って顔を立てる文化だ。そうすることで自分を白人種の回復に欠かせない白い女神と見てくれる男たちから熱愛され、崇められると期待する。広い敷地に構えた家と子どもたち、幸せそうな白人家族のソフトフォーカス写真を見せられて、女たちは伝統的なライフスタイルを宣伝するソーシャルメディアのインフルエンサーからこの運動に勧誘される。白人ナショナリストの出会い系サイトは、「白人種の未来を確保する」ために子どもを作ることを使命と

xiii　ジェンダー・クリティカル（gender-critical）は生物学的な性別は変えられず、本人の意思で性別は決まらないという考え方。ただし、性のグラデーションに関する近年の科学的な研究成果を軽視・過小評価しているとの批判も寄せられている。

考えるファシストと、豊かな家庭を作りたい女性を出会わせる（さんざん出てくる話題だ）。

極右のトラッド運動は、進歩的な現代社会のストレスや緊張に耐えてまで「全部を手に入れる」なんて諦めたっていい、そうしたら神聖な子宮として崇拝されて心から愛されるようになるのだ、と女性たちに語りかける。フェミニズムを女性の幸福を損なうものと位置づけ、フェミニストを何度も中絶して肌も髪も荒れた不健康で不幸な尻軽女のようにいう。

レディットで人気のトラッド・ワイフのミームを見ると、極右の世界でどれほどトラッド女性が持ち上げられ、フェミニスト女性があしざまに言われているか想像がつく。「解放されたフェミニスト」の漫画には、パンクヘアにピアスをつけてクロップトップを着た女性が登場する。「ごてごてと化粧が濃いのは自尊心が低いから」、電子レンジでチンしたものばかり食べて「ぜい肉を付け」、「低い自尊心をなんとかしたくて男と寝て回っているが、かえってみじめになるだけ」、おまけに「偽日焼け剤を使ってメキシコ人みたいに見せている」そうだ。対照的に、赤ちゃんを抱いて地味な装いのトラッド・ワイフのイラストは「自分の素顔を愛して薄い化粧だけにし」、「家にいて子育てをする自分を働いて支えてくれる」夫がいて、「健康的な手料理と活動的なライフスタイルでスリムな体型」を保ち、外でたっぷり過ごす肌は「自然な日焼け」。外とはお祭しの通り屋敷の庭だ。なんといっても「黒人男としか寝ない」解放されたフェミニストとは違って、トラッド・ワイフは「まず家族、次に人種、その次に国を愛し」、「自分の欧州人のルーツをよく知っている」ところが違う。トラッド・ワイフのような健康と幸福を手に入れたい女性は、フェミニズムが勝ち取った権利を放棄して、とにかく白いベビーをたくさん（できるだけたくさん）産むことだ、と極右は説明する。

極右の集まりに出かけてまず目につくのは、白さと男、圧倒的な白人と男性の数だ。パトリオティック・オルタナティブの二〇二〇年大会もまさにこれだった。元英国国民党（BNP）のマーク・コレットが創設した極右グループの年に一度の集まりなのだが、各地の支部が「交替《リプレイス》されてたまるか」などのスローガンを書いた横断幕を投下してビラ配り行動に参加する。

会場に集う二〇〇人前後の男たちの顔ぶれはさまざまだ。路上の暴力やネオナチ活動で長年鍛え上げた昔ながらのスキンヘッド、保守党から英国独立党（UKIP）、ナショナリズムへと右傾化した白髪の男たち、何千人もの熱狂的なファンに、交替を心配するのも国を愛するのも人種差別じゃない、と言いながら、内輪では下劣な人種差別の中傷を言いたい放題の童顔ユーチューバー、女の自己主張が強すぎる、男が「β」になっている、と嘆くポッドキャスターの顔が見える。ネオナチ・リーダーのリチャード・スペンサーあたりからヒントを得たらしいスタイルが多い。スマートなシャツにブレザー、髪は一九三〇年代風のサイドパートで後ろに流している。スキニージーンズにウエストコート、フラットキャップにあごひげで、極右の集会というよりイースト・ロンドンのバーで見かけるようなヒップスター風の男たちもいる。

基調講演はアバターNoWhiteGuiltで知られるジェイソン・ケーネだ。赤いシャツとネクタイの上に黒いブレザーのケーネは、突然スピーチを中断すると会場にいる女性全員を立ち上がらせ、どうぞみなさん拍手を、と呼びかけた。そこここで緊張した笑いを漏らす女性たちと、盛大に拍手する男たち。[4]

聴衆を背に立つ女性たちは本当に華やかで際立っている。揃って細身のブロンドで、そこここに運動の長老的な女性を挟み、多くは若い。ＬＢＤ（リトル・ブラック・ドレス）にヒールを合わせたスマートな服装も、ロングドレスと流れるような髪のトラッド・ワイフ姿もある。左翼を連想させるタトゥーや髪型は眉をひそめられる。ここでは髪も青ではなく金色に染めるのだ。称賛を受ける女たちを男たちはじっと見つめる。その女たちが見つめるのは一緒に並ぶ女たちだ。警戒と不安とライバル意識。この家父長制の世界では、男性の注目だけが勝負を決める。周りの女性を信用するのは、いつも安全とは限らない。

　鳴り止まない拍手。男たちはその間、この中に結婚して子どもを持ちたいようなナショナリストの女がいるだろうか、という顔をしている。女たちを頭からつま先まで目を細めて眺めて合否を決める。一人の女性が不快そうに体の向きを変える。こわばった笑顔が貼りついた顔。運動の女王蜂トラッド・ワイフたちは、判定の目で他の女たちを見る。「あの人いったいどうしたのかしら」と目が言っている。「どうしてまだ結婚してないの」。付き添ってきた二〇代の若い女たちに群がって、おべんちゃらをいう男たちをじっと見つめる女王蜂の顔に、批判と同時に隠せない不安の色が見える。若い女性たちに迫る危険を、ある程度はわかっているのだ。でも自分たちの運動がはらむ女性への虐待のことを口に出したくはない。自分たちだって結局、同じ目に遭っているのだし。

「こういう男たちの愛情攻勢はすごい」とイッシーは言った。ここまで書いてきた会合の光景を、以前この極右運動に加わっていたときの経験から私に話してくれた女性だ。何度も私の取材に応じて、経験したことや極右の女性の扱い方に幻滅した事情を聞かせてくれた。「そして女を攻撃する。あれはまさに虐待の関係[5]」。

白人女性に約束された極右の崇拝と喝采がどれほど強烈で魅力的かは容易に想像がつく。存在するだけで褒めちぎられてうれしくない人間が、女神になりたくない女性がいるだろうか。まして、そうする以外にとる道が、退屈なオフィスや工場で九時から五時まで働いてデートするのはうっとうしい男と、あるいは、仕事と家庭の他に山ほど責任を背負って消耗するような生活しかないとしたら？　喝采を浴び慕われ、尊敬されたくないと思う人間がいるだろうか？　極右が理想とする女性になるのには、戦ったり働いたり難しい会話をしたりしなくてもいい。子宮が動いていさえすれば特別な存在になれるのだ。当然のことだ。女の身体を持っていることだけで価値が決まるのだから。「極右はあれこれを捉えては政治問題にする。母性もそのひとつ」と、米国極右界の女性の役割を調査して『アメリカ・ヘイト運動の女たち（*Sisters in Hate*）』を書いたセイワード・ダービーが解説してくれた。「それで自分の身体が政治力になるとなったら、人によっては生まれ変わるチャンスになったりもする。極右について覚えておくべき重要なことはそれ。子どもを産めるという女の可能性、女の身体と美学が政治に使えるということ」[6]。

極右は白人女性を運動に巻き込んで、特権的な地位を約束する。けれど崇拝される身体でいることの現実は、「身体以上の何物でもない」存分に使う子どもを産む器だということだ。こうして、極右の世界で女性は二重の役割を担っている。確かに白い女神になれるだろう。でも、どれだけ子どもを産めるかだけで価値が決まるモノでもあるのだ。極右の世界の女性の立場を深く調べるほど、私はエリザベス・ウルツェルの言葉を思い知らされた。「彼は彼女を台座に乗せ、彼女はそれに載って降臨する」[7]。これをイッシーに話すとその通りだと言った。

極右にとっての女性の価値は、子どもを産める可能性を前提に決まっているから、年齢や妊孕性に異様なこだわりがある。イッシーによると、男たちは三〇歳を過ぎた女性のことを「空っぽの卵子箱」と呼ぶ。もうすぐ三〇歳の女性のことを、歳をとって「卵子がなくなりそうだ」と馬鹿にするのだという。

「繁殖用のラバとしか見られてないから」とイッシー。「若い女がいたら男がうわっと寄ってくる。若くてどんどん子どもが産めるから。三〇歳なんて侮辱でしかない。子どもがいないのはあばずれ。で、聞いてくるのは、赤ちゃんはどこ？　ご主人は？」

「女が極右の世界で母親業を超えてものを言って何かやっていこうとすると常時、精神鍛錬を強いられる」と私はダービーから聞いた。「いたるところで自己妄想が目につく」そうだ。トラッド・ワイフにとってこの自己妄想とは、トラッドになれば生物の潜在能力で女神の地位に上がれる、と信じていることだ。けれど代償は高い。自分の考えで何かすることを一切放棄しない女は、受け入れられないからだ。

これが白人ナショナリストでトラッド・ワイフ・インフルエンサーであるアイラ・スチュワート（別名「目的のある妻」というソーシャルメディア・アバターで知られる）の、いわば原点の物語だ。スチュワートはネットで自分のことを、「元ＳＪＷ（社会正義の戦士）、今＃トラッドライフ、私の＃ホワイトカルチャーはヘイトではなくヘリテージ」と紹介している。

スチュワートの名声が一気に高まったのは、悪名高い「ホワイト・ベビー・チャレンジ」をソーシャルメディアで始めたときだ。「六児の母として世のご家庭に言います。さあ私が貢献したのと同じ数だけ、白人の赤ちゃんを産んでください」と宣言した。私と同じだけ産んでと白人女性に呼びかけ、子どもたちと一緒に写った幸せそうな写真を派手に売り込んで、男女のファンから熱狂的に迎えられた。フォロワーは「白人の赤ん坊を再び偉大にしよう！《メイク・ホワイト・ベビー・グレート・アゲイン》」と声援を送った。[8] テレグラムチャンネルの「人種大交替《グレート・リプレイスメント》に反対」ではスチュワートの呼びかけをそのまま載せて、「子ども三人で移民の子を相殺できる交替率《プレイスメント》に見合うそうだけど私は六人欲しい。白人ナショナリスト全員が六人作ったらきっと違ってくる」と応える投稿者も現れた。

このチャレンジを始めたとき、スチュワートは白人ナショナリスト運動で絶頂期だった。スチュワートの伝統的なライフスタイルと白人の母性へのひたむきな献身は、アメリカの極右にとってソーシャルメディアの金字塔だったのだ。

スチュワートはあの悪名高いシャーロッツヴィルの集会でスピーチの予定が入っていたほどのスターだった。レイシストたちが「ユダヤ人には交替させない！」と唱えながら燃え盛る松明を持って行進していた集会だ。参加者の一人が反対デモに加わっていた若い女性へザー・ヘイヤーを殺害した。治安の悪化を怖れてスチュワートはイベントへの参加を見送っている。

ところが極右に加わる前、スチュワートは自称フェミニストだったのだ。[9] ではなぜフェミニズムと人権に関心を持つ若い女性がレイシストのミソジニーに煽られた運動の広告塔になり、かつて祝福して恩恵も受けていた進歩を後戻りさせようとするようになったのか。きっかけは、フェミニズムが女性に押しつける要求に反発したバックラッシュだった。すべてを手に入れよと要求するのがフェミニズムだという誤解がもとだったのだ。

女性には自分の妊娠出産を自分で決める自由があるべきだというのが、フェミニスト・イデオロギーの考え方のひとつだ。望まない妊娠を継続しない権利、望む子どもを産むための経済的保障、そして仕事と育児に関しては十分な情報を得た上で本当に望む選択ができること。ところが、一九八〇年代から九〇年代にかけて起きた反フェミニストのバックラッシュ、あの新自由主義の横行によってますます燃え盛ったバックラッシュによって、再生産や経済的自立において女性が本当に望む選択をできるべきという考え方が、「すべてを手に入れる」というスローガンに矮小化されてしまった。女性は働きながら家庭「も」持つという選択ができるのだというサウンドバイト（ニュースなど放送用に短くまとめた言葉、発言、映像のこと）だ。女性の生殖に関する選択《リプロダクティブ・チョイス》をめぐるメッセージが、子育てと仕事をするための社会的、政治的、経済的支援が重要だという話から、すべてを自分でやるしかないという極論へとあっという間に変わってしまった。トラッド・ワイフになりたい女性のための自己啓発マニュアル『サレンダード・ワイフ――賢い女は男を立てる』〔中山庸子訳、三笠書房、二〇〇七年〕の著者ローラ・ドイルは、その当時のことを「私はフェミニズムを、何でも自分でやらなければならないと曲解してそう思い込んでしまった」と解説している。[10]

これはフェミニズムのせいではなかったとはいえ、「すべてを手に入れること／すべてをやり遂げること」が運動の決定的なマントラになる前に、私たちももっと賢く、それを許した通説と闘うべきだった。フェミニズムは私たちが子どもを産み、働き、自分らしく生きる人生を選択できるよう、女性のための空間を切り開こうと闘ってきたはずだ。けれど新自由主義的な資本主義が女性の選択肢をますます狭く追い詰めようと執拗に動き、フェミニズムに敵対する政治勢力が、労働者、母親、妻としての役割を混乱させるメッセージを女性に向けて発信すると、仕事、家庭、基本的な幸せのバランスをとろうとして、目の前に立ちはだかる困難をフェミニズムのせいにする女たちが出てきた。

「すべてを手に入れたいと思わない」専業主婦になって家で子育てをしたい女性は、主流派のフェミニズムからますます批判され疎外されていると感じた。もう一度いうが、これはフェミニズムの本質を取り違えた動揺を招く解釈だ。専業主婦や育児に対する異論は、女ができることはそれしかないという思い込みへの異議申し立てから生まれたのであって、そういう選択をする女性が間違っているとも、運動から排除されてもしかたがないとも言っていない。さらに「家事労働に賃金を」のようなキャンペーンは、女性の家事労働が尊重され再定義されることを提唱したのであって、貶め、軽蔑せよとは言っていない。どちらかといえば、専業主婦になる自由を奪ったのは新自由主義的な資本主義の方だ（誰が片方の収入で子どもを育てる余裕があるのだろう?:）。特に米国では市場主導の文化と国民皆保険制度がない事情で、産後の女性は会陰切開の抜糸が終わるとすぐに仕事に復帰する。

これこそがアイラ・スチュワートのような女性に起きたことだ。セイワード・ダービーのいう「フェミニズムと資本主義の不当な要求だとしか思えないものに不満を感じていた」女たちだ。極右が理想化する母性と約束された女性崇拝の魅力は、女たちにあれこれ「幻滅させられたり疎外されたりするようなことと関わらなくても、自分にも力があると実感できる生き方がここにあったんだ」という手ごたえを持たせてくれるのだ、とダービーは言う。

女性の選択肢と権利を圧迫しているのは資本主義と家父長制だと左派の方は認識しているのに、極右はフェミニズムを非難する。フェミニズムを、女性が望むものや必要とするものへのアンチテーゼと位置づけるのだ。そしてこの運動は、女性が自分の人生で感じる不満を何でもフェミニズムのせいにして勧誘する。金髪で赤い唇の国際的極右スター、白人ナショナリストのローレン・サザンが、フェミニズムは女性の幸福を「激減させた」と言ったのも不思議ではない。[11] フェミニストや進歩的な運動が伝統的で保守的な過去を批判して、代わりに連れてきたのは「利己主義」と「ナルシシズム」の時代ではないかと訴えている。あちらの方がはるかに悪意ある曲解をされているとはいえ、人種大交替陰謀論の支持者が女性の個人主義を攻撃するのとまったく同じ口調だ。子どもを産むという本来の役割を果たせない女を、利己主義だと責めるのだ。

サザンはフォロワーに〔フェミニズムによって〕男性は自分のジェンダーを憎み、女性に「ひれ伏し」て「弱く」なるように教えられるが、それは男も女も幸せにしない、と語った。対照的に、女性は「卵巣が枯れるまで九時から五時まで働き、毎晩ワインを飲むように教えられて」いて、「後悔することになってやっと驚く」のだそうだ。[12]「ミレニアル世代の悩み」をソーシャルメディアでアバターを使って書いている極右インフルエンサー、コリン・ロバートソンは、パトリオティック・オルタナティブ二〇二〇会議のステージに立って、サザンのレトリックをそのまま繰り返した。男性はどんどん従順に、女性は自己主張ばかりするようになっていると訴え、女性は「服従のしかた」を知らないから「どうやって男を打ち負かすか」ばかり考えるのだと不満をぶちまけた。男性を支配的、女性を従属的と定義する「二形性」を拒否したばかりに男女間の魅力が失われて、ミレニアル世代のセックスレスにつながった、とロバートソンは主張する。
怒れる白人男が、女を上司に据え、したくないセックスに女がノーと言うようにさせたかもしれないフェミニズムを憎むのはとてもわかりやすい。フェミニズムが自分たちから何かを奪った、経済力や性の権力を失った、としか考えていないのだ。一方、女性にフェミニズムを憎ませるためには、女性も何かを失ったと説得しなければならない。こう考えると、フェミニズムのせいで女性は幸せや子どもを産める身体と男性からの愛を失った、と説くサザンのビデオも納得がいく。これは歴史に前例がある。ナチスのイデオローグであるアルフレッド・ローゼンベルクは、一九三〇年に「女性解放運動からの女性の解放」を呼びかけた。[13]
極右は、フェミニズムは女性を裁いて専業主婦になる選択肢を否定するから反女性的だ、と主張したがる。そしてそれに比べてこちらは女性擁護派だ、と売り込むのだ。結局この男たちは女の肥沃な肉体を崇め、妻や娘の保護者でありたいだけだからだ。ダービーはこれをスチュワートに見た。スチュワートはフェミニズム運動の女性たちから「不当に裁かれている」と感じていた。「疎まれ、仲間はずれにされ、罵倒された」と言うのだ。自分の母親業や結婚をフェミニストたちが裁きの目で見ていると思い込んだ。[14] それに比べて、極右は全然違うものを自分に約束してくれる。母親、妻として崇拝され祝福されるのだと。スチュワートのソーシャルメディア・アバターはそのことを物語っている。極右の世界でスチュワートは「目的を持った」女性になれるのだ。目的とは人種大交替から白人種を救うことだった。フェミニズムによって不当に悪者扱いされているとスチュワートが感じた肥沃な肉体は、今や貴重な資源となった。ひたすら機械のように子どもを産み、夫と人種に奉仕し続けるだけで、この強大な力を目に見える形にできたのだ。

白人女性の身体に関わる崇拝と搾取のパラドックスは、白人男性至上主義のルーツにまでさかのぼる。政治哲学者アンジェラ・デイヴィスは、一九世紀には「母性崇拝が全盛だった……完璧な女性とは完璧な母親のことだった。完璧な女性の居場所は家庭であり、もちろん政治の領域では決してなかった」と述べている。[15] これはもちろん、高度に人種化された母性崇拝だった。デイヴィスによれば、「白人女性は、白人至上主義を護る闘いの中で母親として自分たちにしか果たせない責任を負っている、と日々叩き込まれていた。結局、みんな人種の母だったのだ」。これとは対照的に、「一九世紀に発展した、女性は育む母親であり、そして夫のためには優しい伴侶で家政婦であるという役割を強調する女性らしさのイデオロギーで裁かれると、黒人女性は事実上、外れた存在だった」とデイヴィスは解説する。[16]

時代は飛んで、米国で奴隷制が終焉してから七〇年経つかという頃、ナチスドイツでも同じような力学が働いていた。ドイツではアーリア人女性が国家つまり人種の救済運動を主に担った。ドイツ女性協会会長代理のポーラ・サイベルは、一九三三年のパンフレットで「国家社会主義党女性の至高の使命は単に子どもを産むにとどまらず、意識的に母親としての役割と義務に全霊をささげ、自民族のために子どもを育てることである」と説いている。[17] スチュワートと同様、サイベルも女性たちに目的を持った妻たれ、と呼びかけている。ムッソリーニが言ったのとまったく同じだ。生物学は運命であり、戦争における女性の運命は母親業である。

「何度も何度もこの熱愛を約束される」とダービーの解説は続く。「熱愛されてこの役割を果たすとなると、それは力も湧くでしょう。あなたには生まれつきその力があるのだ、とことあるごとに言われるから本当に簡単にやれてしまう。何もしなくていい、不快な状況にいることも嫌な会話をすることもないし政治にもビジネスにも関わらなくていい。生物のメスのままで可能性を発揮すればいいから」。

このすべてがファシストの思考回路にきれいに収まるのは明らかだ。極右がフェミニズムを嫌うのは、信奉者が失ってしまったと感じている想像の世界、男が優位で女が劣位にあった神話的過去を破壊したのがフェミニズムだからだ。もっといえば、極右は女性の解放を根絶しなければならない。性と生殖に関する権利《セクシュアル&リプロダクティブ・ライツ》は男の支配から逃れる自由を女に与え、自由はファシズムを軽視するからだ。フェミニズムは敵だ。家父長的権威と男性の特権からの解放を垣間見ることを女に許したのが、フェミニズムだからだ。だから極右は、自然の秩序を取り戻してファシストの神話的過去に回帰するために、女性の解放を逆行させる必要がある。フェミニズムが生んだ自由はどれも嘘だ、フェミニズムのおかげで女は損をした、家父長的権威に服従するのが女の自然な役割だ、と女性に言い聞かせることで、これを達成したがっている。

フェミニズムを攻撃すれば、極右は女性に関わるもうひとつの目標も達成できる。ジェンダーに基づく暴力から女性と少女を護る面の成果を覆すのがそれだ。極右がこれを狙っていたことは、トランプ政権の女性暴力法への攻撃で明らかになった。だいじなミソジニスト有権者の期待に応える姿勢を見せたのだ。ファシズムは女性を男性の所有物とみなしている。極右の人間一人ひとりなら必ずしもジェンダーに基づく暴力を容認しないかもしれないが、家族という単位で女や子どもをしつけ、管理するのは（保護するのも）男の役割だと信じているのだ。女性をそういう支配から解放しようとしてきたのがフェミニズムだ。中絶と避妊両方へのアクセスを求め、夫が妻をレイプすることを許す法律を覆し、男には女の身体を侵す権利があるという態度に異議を申し立てながら。

悔しいことに、ゆがめられた語りかけによって男の支配が本人たちの利益、健康と幸福を保証するしくみであるかのように女性に伝えられている。男は女にとって何がベストかを知っているのだから、女は幸せになりたければ男の権威に服従した方がよいという。これはパトリオティック・オルタナティブの会議でロバートソンが主張したことと同じだ。女性は服従すること、男性は支配することを学ばなければならないというのだ。

それがトラッド・ワイフ・コミュニティを通じて女たちに伝えられ、運動に参加すればいつも機嫌を取りながら、夫に全面的に従順になることを盛んに勧められる。そこでは家庭内虐待を「しつけ」という新しい名前で肯定して、身体や心や性の暴力を受け入れるのも良妻たるものの勤めと教えられるのだ。夫に完全に従順であるためには同意の権利を放棄して、夫があなたに暴力を振るう権利を尊重する必要がある、と女性たちは言われる。ユリア・エブナーの著書『ゴーイング・ダーク』に引用されている匿名のトラッド・ワイフが、パートナーのしつけについて男性に秘訣を示している。説明はこうだ――

決して絶対に必要である以上に仕置きを遅らせないこと。嫌味を言ったから仕置きが必要と思うのなら腕をつかんでバスルーム、寝室、ガレージに連れて行って、その場でお尻を叩く方がはるかに効果的です。[18]

別の女性は、夫の暴力的な態度に気が動転していると投稿している。だが助けてもらえるどころか「(すべてではないが)もっと伝統を重んじる関係なら、男性が女性を力で(スパンキングのように)しつけるか、反省の言葉を書かされたり、隅に立たせたりする」とたちまち諭されている。[19]

極右の世界の関係性で起きる家庭内虐待の蔓延のことは、サマンサと名乗る若い女性が『ニューヨーカー』誌にこう語っている。[20] オルタナ右翼団体 Identity Evropa のリーダーとトラッド関係だったが、仕事をすることになって、その後この運動を離れた。関係が破綻したというのに、相手はサマンサが自分と別れたがっていることを頑として受け入れようとしなかったそうだ。サマンサをアパートから出さずネオナチ運動に関わっていたことを世間にばらすぞと脅した。

このトラッド・サブカルチャーの女性たちは、ローラ・ドイルの『サレンダード・ワイフ』を読んで、上手に男に従うふるまいのヒントをつかむよう勧められる。これは指摘しておかなければならないが、ドイルは極右とはどんな意味でも一切関係がない。本の中でパートナーや子どもに虐待する男性だったり依存症の問題を抱えていたりするなら「自分を明けわたすこと《サレンダー》」は勧めない、とはっきり言っている。虐待を経験したら治療的支援を求めるべきだ、と苦しい立場で指摘もしていて、健康的な結婚生活になるようにトラウマが辛いことを夫と話し合うように勧めている。けれど、これだけ配慮のある手引きにしているのに『サレンダード・ワイフ』がトラッド・ワイフ界に入る女性にとって、バイブルになっている理由は明らかだ。ドイルは家庭内の厳格な性別役割分担を盛んに褒め、「男女の役割対比が強い」ことの美徳を褒めそやして、夫婦に「平等神話を捨てる」よう勧めている。[21]

このアドバイスは、厳格で不平等なジェンダー役割を拒絶するからミレニアム世代がセックスレス気味になっているのだ、というロバートソンの主張とまったく同じで、トラッド・ワイフ・サブカルチャーが自然の秩序というファシズム概念にどっぷり浸かり込んでいるとわかる。「模造品」の進化心理学を動員して伝統的な男女の役割を自然なもののように見せる一方で、ジェンダー平等は「不自然」で作られたものだという。この伝統的なジェンダー役割なるものを裏づける証拠がほとんどないことは、母系文化の歴史から女が常に家の外で働いてきた明白な事実までをあげて、膨大な数のフェミニスト人類学研究がもちろん明らかにしてはいる。けれど極右にとっては、ジェンダーの平等が神話だということにして、不平等を自然だと受け入れさせるのが急務なのだ。これがフェミニズムと女性解放を堕落、倒錯したものと位置づけ、女の平等は悪魔的で自然に反する、と主張する悪魔の陰謀論《サタニック・コンスピラシー》をますます強化する。

明らかにトラッド・ワイフ・サブカルチャーは極右にとって、ある大きな問題の解決策になるのだ。反中絶、反フェミニズムの目的を達成する手助けをしながら、激しく女性差別的な運動の中に女性の居場所を作っているからだ。フェミニズムへの憎悪が、ジェンダー平等が白人男性至上主義にとって損失になるという現実に煽られて、女性解放が約束する自由を有害なものと位置づける。女は平等なんかより、権利を放棄して家父長の権威に従い、再生産に専念すれば幸福を見つけられる、と信奉者たちは言い張るのだ。

前述したように、極右はトラッド・ワイフ運動を通じて女性の代表を世間に送り込み、女性の支持者を獲得してそれによって訴求力を拡大しようとする。同じようにもっと主流の集団も、反中絶の目的を推進するために女性の支持者を欲しがっている。こうした集団は従来、急進右派の反フェミニスト活動家、フィリス・シュラフリーのような女性を宣伝に使ってきた。ツインセットと真珠で装う、トラッド・ワイフ・モデルにとても近いタイプだ。こういう女性は自分のことを、専業主婦でありたい本心を犠牲にして人目に触れる外に出て、夫や温かい家庭、国家という伝統的な価値観を護って戦っている、と感じている。夫と子どもたちを家に残して出かけなくてはならないのは嫌でたまらないが、家父長制の権威に従う自分たちの地位の名誉を回復するための義務だからしかたがない、という。こういう保守派の女性は、シュラフリーのイーグル・フォーラム「アメリカを憂う女性たち」やインディペンデント・ウィメンズ・フォーラムのような団体にいる。長い間、ジェンダー平等や基本的自由と相反する運動に女性を引き込む勢力として成果を上げてきた女たちだ。

ところが近年になって、右派は新しい女性の味方、イデオロギーとしてトランスの権利に反対するジェンダー・クリティカルなフェミニストを名乗る女性たちを口説き落とした。一見すると、これは理屈が合わない。フェミニズムは、すべての女性を抑圧と恐怖のもとに置いている男性の暴力と家父長的権力と闘い、女性を抑圧するジェンダーヒエラルキーの打倒を目指し、中絶の権利と生殖の正義《リプロダクティブ・ジャスティス》を支持する。レズビアンを尊重して、異性愛を強制する考え方に異議を唱える。すべて、中絶を禁止してジェンダーに基づく暴力からの保護を撤廃し、LGBTIQの権利を後退させようとする宗教極右が忌み嫌う姿勢だ。けれど、自称ジェンダー・クリティカルなフェミニストの中には、性別に基づく女性の権利の擁護を通して宗教右派と共通する意義を見出した者もいる。トランスジェンダーを犯罪者とし、男女をめぐる固定観念を生まれつきの、固定的な、生物学的に不変なものとして定着させようとする輩とである。

自由防衛同盟（ADF）や家族研究評議会（FRC）のように国家政策評議会（CNP）ネットワークの一角を形成する組織は、反女性的な目的にもっと広い支持を集めようと、反トランスのフェミニストを金銭や実務面で支援している。その結果、急進的な宗教右派にとって恰好の隠れ蓑になるフェミニスト団体や個人が現れ、反中絶の主張に保護色をかけて新しい予想外の支持基盤を連れてくる効果を生んでいる。敵と手を組むことで、反中絶運動は敵対する相手の言葉を転用して切り返すというアジェンダ・ヨーロッパの戦術を効果的に展開することができる。そして目標を主流に食い込ませて実現につなげるのだ。女性を護るのが仕事のフェミニストと一緒に活動しているんですよ、ADFや家族研究評議会が反女性のわけがないでしょう、という話にできてしまう。

この残念な同盟は二〇一六年に始まった。この年、ADFの納税申告書の資金提供先リストに、信じられない名前が出てきた。ワシントンDCに本拠を置く女性解放戦線（WoLF）である。[22] この急進的なフェミニスト団体が「一般訴訟」の目的でADFから一万五千ドルの寄付を受けていた。女性の権利と表現の自由のために戦うと主張するこの団体は比較的小規模で、ツイッターのフォロワーは二万人にも届かず、あるキャンペーンで一万四〇〇〇人の女性が議員に手紙を書いた、と誇っている。二〇二〇年の収入は二六万三九〇一ドルで、その大半は直接寄付だった。つまり、WoLFは周縁の団体のまま、ほとんど影響力を持たない運命だった可能性が高い。ところが、急進的な宗教右派組織と手を結ぶことによって桁違いの影響力を持つようになったのだ。会員がFoxなど右翼の主流ニュースチャンネルに招かれたり議会で証言したり、英国や韓国でのキャンペーンで世界の舞台に登場するまでになった。

二〇一〇年代半ばにフェミニストたちの間で勃発したトランスジェンダーの権利をめぐる騒動は、発端と複雑さを説明しようとすると別の本を一冊書かなければならない。とてもとても簡単に言ってしまうと、それはトランスやノンバイナリーの人たちが自分の選んだジェンダーを自認して、痛みを伴う上にたいてい金がかかり、時には残酷な医療プロセスを経ることなく自分の性自認《ジェンダー・アイデンティティ》を法的に確認できる権利をめぐる議論から始まった。この論争は「ジェンダーではなく性別を」というスローガンに発展する。性自認は性別に基づく女性の権利を保護する法律から除外されるべきだ、という意味だ。

英国では、ジェンダー承認法の改正に向けた相談を設けると保守党が発表したとき、この問題がクローズアップされた。二〇〇四年に制定されたこの法律は、トランスは医学的移行後に、性自認を確認するためにさまざまな医学的な手続きと心理学的評価を受けなければならないと定めていた。導入された当時は先進的な法律だったのだが（労働党が学校でＬＧＢＴのライフスタイルの「宣伝」を禁止する法律を廃止したのが、そのわずか一年前だったのだから）、二〇一〇年代後半には使い勝手が悪くてすでに目的に合わず、トランスたちに不要な苦痛を与えていた。

米国ではギャビン・グリムというトランスジェンダー青年が、普通に男子トイレを使うのではなく「代替の個室」トイレを使えと言われるのは差別だとして学校を訴えたことがきっかけで騒動が起きた。ここで、あの一万五千ドルの寄付に話を戻そう。

グリムの訴えを受けて米国教育省と司法省は、「拝啓」書簡を各学校に送った。米国の学校で、生徒を性別による差別から護るべく作成した法律の最新解釈を伝え、トランスジェンダーの生徒を最適な形でサポートするのが狙いだった。この書簡は各担当課に「生徒の性自認を本人の性別として扱う」よう求め、「つまり学校はトランスジェンダーの生徒に、同じ性自認を持つ他の生徒と異なる扱いをしてはならないということである」と続けている[23]。学校側は、性自認は性別と同じに扱う、つまりかかる生徒を保護して差別から護れ、グリムには男子トイレの使用を、トランスの少女には女子トイレの使用を許可せよ、と告げられたのだ。WoLF はこれを受けて米国連邦政府を提訴した。

この書簡に対して WoLF は、性別に基づく保護を性自認に置き換えることとは、女性と少女の権利や保護を消滅させ、女性と少女を傷つけられる危険にさらすと考える、と反論した。けれど、宗教団体や極右団体がフェミニスト団体と手を結んだ動機は、この懸念とは別のところにある。むしろ、ジェンダーは作られたものだ、男女をめぐる固定観念は生まれつきのものではない、という考えを葬りたい願望で動き、そうではなくて女は劣位、男性は権威を持つという自然の秩序の中で、女と男はいわゆる自然の役割を固く守るべきだ、と言いたいのだ。

WoLF の会員宛に届いたある電子メールが、ＡＤＦの寄付を「まさに驚異的」と呼んでいる。

WoLFはキリスト教右派家庭政策同盟（FPA）とも協働して、グリムの延期されていた訴訟に対抗した。この協働についてFPAのオータム・レバ政策部長は、「キリスト教家族団体と急進フェミニスト団体が一緒に最高裁まで争うから何なのだ。これだけおかしなことが起きていれば十分ではないのか」と発言している。

結局、教育省が各学校に宛てた書簡は、トランプ政権下で取り下げとなった。これもこの政権の女性やLGBTIQの権利への激しい攻撃のひとつだった。ところが、WoLFの宗教右派との連携はそこにとどまらず、家庭政策同盟や、CNPと連携する急進右派のシンクタンク、ヘリテージ財団とも手を結んで動き、「ジェンダー肯定療法」という「非科学的で危険な流行に対応する」ために作成した反トランスの「ジェンダー・リソース・ガイド」を発刊した[24]。

ここで重要なのは、急進的フェミニスト同士でトランスの権利について反対したり支持したりしているのは、ある地続きの領域の両端だということだ。トランスの人たちが自分の選択どおりに自認して生き、暴力や差別から解放され、医療や仕事、その他すべての人権を享受できるのが当然だと、大多数のフェミニストは合意している。ところが、ジェンダー・クリティカルなフェミニストの中から、ジェンダーを自分で定義できるようになると、虐待する男が刑務所や避難所といった女性だけの空間に潜りこむために女性と自認する抜け道を作りかねない、と懸念する声が上がった。トランスたちが選んだジェンダーを自認する権利は支持するが、女性専用スペースの保護、スポーツの女性代表、政治では女性指定選挙区となると権利相反の危険がある、と考える女性たちだ。自認で通せることを悪用する男性がいるのではないか、との懸念は根拠のないことではない。女性刑務所に収容されたいがためにトランスと自認した暴力的な男が、そこで弱い立場の女性に性的暴行を加えた憂慮すべき事例がいくつかある。こんな男たちがこんな抜け穴を利用できると思った事実を考えると、どんな政策変更を導入するときでも細心な注意を払わなければならないことは明らかだ。トランス女性にとどまらず、トランス男性やノンバイナリーを含むすべての女性が男性の暴力や搾取から等しく護られるよう確実を期しながら移行プロセスの負担を軽減するためには、慎重な配慮が必要だった。

英国のジェンダー・クリティカル・フェミニストの多くが極右団体との提携を批判してきたことも見逃せない。加害者を殺して投獄された女性の支援活動を何十年もしてきたフェミニスト運動家のジュリー・ビンデルは、「そういう女たちの戦術を軽蔑している」、そしてビンデルが所属するウィメンズ・プレイスUKは、「ここは極右の来るところではない」と容赦ない。

残念なことに、この地続きの領域の最端に、フェミニストと自称するしないにかかわらず、ただトランス嫌悪的《トランスフォビック》なレトリックを弄するだけの女たちがいる。本人の自認を知りながら、それと違うジェンダーで呼ぶ、トランス女はドレスを着た男だと言い張る、自己女性化愛好症《オートガイネフィリア》だと非難する、あるいは女を襲いたいのだ、と言ったりする。

ここ数年この争いは性自認対性別スペースの議論を超え、女性であるとはどういうことかにまで発展している。それが昂じて、包摂に向いた言葉、男女をめぐる固定観念、生物学的性別の定義、性別とジェンダーの違い、性別に基づく権利と性自認をそれぞれ保護することの重要性などをめぐって、次々争いが起きている。

こうした事情が、もっといやらしい自称フェミニストによるトランスの権利への反対につながった。女性の抑圧、生殖能力（生物学的性別）、男女をめぐる固定観念（女はそれが本来の役割なのだから再生産まわりのことだけさせておけばよい）がすべてつながっていることを喜んで無視できるらしい者たちだ。一部界隈では、この性別に基づく女性の権利擁護をめぐる争いが発展して、極右の至上命令に適うまでになった。女は生物学の運命に従え、その運命とは再生産労働だ、という考えだ。WoLFのような自称急進的フェミニスト団体が、男性が女性に移行することはできず、その逆もまたしかりで、性自認の保護は性別に基づく権利を抹殺するという議論を展開しはじめると、宗教極右はすぐさま飛びついて同調し、自分たちの本音の隠れ蓑をフェミニストに確保した。ジェンダーが生物学の性別に固定されなくなって、男女ともに男女をめぐる固定観念を拒否できるような世界を、右派は絶対に望んでいないからだ。男女をめぐる固定観念には生物学的根拠がある、だから女が男より劣っているのも自然の秩序なのだ、という嘘を維持したいのだ。

私は、ジェンダー・クリティカルなフェミニストの一部と手を結んで擁護する過激論者を調べれば調べるほど、反中絶、反LGBTIQの右派と一緒に動くことを選ぶフェミニストに弁護の余地はないと確信した。性や再生産、さらにはレイプや家庭内虐待からの保護に至るまで、女性の人権を切り崩そうとする者たちと、どうして手を結べるのだろう。WoLFは、中絶に反対する組織と手を結ぶという選択を「効果的な作戦」だ、女性は「左派」に見捨てられたと感じている、「保守的な女性も女性だ」と言って、抗弁しようとした。急進的なフェミニストと中絶をホロコーストになぞらえたある右翼活動家が設立した「通路を越えて手を結ぶ《ハンズ・アクロス・ジ・アイル》」も、この奇妙な同盟を擁護している。

共同設立者のミリアム・ベン・シャロムは、保守派女性との協働は極右にレズビアンを「脱神秘化」する機会だし、保守派の女性仲間に「悪口を言われたり、脅されたり、そのほか意地悪をされたことはない」とフェイスブックに投稿している。けれど、中絶をホロコーストに喩えるいやらしさはどうなのだろう。女性の人権を脅かしていることは？　家族研究評議会のトニー・パーキンスらがＬＧＢＴＩＱに言った悪口はどうなのだ。パーキンスは二〇一一年のスピーチで、「不寛容で、憎しみを吐き散らす、卑劣で、意地が悪い……私に言わせれば、彼らや、我々の国を破壊する活動や行動、運動に関わっている人間がいることを知りながら黙っているのは憎悪の極みだ」と言っていたではないか[25]。

こうしたことの何もかもの方が、はるかに、はるかにいやらしい。

ジェンダー・クリティカルなフェミニストの中には、この同盟を擁護まではしなくても、本心なのかそのふりなのか、「キリスト教保守派」の団体がこの問題で女性と協力していると聞いて驚いた顔をする者がいる[26]。決して「なぜか」と問わない。そんな人間が多すぎる。私はあえてなぜかと問うてみた。そして答えは、はっきりしている。右派が「ジェンダー」ではなく性別」を後押しするのは、もとをたどれば必ず人種大交替陰謀論、女性の身体をめぐる自己決定権《ボディリー・オートノミー》が白人男性至上主義にもたらす脅威、そして女性を国家の子宮として扱うために再生産労働を搾取することを通じて支配を行使する必要に行きつくのだ。

ＡＤＦ、家族研究評議会、デボス一族、アメリカを憂う女性たち、その他の保守派が、生物学上の性別が男か女かを決めるという考え方を推進するとき、目論んでいるのは、男女のふるまいを男女をめぐる固定観念に嵌め込んで、そしてここが肝心なのだが、地位、つまり男の優位と女の劣位の関係を空気のように定着させることだ。女性が男性に劣るという了解が生物学的事実ではなくて男女をめぐる固定観念だとなると、それは変えられることになる。極右の理論基盤は、(白人)男性至上主義の主張一切と一緒に崩れ去るのだ。

女性の抑圧は過去から一貫して、生物学を根拠にされてきた。女性がひとつの階層として抑圧を経験するのは、女性に想定される生殖能力と、家父長制資本主義のためには女性の再生産労働を搾取して、国家主義的な男性権力を定着させる必要があるためだ。中絶を禁止、制限すれば、想定であれ事実であれ女性の生殖能力を存分に利用できる。この抑圧は、例えば女性は「生来」男性よりも思いやりがあって養育能力が高いから家庭内で子育てをするのに「より適している」、といった男女をめぐる固定観念を押しつけることによって正当化される。進化心理学を少し加味すれば、男性に従属する女性の役割を説明するイデオロギーの枠組みができる。その同じファシズム的な自然の概念が、女性を男性に劣るものと固定化するのだ(そして黒人が白人に劣るということなども)。

女性は劣り男性は優れていると唱える既存のジェンダー・パラダイムは、生物学は運命ではない、どんな生殖器官を持って生まれても自分の性自認を望むように表現できるというフェミニストやLGBTIQによって、その根幹を脅かされている。女性の劣位は科学的な事実ではなくて社会と政治が作ったものだと認識せよ、と私たちに迫るアプローチだ。家父長制のヒエラルキーの下で女性が従属させられているのは性別ではなくジェンダーだと認めれば、人間には社会をもっと平等に変える力がある、そして同時に社会が人間の性質を変えることもできると認めることになる。

右派がトランスを攻撃するのは、もともと女性全般を攻撃することが目標だからであり、その攻撃がトランスに及んだだけだと言いたいのではない。ＬＧＢＴＩＱコミュニティが耐えさせられている、明らかにＬＧＢＴＩＱに対する憎悪と軽蔑が動機となって宗教極右が押しつけている、想像を絶する苦しみから注意をそらしたいのだというつもりもない。でも、この憎しみの出所は同じなのだ。ＬＧＢＴＩＱは異性愛を正常だとする男性至上主義と男性の権力に異議を申し立てている。それは生殖に関する権利《リプロダクティブ・ライツ》も同じだ。ＬＧＢＴＩＱに存在そのものの権利がなく、ファシストの反人権主義が憎しみと軽蔑を助長している神話的過去の時代まで、極右は退却したいのだ。トランスの権利への攻撃はジェンダーに基づく法的保護を切り崩す形で進んでいる。この動きは生殖にとどまらず、もっと広範な性に関する権利《セクシュアル・ライツ》に対する攻撃とぴったりと呼吸を合わせている。

この問題で右派がどこまで暴走しているのかは、妊娠六週以降の中絶を禁じるテキサス法につながった法案に、自由防衛同盟が触れた文章を見ればわかる。「ローを護る——なぜ私たちには女性の健康保護法が必要なのか」と題した小委員会が、会合で「妊娠している人」に言及したことを嘲笑したのだ。「女性の健康を保護する法案だと言いながら、この女性の健康保護法（ＷＨＰＡ）は女性に言及するとき、ジェンダーニュートラルな言葉を使っている。女性というカテゴリーの存在を認めることを拒否しながらどうやって女性を護ろうというのか」と。[27] もちろんそのカテゴリーの中身は、ＡＤＦが手を貸して権利を剝ぎ取り、ずたずたにした女性たちだ。いずれにせよ、ああいうからには女性とは何かを十分ご存じなのだろう。知らない者の人権を必要がないと判断できるわけがないのだから。

WoLFにしても、目指すものがいつも極右同盟者と一致しているわけではない。けれど、通路を越えて手を取り合うことによって、女性とLGBTIQの権利に対する右派の攻撃の隠れ蓑になり、右派がこれまでになく左寄りのフェミニスト界隈一帯から支持を取りつける力になってしまっている。こうしたフェミニストが支持していることで、ADFは女性の権利への攻撃を正当化できてしまうのだ。フェミニスト作家アリエル・レヴィがいう「抜け穴ウーマン《ループ・ホール》」の役割をも果たしている。「自分は例外だ、というのはいい気分かもしれない。ループホールウーマンでこれだけの力を持ち、名誉男性であるというのは」と二〇〇六年にレヴィは書いている。「でもそれが例外だとすると、あの法則が証明されることになる。女性は劣っているという法則だ。これでは何も進歩していない[28]」。

WoLFとそのフェミニスト仲間の間で、このアナロジーは今も生きている。右派と綱領を共有してもかまわない。右派のヘイトにうなずいてもかまわない。けれど結局は、リーダー層を独占する男たちにとって、大勢の女の一人であり続けるほかない。いつも（生まれつき）劣った者として男たちに利用され、いつも侮蔑されることになる。いずれは男たちに権利も狙われるのだ。

第5章 金——反中絶右派の資金源は誰なのか

ここまでで、路上とオンライン・フォーラムの極右たち、スーツ姿の法曹ネットワーク、私に一票をと訴える政治家たち、と進み、ファシストの抱く女性の身体観が片隅の過激論者から主流の各国政府へと流れ込むパイプラインをひと通り理解した。ファシストのイデオロギーがレイシストの陰謀論で勢いを得て、白人種抹殺《ホワイト・ジェノサイド》の恐怖を煽り、これを人種間戦争で阻止しなければならない、だから白人女性の役割は白人の赤ん坊を産むことだ、と言い募る。アジェンダ・ヨーロッパや国家政策評議会（CNP）は、自然の秩序というファシスト概念に一目置かれるような仕上げを施して、反中絶の目的を達成するための戦略、戦術、人脈でつながったサポートを推進する。こうした戦略や戦術がCitizenGO、自由防衛同盟などの団体によって実行に移され、訴訟、請願、草の根キャンペーン、陳情を通じて反中絶を主流へと運ぶ。それと同時に、息のかかった男たちを国連や欧州評議会議員総会（PACE）など国際機関で影響力のある地位に据えるのだ。ここから主流の諸政府や政治家に圧力をかけて、自分たちが追求するものを法律化する。ところでこうした組織、公衆の目に触れるキャンペーンや費用のかかる訴訟、街頭活動などの資金はどこから出ているのだろう？

反中絶右派の資金には、金のたっぷりある財団から街頭の活動家へと流れる独自のパイプラインが形成されている。ここで三つの大財布を見ていこう。欧州の財団や組織が域内の反ジェンダーキャンペーンに資金を提供しているもの、ロシアから欧州へ、そして米国から欧州へ。これから紹介するのは、ＦＢＩに起訴された個人、自身の富と反権利の要求を英国政府に持ち込む保守党献金者、米国の政治家、自分たちを頂点に君臨させてくれるファシストの神話的過去再構築を望む欧州貴族、そして戦後の欧州の結束を乱してロシアの影響力を増幅させようと反権利運動に資金を出すロシアのオリガルヒだ。

反権利運動の資金源を追跡するのは、私のような調査報道ジャーナリストにとってそれ自体が興味深い。ダーク・マネーの痕跡を追って意外な名前を発掘するたびに、この仕事に陶然とする。でももっと重要なことは、反中絶の計画がどうやって資金を調達しているかを把握すれば、これが高度に組織化された運動だと論証できるという点だ。有象無象の泡沫集団とはほど遠く、人脈作りも高度なら戦略的運用もみごとだ。中絶に対する極右の姿勢がどんな過程を経て主流になろうとしているのかを明らかにするのにも役立つ。富裕層は無駄遣いを好まない（オリガルヒや億万長者の疑わしい装飾の趣味を見ると、そうでもないかもしれないが）。人権の成果を後退させようという世界的な運動に投資する富裕層が増えていることから、重要なことがわかる。極右のイデオロギーがエリート層とモブ層を結束させたのだ。そして、暗いネットの隅で陰謀論者たちが議論している考えに資金援助をしているビジネス界の億万長者や年老いていく貴族たちがいる。

この実態に迫る冒険の最初の目的地は、私の住む欧州としよう。

反ジェンダーの資金源という話になると、悪意ある米露の勢力が金を注ぎ込んで欧州を荒らしてきたかのようにいう傾向があったが、これは不正確というほかない。中絶を禁止するための資金集めに関しては、ありがたいことに欧州は自力でかなりうまくやっている。性と生殖に関する権利《セクシュアル&リプロダクティブ・ライツ》欧州議会フォーラムの創設者で理事長のネイル・ダッタに聞いたのだが、「反ジェンダー運動はかなり域内的な現象で、確かにアメリカ人が一定の役割を果たしてはいるけれど、外国が不当に押し入ってきて、それがなかったら好ましく進歩的だったろう無垢な欧州をこんなにしてしまった、というわけではない」のだという[1]。

ダッタの調査によると、二〇〇九年から二〇一八年の間に五四団体が反ジェンダー運動に費やした七億二〇〇万ドルのうち、総額四億三七〇〇万ドルが欧州内で調達された資金だ[2]。資金源には、宗教団体、裕福な実業家などの経済エリート、貴族が設立した財団などが含まれる。ここは欧州だから、貴族はハプスブルク家からドイツ皇帝の子孫までかつてこの地域を支配した一族の末裔だ。そうした面々が、アジェンダ・ヨーロッパのサミットや毎年開催される世界家族会議に集まるほか、ブリュッセルやジュネーブなど欧州の政治意思決定の中心地に事務所を構え、反ジェンダー政党や活動家、世間の目に触れるキャンペーンや訴訟に資金を出している。

これまでの章で述べたように、欧州の反ジェンダー運動の核にいるのは、欧州内だけでなく米、ラテンアメリカ、アフリカの組織ともネットワークを持つ組織CitizenGOだ。CitizenGOへの資金提供者を把握すれば、欧州内で金の流れを握る男たち、女たちの展開図が描ける。アジェンダ・

ヨーロッパ、スペインの極右政党Vox、ワン・オブ・アス運動、世界家族会議のブライアン・ブラウンやアレクセイ・コモフといった影響力のある反ジェンダー活動家たちと、この運動組織がつながっているからだ。

Hazte Oír（君の声を聞かせよ）と合わせると、CitizenGOは二〇〇九年から二〇一八年の間に、欧州の反ジェンダー活動に総額三二七〇万ドルを費やした。[3] CitizenGOの広報は「世界中の何千人もの市民が持ち寄った少額のオンライン寄付によって、完全にまかなわれている」と主張している。二〇二一年には献金者から四九〇万ドルを集めていて、これは二〇一九年の収入二七〇万ドルの二倍に近い。

創設者のイグナシオ・アルスアガは常々、Hazte OírもCitizenGOも米国の団体から金を受け取っていないと言っている。「Hazte Oírの年間予算一九〇万ユーロ（二五〇万ドル）の九九％はスペイン市民からの寄付だし、CitizenGOは一〇月の立ち上げ以来、世界中で獲得した一二〇万人の会員から毎月三万ユーロから四万ユーロ（およそ四万ドルから五万五千ドル）の資金を調達している」からだという。[4] CitizenGOが草の根から資金を得ていると言い張るのは、この団体のキャンペーン戦略にとって極めて重要だ。妊娠中絶に対する極右の異議申し立てがどうやって主流に移行していくかを私たちが理解する鍵にもなる。第一に反中絶運動が、名もない支援者が持ち寄る五ユーロの贈りものでまかなわれるという発想は、反ジェンダー運動のダビデを、立ちはだかる中絶産業ゴリアテに対置するアジェンダ・ヨーロッパの戦略に通じている。資金に恵まれた悪魔のような巨大組織である中絶産業が、立ち向かう善良で神を怖れるダビデの願いを打ち砕こうとする、という絵を描くのだ。第二に、CitizenGOは数百万とは言わないまでも数千の小口個人献金を前面に出すことで、サイレント・マジョリティの代表者を自称し、中絶とLGBTIQの権利に反対する見解は欧州連合（EU）や各国政府の中絶支持派エリートによって無視されている主流派の意見だ、と主張することができる。

ところが、CitizenGOもエリートからの寄付の恩恵を受けている。一般市民の個人寄付が多いのは事実だが、裕福で影響力のある財界人の多額の寄付によっても支えられてきたのだ。流出した文書によると、オイレン社のデービッド・アルバレスが二万ユーロ、エル・コルテ・イングレスの創業者イシドロ・アルバレスと実業家エスター・コプロウィッツがそれぞれ一万ユーロを寄付していた。[5] ネイル・ダッタが収集したデータで、スペインで五番目に裕福な一族出身のファン・ミゲル・ビジャール・ミールがいかに手厚い後援者であるかが明らかになった。カヴァブランドが属するフレイセネット社のホセ・ルイス・ボネ・フェレールの名前もダッタは挙げている。[6]

さらに、草の根からのたたき上げとはほど遠く、ネイル・ダッタが公表した「氷山の一角」と題された報告書では、CitizenGOが「気前のいい起業家と市民の支援」から最大六〇万ドル相当の創設資金を調達したことが暴露されている。

「CitizenGOをスタートするために技術的なインフラを整えるには、それなりの金を払う必要があったんだ」とダッタはチャットで説明してくれた。「いろんな陳情を始めるにも技術のインフラがまず必要で、資金集めに入れるのはその後になる」と言う。

二〇一八年、フランスのテレビ局アルテは、CitizenGOが寄付を見込める篤志家を絞って資金調達活動を開始した事情を明らかにした。アルスアガが企画を概説した事業計画書を各方面に送りつけている。

CitizenGO は社会への便益を生み出します。それは必ずや人類の歴史を動かすことになるでしょう。中絶支持者、同性愛ロビー、急進的な世俗主義者、相対主義の擁護者たちの前には、いずれ CitizenGO の封じ込めの壁が立ちはだかるでしょう。この姿勢で、自由を損なう策動を糾弾するだけでなく、世界各国の世論を動員して政治家や実業家の決断を動かすことができるでしょう。[7]

「アルスアガが送りつけた相手を見てくれ……そして理事会の顔ぶれと比較して」とダッタは私に言った。「やりとりもある。ブライアン・ブラウン、ルカ・ヴォロンテ。教皇庁のお歴々にまで送っていたんだ。バチカン行政庁の国務副長官らだ。承知の通り、ガルシア・ジョーンズ博士と呼ばれる役員の一人が、たまたま教皇庁人権顧問で米州機構に出向している。アルスアガは宛先にした資金提供元がすべて何らかの形で支援してくれる幸運に恵まれたらしいということだ」。

ブライアン・ブラウンは反ジェンダー人脈の重要な連結点だ。CitizenGO の理事として、米国では同性カップルの結婚の平等権と闘う「結婚のための全米キャンペーン」を立ち上げたことで知られている。世界家族会議の会長でもある。これは中絶反対の過激論者と主流にいるその同調者、そしてトップの政治家たちに人脈作りの機会を提供する年次イベントだ。そしてブラウンはアジェンダ・ヨーロッパのサミットにも出席したことがある。[8] 二〇二一年にはＬＧＢＴＩＱの権利後退に熱心な極右アクターを支援するためにジョージア（アメリカの州ではなく国）を訪れた。超国家主義者の政治家レヴァン・ヴァサゼとともに演説したブラウンは、ＬＧＢＴＩＱの活動は「あなた方の自由を損ない……あなた方の教会を損ない……あなた方の国を損ないます」と言った。ブラウンは億万長者の慈善家ジョージ・ソロスに敵対して反ユダヤ主義の陰謀論を展開もし、「リベラル派」は「権力と金と富を利用して世界中の国々にリベラリズムにやれと言われたことをやれ、と指図している」と主張した。[9] ブラウンのスピーチは、ジョージアのプライドマーチが中止の憂き目に遭う一週間前に行われた。その二年前には治安上の懸念からキャンセルされている。二〇二一年のプライドマーチもやはり決行されなかった。祝福の日になるはずだったのに、反ジェンダーの抗議者がトビリシの通りに集まって、ＬＧＢＴＩＱコミュニティに嫌がらせをして脅し、暴力をふるう凄惨な路上になってしまった。

　暴力は早い時間から始まっていた。極右と反ジェンダーの抗議者がトビリシ・プライドの事務所に到着して窓や植木鉢を壊し、同性愛嫌悪《ホモフォビック》の罵声を上げた。そこからリベラルな活動家グループ「シェイム運動」の事務所に移動して道中、破壊の限りを尽くしたのだ。午前から午後へと日が進み、暴力は続いた。まだ早い午後の時点で、デモ参加者が一人、白昼堂々スクーターでジャーナリストの群れに突っ込んだ。陽が落ちる頃には、負傷者はジャーナリスト五三人、民間人二人を数えた。民間人の一人は、モブがゲイだと非難した旅行者だった。

　プライドマーチへのこの暴力的な抗議行動を組織した張本人は、グルジア正教会だったのだ。その上の総主教庁からは、抗議行動参加者に平和的であるよう要請が出ていたけれども。この日いちばん衝撃的だった光景に、写真にも残る、ジャーナリストにヘッドロックをかける正教会司祭の姿がある。現職総主教座シオ・ムジリ司祭が「こうしたイベントが何度開催されようとも、我が国は常に団結して反対する」とＬＧＢＴＩＱコミュニティに警告した。[10]

トビリシ・プライドで展開した光景は、ブラウンのような男たちが振りまいた憎悪が現実の世界にもたらした結果だ。街頭での暴力や脅迫は、反ジェンダー運動が仮説や抽象的な概念で動いているのではない現実を私たちに突きつけている。秘密のサミットで権利の議論をして思考訓練でもやっているわけではない。それどころか金と権力を使ってせっせと分断の種をまき、憎しみを育てている。そしてそれが都市の路上で血まみれになって殴られる人、治療を拒まれて病院のベッドで死んでいく女性たち、家父長制的な家庭で暴力と貶めに耐えるしかない女性と少女を生み出している。

だからこそ、ブラウンとその盟友たちの影響力がどう働くのか、どう富を利用して、自分たちの計略を欧州全土に拡散しているのかを理解することが重要なのだ。ブラウンのCitizenGOへの支援は、役員に名を連ねるにとどまらない。openDemocracyの報道によると、CitizenGOは資金調達とテクノロジーの「上級専門家」から「二、三ヵ月に一回程度」助言を受けているが、「その報酬はブライアン・ブラウンが払っている」。専門家とはダリアン・ラフィーで、ActRightという米国の組織の共同運営者だ。「保守派の活動のための情報センター」と自称して請願や電子メールによるロビー活動のやり方を助言しつつ、保守派の運動を支援している。[11] openDemocracyは、ラフィーの支援に加えて「ActRightは二〇一三年、CitizenGOの職員に報酬を支払っており、このことをラフィーは自身の電子メールのコメントで否定はしていない」と理解している、と報じた。CitizenGO が ActRight と結んでいた資金援助契約の詳細が、ネイル・ダッタの調査で明らかになった。「ActRight は年間五万米ドルの直接寄付により CitizenGO（ActRightGlobal の会員）を支援する」と記されている。契約書には「ブライアン・ブラウンが CitizenGO の評議員会の席に座る」（原文ママ）ことも確認されている。[12]

ブラウンの関与は、反ジェンダー運動で金がどう力を発揮するのかという重要なことを教えてくれる。反ジェンダー運動は国際的で、人脈でつながり、世界の富に支えられて、女性の身体に関わる極端なイデオロギーを主流に運んでいるのだ。

欧州の反ジェンダー活動の多くはたいてい主流の政治家、裕福なビジネスリーダー、古くからの欧州貴族とつながる個別の財団が出す金によってまかなわれている。そして、少なくともそうした貴族の一定数は二〇世紀のナチス、ファシスト、ファランギスト政権と、歴史をさかのぼるつながりがあるのだ。この時期に祖父母や曾祖父母が欧州に住んでいた人間なら、誰でも第二次世界大戦とのつながりが見つかるものだが、ダッタは、現代の反ジェンダー運動に影響力を持つこうした家系の多くが、「第二次世界大戦や地中海諸国の非自由主義政権時代に、極めていかがわしい役割を果たしていた」と説明してくれた。

イタリアのヴィタ・ノーヴァ財団、スペインのカタルーニャ・プロ・ヴィダ財団、そしてヴァローレス・イ・ソシエダ財団（元国民党政治家ハイメ・マヨール・オレハが運営）は、すべてワン・オブ・アス・キャンペーンの資金調達に一五万ユーロの支援をした。[13] 前述のように、EUで妊娠中絶支持、ＬＧＢＴＩＱ支持、性教育推進を先導する動きの切り崩しを狙う運動がワン・オブ・アスであり、アジェンダ・ヨーロッパがキャンペーン成功のモデルとしてこれに言及している。一〇〇万人署名の請願として始まったこの運動は、二〇一四年に独自にＮＧＯとなり、フランスのジェローム・ルジューヌ財団と絡むようになって、運営と指導の役割をこの財団が引き受けた。同財団は二〇〇九年から二〇一八年の間に、訴訟や一般向けキャンペーンを含む反ジェンダー活動に一億二〇二〇万ドルを費やしている。最近、アルゼンチンと米国に事務所を開設し、フランスでは同性愛嫌悪団体「みんなにデモを」とつながりがあった。もうひとつ、ワン・オブ・アスキャンペーンの主要な推進体は、故ウェストファーレン伯爵夫人が設立したドイツの「イエス・トゥ・ライフ財団」で、女性やＬＧＢＴＩＱの権利を後退させる試みに古くからの欧州貴族が先祖代々の財産を注ぎ込んでいる、よくある例のひとつだ。二〇〇九年から二〇一八年にかけてのワン・オブ・アスの資金額は合計で三一五〇万ドルにのぼる。[14]

　反ジェンダー運動に資金を出しているドイツの貴族は、ウェストファーレン伯爵夫人だけではない。家族価値財団も欧州家族財団も父祖伝来の資産家とのつながりがある。後者はアルブレヒト・グラーフ・フォン・ブランデンシュタイン・ツェッペリン伯爵によって設立され、家族価値財団にはさまざまなドイツ貴族が資金を出している。[15] もう一人のドイツ貴族グロリア・フォン・トゥルン・ウント・タクシーズ王女は世界家族会議に寄付して、トランプの元顧問で極右のスティーブ・バノンによる欧州プロジェクト（後に失敗した）を支援している。[16]

　欧州の貴族が女性の性と生殖をめぐる自由《セクシュアル&リプロダクティブ・フリーダム》を切り崩そうとするキャンペーンに先祖代々の財産を使

いたがるのは、驚くことではない。旧家が頂点に君臨していたファシズムの神話的過去に根ざす自然の秩序を取り戻したいのが、この層なのだ。結局、反ジェンダー運動の裕福な後援者は、先祖がかつて欧州の支配者だった、何百万人もの民衆の生活にそれは大きな影響力を持って土地も富も神から与えられた権利と考えていた人間たちだ。貴族の影響力が衰えを見せていた第一次世界大戦後でさえ、古くからの貴族はファシスト、ナチス、ファランギスト政権によってある程度、保護されていた。土地持ちの貴族は第一次世界大戦後、欧州全土を席巻していた社会主義や共産主義に背を向けて極右の側につくことになるのだが、その理由は天才でなくともわかるだろう。それらは貴族階級を富ませた労働と財産権の搾取をやめさせようとする運動だったからだ。さらに、貴族が陽光を浴びていたのは、植民地主義が横行して白人至上主義に疑問が持たれることもなかった時代のことだ。貴族の家系は他人を搾取することで富を築き、その権利は神から与えられたものだと教えられ、最盛期には白人男性至上主義の支配に誰も疑問を持たなかったのだ。この不平等に疑義を呈した者は、その報いを受けた。

「これだけの財団があって」とダッタは私に言った。「みんな内輪で結婚する。そしていろんなことに金を出す。ジェイン・メイヤーが『ダーク・マネー』〔伏見威蕃訳、東洋経済新報社、二〇一七年〕で米国のことを書いたのとよく似たエコシステムが、欧州にもあるということだ。欧州が米国より高潔なわけじゃない。こんな人間どももがいるんだから」。

ファシストの神話的過去を創りたいというこの願望が最もわかりやすいのが、オルデンブルク王朝と「伝統・家族・財産」（ＴＦＰ）という組織だ。ＴＦＰは同盟関係を築き戦術を共有して、政党を含めて極右の士気を上げようとする世界的な反権利運動の先導役だ。パウロ・オルデンブルク公爵はTFPの欧州連合代表で、TFP傘下のプロ・ヨーロッパ・クリスティアナ連盟でブリュッセル支局長を務めている。この統括団体が目指すのは、欧州のキリスト教ルーツとみなされるもの、特にローマ教皇ベネディクト一六世が「譲れない価値観」と呼んだ、受胎から自然死までの生命の権利、（二人の男性と二人の女性の間の）結婚に基づく家族のいわゆる神聖な性格、そして国家から不当な干渉を受けずに子どもを育てる親の権利を護ることだ。もともとはブラジルで生まれたカトリックの一派だったが、その影響力は「ラテンアメリカから枯渇」し、現在「TFPは性と生殖に関する権利に反対する立場を優先事項のひとつとする、活発な欧州のネットワークだ」と言う。[17]

TFPの目的はその名称が表している。その名の通りのことをする団体だ。世俗的な国家に対するカトリック教会の歴史的優位性が規定する伝統を護ること、である。同時に、教会内の進歩的な動きに反対もしている。家族を重視するが、その家族とは極右が理想とする自然の秩序と家庭における家父長制に従う結婚した異性の結びつきだ。財産に対しては「受け継がれた富と特権を擁護し社会・経済的平等という発想に対してはあまりに共産主義的で危険だとして反対する」のがTFPのアプローチだ。[18]ファシストの神話的過去に惹かれる貴族を理解する上で重要なのは、時代遅れの貴族の構造や伝統的エリートの復活を求めているところだ。このためTFPは支持者の中でもオーストリアのツェッゲル男爵家、イタリアのコーダ・ヌンツィアンテ侯爵家、ブラジルの皇室、そしてオルデンブルク家自身をとりわけ頼りにしていることが、ダッタの調査からわかっている。[19]

一九六〇年代に中南米で広まったTFPは、一九七〇年代には欧州にも進出したが、この地域に本格的に定着したのは二一世紀に入ってからだ。二〇〇八年、オルデンブルク公パウロの本拠地ブリュッセルに事務所を構えた。公爵は二〇一二年に受けた取材で、TFPが「生命の権利、家族、宗教的価値観などいくつかの分野で保守連合ネットワーク形成をどのように支援しているか……我々のセンターは広いので、共通の戦略を練り相乗効果を生み出すために、リーダーや草の根の会合や集まりを支援している」と説明している。[20]

同じ二〇一二年の取材で、公爵は中絶と結婚の平等を非難している。TFPが主催したマグディ・クリスチアーノ・アラム欧州議会議員による講演の引用を紹介しているが、これは「穏健なイスラム教徒は存在するが、宗教としてのイスラム教は常に過激である」との発言だ。そしてパウロ公爵は、欧州の指導者たちが態度を変えなければ「ユーラビア（イスラム教の欧州）はすぐに現実のものとなる」と警告した。[21] 公爵はまた「EUはフェミニストとホモセクシュアル・ロビーの運動に法律の隠れ蓑を与えている」と言い、CitizenGO のイグナシオ・アルスアガを褒め上げた。パウロ公爵のバックグラウンドを考えるともっともなことで、従妹のベアトリクス・フォン・シュトルヒはドイツの極右政党 AfD の副党首で、同国の社会保守運動に大きな影響力を持っているし、ベアトリスの母方の祖父はナチ政権の蔵相だったのだ。

CitizenGO や Hazte Oír と同じく、TFPは中絶やLGBTIQの権利を攻撃する社会的な動員を展開している。また国内法に直接影響力を行使するほか、左派政党や政府の切り崩しを狙う政策や立法キャンペーンを策定する。そしてアジェンダ・ヨーロッパと同様に、各国議会を含む意思決定の場への浸透を図っているのだ。TFPが欧州で貴族の復権を目指し、見返りに貴族から資金を得て、陰謀論的な反中絶の主張を政治の現実にまでしているという事実は、神話的過去や自然の秩序というファシズムの概念がどれほどエリート層を性と生殖に関する権利反対に強く駆り立てて主流にまで到達しているかを示している。

謎の多い体質だけに、アジェンダ・ヨーロッパの資金源を追跡するのは難しい。それでもアジェンダ・ヨーロッパの年次サミット・プログラムや参加者の構成を見れば、ある程度手がかりを得ることができる。見込み献金者とのつながりで招待されたらしい参加者もいるからだ。ダッタの調査から、例えばヴィセンテ・セグが二〇一三年のアジェンダ・ヨーロッパのロンドン・サミットに出席した事情がわかる。セグはメキシコの大富豪パトリック・スリム・ドミットの財産管理を手伝っているが、ドミットは反ジェンダー活動家の重要な資金提供者だ。二〇一三年のロンドン・サミットで貴族を代表したのは、イムレ大公とその妻キャスリーン大公妃だった。かつて欧州を支配したハプスブルク＝ロレーヌ王朝の末裔で、現在はさまざまな反権利運動に後援を広げている。英国保守党の献金者マイケル・ヒンツェ卿の資産管理人オリバー・ヒルトンも出席した。ヒンツェ卿は、キャメロン前首相からナイトの称号を授与されたオーストラリア人銀行家で、ボリス・ジョンソン元首相にも直接献金している。ボリス・ジョンソンはダウニング街を去った後、辞任の栄誉[xiv]にヒ

---

xiv　辞任の栄誉（resignation honours）とは、選挙ではなく任命による第二院を持つ英国において、首相が退任時に貴族院に送る人物のリストを作成し、各人に貴族を超えない栄誉を授与するよう国王に求める慣例を指す。トニー・ブレアのように作成しなかった例もある。

ンツェを加えた。ヒンツェ卿は反中絶派保守党議員リアム・フォックスとも親しく、気候変動を否定するシンクタンクとも関係がある。ルカ・ヴォロンテは反ジェンダー・プロジェクトに多額の資金を提供するノヴァエ・テラエ財団の創設者で、二〇一四年のサミットに出席した。オーストリアの製造業トゥルナウアー家は同国の極右政党、自由党とつながっていて、これもアジェンダ・ヨーロッパとのつながりがあることをダッタが確認している。[22] もうひとつの支援源は、例えばアジェンダ・ヨーロッパ運営の重要人物 CitizenGO のアルスアガからの、行為による支援だ。アルスアガはクラウド・ファンディングとデジタル・キャンペーンの専門知識を提供し、エレン・リベラはアジェンダ・ヨーロッパでの自分と Hazte Oír の役割を「アジェンダ・ヨーロッパの指令を現地で実行すること」と表現している。[23]

反ジェンダー運動への資金提供は大半が私財だが、反ジェンダー組織が国から支援を受けている例もある。特にスペインでは、危機妊娠センターが届ける反中絶の偽情報にかなりの国家支援が割かれている。REDMADREネットワークは女性に危機妊娠サービスを提供して、中絶は深刻な結果につながり、中絶した女性は「拷問のような年月」に耐えることになると警告している。ここは二〇一四年から二〇一八年の間に、スペイン政府と地方公共団体から一二〇万ユーロ近くを受け取っている。その他、女性たちに「性急な決断をしないように……落ち着いて」と呼びかけているプロライフ連盟も、スペインの公的資金を受けている。同連盟が代表する三四団体のうち一〇団体がスペインの国庫補助金広告システムに掲載され、二〇一四年から二〇一八年の間に一八万二千ユーロを受け取っている。[24]

中絶が違法であるマルタも、危機妊娠サービスや偽情報に国費が投入されている国だ。二〇二〇年七月、マルタ政府はカウンセリング支援として一三万ユーロ相当の助成金をライフ・ネットワークに交付した。[25] ライフ・ネットワークは生殖《リプロダクティブ・ヘルス》をめぐる健康の偽情報を伝える団体で、アフターピルは受精卵を破壊するので中絶にあたる、と虚偽の主張をする反中絶団体のネットワークになっていたこともある。[26] スロバキアでは中絶は合法だけれども、宗教極右の政治家から絶え間ない攻撃を受けていて、労働・社会・家族省がアノ・プレ・ジヴォット、フォーラム・ジヴォタ、アレクシスといった反中絶団体に国からの補助金を出している。[27] 中絶を申し込む前にカウンセリングが義務づけられているこの国で、これらの団体はどれも中絶カウンセリングを提供している。つまりこうした団体は、自分たちの主張を広めるために国から資金を得ているだけでなく、中絶へのアクセスを制限する法律を利用して利益を得ているのだ。

欧州連合の資金援助も、スロバキアの反中絶アクターを助けている。フォーラム・ジヴォタは配下の危機妊娠センターを対象に、欧州社会基金と欧州地域開発基金の両方から資金を受けている。[28] 英国といえども潔白ではない。慈善団体のライフはいわゆる「タンポン税」から二五万ポンドを受け取っている。生理用品にかかる付加価値税から捻出された資金を、英国政府が女性問題に取り組む慈善団体に授与したものだ。第3章で触れたように、慈善団体ライフは中絶の健康影響について偽情報を相談者に伝えてきた。広報活動や物議をかもす妊娠カウンセリング、教育サービスに助成金を使うことを禁じられた団体のはずなのだが。

危機妊娠サービスの中には臨床現場で運営されているものもあることから、資金調達や国の医療予算から資金を受け取っているかどうかに新たな疑問が生じる。反中絶アクターが国やEUの資金で支援されている状況では、そこからの情報発信や目的は、すでに主流に入っているだろう。ネオナチとつながりのある過激論者がそうするのとは違って、人権を攻撃する活動に国が金を出すとなると、反中絶プロパガンダは容認してよい、このイデオロギーの拡散は納税者の金で支援するべきだ、そして偽情報は合法的な医療と同等に扱われるべきだ、という明確なメッセージを送ることになる。

欧州の反ジェンダー活動にせっせと注がれている金を考えると、欧州の反ジェンダー活動は域外から金が出ているという固定観念が揺らぐ。むしろ地元のビジネスエリートや米国の活動家、貴族権力の復活を望む域内の貴族がふんだんに金を出す、豊かで人脈に支えられた運動なのだ。

こうしたことがことごとく、極論主義を主流に運ぶパイプラインの資金の出所とそこから出る理由を示している。富裕層が自分が支持しない運動に金を出すことはない。同時に、中絶反対運動が自分たちの主張を違和感なく定着させてしまったことで、有害な目的を推進する資金が税金から入るようになり、極右イデオロギーの女性身体観がいよいよ主流になってきたことをあらためて感じさせる。

欧州が域内の反ジェンダー運動に十分な資金を提供して自力で支えているのは事実とはいえ、ロシア連邦からの多額のダーク・マネーも欧州での中絶の権利弱体化に一役買っている。

少なくとも一億八六七〇万ドルの資金が、二〇〇九年から二〇一八年にかけてロシアのオリガルヒから欧州に流れ込んでいる。[29] この数字は最低ラインだ。それは、ロシア連邦から欧州の極右・反ジェンダー運動にどれだけの資金が流れているかを追跡するのが難しいことによる。中にはとにかくダークすぎて追跡できない資金もある。例えば、国家を経由してあるいはローンドロマットを経由して送金された金などだ（ローンドロマットは顧客の資金洗浄、所有権の隠蔽、税金や通貨規制の回避、さらには横領やオフショアへの資金移動を支援するために、銀行や金融サービス会社が設立する金融手段である）。一方、二〇一四年以降にロシアに科された制裁措置により、ロシアの金の影響力の追跡をさらに難しくする問題が生じた。

欧州内の資金提供者と同じくロシアの反ジェンダー運動献金者も、女性の身体やＬＧＢＴＩＱの権利では極右・ファシスト的な考えを共有している。架空の自然の秩序を取り戻してファシズムのいう神話的過去に回帰したいという願望にかられているのだ。生殖に関する権利《リプロダクティブ・ライツ》と性に関する権利《セクシュアル・ライツ》は母なるロシアへの攻撃だ、と表現されることが多い。プーチンと彼の反ジェンダー同盟者が復活させたいと願うファシストの神話的過去は、皇帝の権力と家族に対する家父長的権威が象徴する帝政時代にさかのぼる（ボリシェヴィキ革命は中絶を合法化し離婚もしやすくして、刑法に同性愛を禁止する法律も設けなかった。これらの大部分はスターリン時代に覆された）。

ロシアが欧州で行使する影響力にはもうひとつ、脆弱な民主主義国家や新興民主主義国家に不和と不安定をまき散らす、という目標がある。その梃子に中絶やＬＧＢＴＩＱの権利を利用するのだ。特に旧共産圏諸国では、欧州的で進歩的だと自負する若い都市住民と、年輩でＥＵに反発する東方志向の農村住民との間で分裂が進んでいる。ロシアは西側に対して文化戦争をしかけ、偽情報を使って分裂と不安を煽っている。このためロシアからの支援は、欧州の連帯と影響力を弱めようとして、トランプからサルヴィーニ、ルペンに至るまで、反欧州・反ジェンダーの政治家にも向かう傾向がある。

私がこれを書いているのは、何ヵ月もの緊張の高まりを経てロシア軍がウクライナに侵攻した時点だ。ウクライナの男女は街頭で街を護り、家族連れは国境を越えて脱出しようと、必死になって電車やバス、車に乗り込んでいる。赤ん坊はその場しのぎのシェルターで生まれ、ウクライナ軍、ロシア軍いずれも戦闘員が交戦で亡くなっている。侵攻二日目、私は欧州各地の極右がこの侵攻をどう考えているのかを調査して、予想どおりの反応を得た。極右はウクライナ人よりもプーチンを支持して、プーチンの反LGBTIQ、反女性の権利姿勢を称賛していた。米国のレッドピラーたちがトランプを男への戦争《ウォー・オン・メン》に勝つために登場したα男性と見ていたように、欧州の極右は自分たちがゲイ・プロパガンダと考えるものを禁止して、家庭内虐待も首尾よく非犯罪化したプーチンを高く評価している。プーチンは性と生殖に関する権利にバックラッシュをしかけて極右の望むファシストの神話的過去を創っている。そしてその軍事侵略で常時、戦争状態を保っているのだ。

ロシア連邦は反ジェンダーアクターを、連邦全域に権力を行使する手段として、また西側相手の勢力戦争に人質として利用している。それを考えれば、欧州にロシアが注ぐ反ジェンダー資金の大半を担う二大オリガルヒの一人がコンスタンチン・マロフェーエフだというのはごく当然だ。髭面の大富豪で、欧州での政治干渉作戦を担当するプーチン大統領の右腕と米国情報機関から見られている男だ。マロフェーエフはロシアのウクライナ侵攻後、ＦＢＩに起訴された。

マロフェーエフは、慈善財団、テレビ局、シンクタンクを含む巨大な偽情報帝国を取り仕切っている。ロシア正教会やロシア下院、そしてプーチンその人とも密接な関係にある。マロフェーエフの極右テレビチャンネルであるツァルグラードＴＶは、プーチンにとってのラスプーチンとして知られる極右哲学者アレクサンドル・ドゥーギンを雇った。近代化は逆転させなければならない、ロシアはウクライナ侵略などで帝政を再建すべきだ、と信じる男だ。このチャンネルが、過激論者で陰謀論者のアレックス・ジョーンズの目にとまった。

マロフェーエフのネットワークには、シンクタンクのカテホン、国際主権開発機構（ＩＡＳＤ）、双頭の鷲協会、ノーブルズ・ソサエティ、聖ワシリー慈善財団なども含まれる。こうした組織を通じてマロフェーエフは、米国のキリスト教右派や欧州各地の極右政党、アジェンダ・ヨーロッパ、CitizenGO、世界家族会議に働きかけ、資金を提供しようとしている。そしてこれらの組織とマロフェーエフをつなげる中継点に必ずいるのが、マロフェーエフが聖ワシリー慈善財団に出向させたアレクセイ・コモフなのだ。コモフは前章で概説したように、かつてCitizenGOの理事だった。そしてアジェンダ・ヨーロッパ・サミットに出席し、世界家族会議のロシア代表を務め、マロフェーエフの右腕として欧州で動いた。

諸財団やネットワークに資金を出すだけでなく、マロフェーエフはフランスの国民連合を含む欧州各地の極右政党への財政支援ともつながっていた。[30] 二〇一四年の欧州選挙ではフランス人の欧州議会議員二人（一人は世界家庭会議に出席したことがあり、もう一人は過激派カトリック団体オプス・デイと関係がある）が、国民連合に向けたロシアによる一一〇〇万ユーロ相当の融資について交渉している。

フランスのニュースメディアであるメディアパートによると、マロフェーエフは当時ルペンが得た融資の凍結解除に一役買い、それが二〇一四年の欧州選挙キャンペーンの資金源になったという。この見返りに国民連合は、欧州議会で親ロシアのロビー活動を強化した。かねてからイスラム嫌悪《イスラモフォビア》と移民問題に焦点を当てていた国民連合は近年、文化戦争問題への関与を強めている。ＬＧＢＴＩＱの親業や包括的性教育といった問題が選挙の争点に取り上げられることが増え、「みんなにデモを」のような同性愛嫌悪運動との連帯を表明する欧州議会議員もいる。

もう一人の興味深いオリガルヒは、鉄道王ウラジーミル・ヤクーニンだ。マロフェーエフやコモフと同じく世界家族会議とつながりがあり、妻のナタリア・ヤクーニナが母性の神聖財団の職務として世界家族会議で講演している。ヤクーニンはウラジーミル・プーチンの後継者候補と目されていたが、二〇三六年まで権力を維持できるプーチンの法改正のおかげでその頃には八八歳になり、もう後継の目はないかもしれない。中絶反対、反ＬＧＢＴＩＱ活動での働き、ロシア正教会との親密さなどを通じて、プーチン政権がとった社会保守主義方向の転換に貢献したと評価されている。ヤクーニンはソビエト連邦崩壊後のロシアが道徳と伝統の面で道を踏み外したと考え、自身の基金であるイストキ寄付基金、母性の神聖財団、文明の対話研究所を通じて影響力を広げている。文明の対話研究所は毎年フォーラムを開催して多くの反ジェンダーアクターの出席を得、女性やＬＧＢＴＩＱの権利をめぐるロシア正教的で社会保守的な考え方の浸透を図っている。

対ロシア制裁が発動されて、世界家族会議が二〇一四年のモスクワ開催を中止せざるを得なくなったとき、ヤクーニンが乗り出して参加者の多くに出資し、大家族と人類の未来フォーラムと改名した大会を資金面で支援した。これは市民社会団体、国会議員、閣僚など西側の反ジェンダーアクターとロシアとの間に金のつながりがあることの決定的な証拠だ。

リークされた文書では、フォーラムの招待者リストに載っている出資を受けた参加者に、ハンガリーのカタリン・ノヴァーク家族政策担当大臣、フランスのアイメリック・ショープラード欧州議会議員、マリア・コリア・サローチャギリシャ議会前副議長のほか、ヒューマン・ライフ・インターナショナル、世界家族会議、クロアチアの家族センター、イタリアのプロライフ・ファミリーオンライン、CitizenGO の代表者が含まれていたことが明らかになっている。[31] アイルランド代表は胎児を護る会（SPUC）のパトリック・バックリー、英国代表は「世界最古の保守系シンクタンク」を自称するボウ・グループのベン・ハリス・キニーだった。ボウ・グループは英国保守党の大物議員や影響力のある国会議員が人脈に名を連ねている。上院議員後援者には著名なブレグジット派のジョン・レッドウッド卿やウィリアム・キャッシュ卿、保守党のテビット卿やラモント卿がいる。反中絶・反LGBTIQでブレグジット党の[xv]欧州議会議員アン・ウィデコムも後援者だ。ハリス・キニーはこれ以外にリーダーシップ研究所ともつながっている。二〇一二年、英国ウェルリントン・カレッジで開催された同研究所主催のイベントで講演しているが、イベントの議題にはダイレクトマーケティングによる資金集めを成功させる手紙の書き方やソーシャルメディア・キャンペーンが含まれていた。このイベントで「関係構築としてのファンドレイジング」セッションを担

xv　ブレグジット党は二〇二〇年にリフォームUKと改名した。

当したのが、ブレグジット・キャンペーン団体「離脱に投票を《ヴォウト・リーヴ》」のマシュー・エリオットだった。[32]

このフォーラムの名前「大家族と人類の未来」は、少し考えてみる価値があるだろう。あえて大家族、とする意識はトラッド・ワイフ運動や人種大交替《グレート・リプレイスメント》陰謀論が依拠するのと同じ出生主義《ネイタリズム》から来ている。極端な反中絶団体や右寄りのシンクタンクの代表者に混じって、公選された政治家がフォーラムに多数参加している事実は、白人女性が産む子どもの数が少なすぎることで人類が脅かされているという思い込みが、世間に見えにくい一角を出て主流に届いたことをはっきり示している。

ヤクーニンの影響力は、クレムリンによる地政学的外交を見栄え良くソフトパワーにしたものだ。ここでは、白人性、教会、そして家族が象徴する伝統的文明を、腐敗してフェミニスト的で欧州的だとみなされる西洋文明とは一線を画すものと定義する上で、ジェンダーが中心的な役割を果たす。忘れないでほしいが、これは母なるロシアの理想に立つ、ファシストの神話的過去を創りたがっているような政治体制なのだ。中絶、離婚、ＬＧＢＴＩＱの権利などと言い出す以前の帝政期で、労働者の権利、ユダヤ人の保護、農民の土地に対する権利はもちろんのこと、フィンランドのような植民地化された地域が解放されてもいなかった時代を再現しようというのだ。このフォーラムのようなイベントやマロフェーエフの広範な慈善活動とメディアのネットワークを通じて、性と生殖に関する権利をめぐるファシストの思考回路が主流の政治やシンクタンクに浸透できることになる。

トランプの元首席戦略官スティーブ・バノンはかつて、分断と不信を煽り、人を極右に引き込む方法は「クソで溢れさせる」こと、つまり偽情報、嘘、噂を広め、客観的な現実や真実という発想自体を破壊することだと書いている。ロシアマネーと前述の勢力戦争についていえば、反ジェンダーで陰謀論を信じる極右の運動に金を出す目標はこれだ。大量のボットや偽情報エージェントが白人種抹殺や悪魔の虐待《サタニック・アビュース》を投稿して都会のエリートと伝統的な価値観の分断を煽るとき、狙っているのはいわゆる文化的マルクス主義者、つまりフェミニスト、ブラック・ライブズ・マター運動家、ＬＧＢＴＩＱ、ユダヤ人という敵を作り、白人男性至上主義者が権力と支配の報酬を手に入れられるようにすることだ。

欧州の反ジェンダー活動資金への主要提供者第三位は米国で、二〇〇九年から二〇一八年の間に少なくとも八一三〇万ドルのダーク・マネーが、大西洋を渡って欧州の団体に流れ込んだ。[33] ロシア連邦から欧州に流入した資金と同じく、総額はおそらくもっと多い。この期間、最大の献金者のひとつはビリー・グラハム伝道協会で、二〇〇九年から二〇一四年の間に約二四〇〇万ドルを欧州で支出している。その後、税制上のステータスを変更して、地域の支出を報告する必要がなくなった。第二位は自由防衛同盟とその欧州支部ＡＤＦインターナショナルで二三三〇万ドル、次いで欧州（ＥＣＬＪ）とスラブ域（ＳＣＬＪ）に拠点を持つ全米法律正義センター（ＡＣＬＪ）の一五七〇万ドル。これ以外にネイル・ダッタがリストアップした米国の大口資金提供者は、フェデラリスト・ソサエティ（五九〇万ドル）、ヒューマン・ライフ・インターナショナル（四〇〇万ドル）、ケイトー研究所（三〇〇万ドル）、アクトン研究所（二三〇万ドル）、リーダーシップ研究所（一四〇万ドル）だ。

こうした急進的な宗教右派組織は、前章で見てきたように欧州の文化を変え、法律に異議を唱えるために欧州で金を使う。例えば、米国の自由防衛同盟は二〇二〇年に三二万四千ポンドをＡＤＦ

インターナショナル（英国）に寄付した。同年のこの組織の収入の六二％にあたる。この助成は中絶提供医院周辺のバッファゾーン抗議行動やキャンパス内の言論の自由文化調査（英国政府の教育白書にも引用された）の資金源となった。結局、金をたどれば影響がわかるのだ。自由防衛同盟が欧州で活動するときのもうひとつの資金源は、全米キリスト教基金への匿名の献金者を経由する。全米キリスト教基金の欧州での支出実績は二〇〇九年から二〇一八年の間に一五億七千万ドルだった。[34]

ACLJも欧州拠点のECLJに毎年一二〇万ドルを流している。ECLJはその資金をポーランドの中絶規制強化キャンペーンやフランスの性教育カリキュラムへの異議申し立てに使った。テンプルトン一族はテンプルトン財団を通じて欧州で一六億ドルを支出しているが、主な提供先はアクトン研究所という団体で、「受胎から自然死に至る人間の生命の価値を確認する研究とプログラム」に対して「任意の家族計画スキーム」を通じて助成金を提供する、とウェブサイトで発表している。

欧州に流入する資金の多くが経由するのがドナーズ・トラストと呼ばれる団体なのだが、私募基金なので献金者を申告する法的義務はない。とはいえ、このトラストへの献金者には災害資本主義をとる石油・ガス業界の大富豪コーク・ブラザーズ、ロバート・マーサー一族、デボス一族が入っているというのが一般の認識だ。二〇〇九年に一〇〇万ドル、二〇一〇年に一五〇万ドルを献金しているデボス一族の動機は極端な宗教極右派の信念で、その信念を一族の財団を通じて欧州に輸出している。[35] ベッツィ・デボスはトランプ政権下で教育長官を務め、宗教系の学校を優遇して公的資金を受ける学校に戦争をしかけた。連邦政府が資金援助する学校で性差別を防止する法律タイトルⅨのセクシュアル・ハラスメントの定義を狭める一方、性的不品行で告発された側の権利を拡大した。男性の権利活動家からは称賛される対応だったが、フェミニストからはハラスメントや暴行の後に被害者が名乗り出ることを難しくすると懸念の声が上がった。

この反フェミニスト、反公立学校姿勢はデボス一族の歴史を見れば納得できる。一家はオランダ改革派教会の敬虔な信者なのだが、これはキリスト教右派の一大暴言発信地になっている、と作家でニューヨーカー誌のジャーナリストのジェイン・メイヤーが言い切る宗派だ。メイヤーの著書『ダーク・マネー』によると、「中絶や同性愛、フェミニズム、そして自分たちの教えと相反する現代科学に反対する運動を展開した」者が会員の中にいるという。[36] 一方、作家アン・ネルソンは、デボス王朝が一族から自由防衛同盟への献金を含めて「政治活動に莫大な金を使った」実態を書いている。「原理主義者として」、デボス一族は「同性婚と中絶の権利に反対するキャンペーンに投資」していて「同性愛と中絶の権利を激しく嫌っていた」とネルソンは続けている。[37] デボス家（その純資産は五四億ドル）は中絶を禁止し、ＬＧＢＴＩＱの権利を覆そうと、世界中で活動する組織やアクターの支援に一族の富を注ぎ込んでいる。過激主義者のイデオロギーを実際の政治に反映させようと莫大な金を使い、ジェンダーに反対する米国の反中絶アジェンダを欧州に輸出しているのだ。

もちろん、ジェンダーに反対する米国の億万長者は大西洋の向こう側で金を使っているだけではない。国内でも資金をばらまいて反中絶運動を支援している。デボス家などは国家政策評議会（ＣＮＰ）とそのメンバーに資金を出していて、一九九九年から二〇〇一年にかけ、デボス家の財団がＣＮＰと関係するフォーカス・オン・ザ・ファミリーに二七万五千ドルを寄付した。[38]

フォーカス・オン・ザ・ファミリーはその同性愛嫌悪、トランス嫌悪的な見解が大々的に批判されてきた。創設者のジェームズ・ドブソンはトランプと親しく、元大統領候補のベン・カーソンが家族研究評議会など他組織と協力して主催した二〇一八年の福音派指導者イベントに参加していた。トランプが宗教の自由を「最優先問題」と呼び、最高裁判事には反中絶派を任命すると約束したイベントだ。

ベッツィ・デボスの両親である億万長者のエドガーとエルザ・プリンス・ブロークハイゼンは、自由防衛同盟、リーダーシップ研究所、アクトン研究所にも資金を提供している。プリンス財団の欧州での支出は二〇〇九年から二〇一八年の間に四九八〇万ドルにのぼった。[39]

宗教団体や急進右派の億万長者から反中絶運動に注ぎ込まれる資金は、一貫して中絶支持の法律に異議を唱え、いわゆる部分出産中絶禁止法《パーシャル・バース・アボーション・バン・アクト》のような制限を導入する活動を支えてきたのだが、二〇一六年になってドナルド・トランプの当選が、反中絶運動のアジェンダを主流に持ち込む新たな機会をマイク・ペンス副大統領に与えた。トランプが「助演男優賞の型から出てきたような」と評した男だ。保守的な福音派キリスト教徒のペンスはロー対ウェイド判決を覆すという望みを長年、胸に抱いていた。二人は完璧な「政略結婚」だった。ただし、トランプは二〇二一年一月六日、未遂となったクーデターを支持しなかったとしてペンスを切り捨てることになる。ペンスは宗教右派の票を集めたいトランプの切り札、トランプは中絶禁止を実現したいペンスの切り札だったのだ。

ジャーナリストで歴史家のアン・アプルボームがアトランティック紙に寄稿した記事によると、トランプはペンスに中絶禁止、ＬＧＢＴＩＱの権利の後退、アメリカの白人主義保護という望む政策を実現できる「神の声を聴いた瞬間」を与えたという。アプルボームは、ペンスが「二人は携《けい》挙《きょ》[xvi]に近づいている、これは深く大きな宗教的瞬間だ」と信じていた、とあるトランプ政権の元メンバーから聞いたときのことを書いている[40]。マイク・ポンペオ国務長官とウィリアム・バー司法長官もこの信念に心から同意したのだ。

トランプの当選を宗教的意義のある瞬間と見定めることが、キリスト教に深く傾倒するこの男たちに、いちばん好きな聖書の一節を訊かれて答えられない指導者と手を組む口実をくれた。そうだ、トランプと手を組むのが迫りくる世の終末からアメリカを救う道だ、と男たちは話し合った。トランプなら庶民の極右支持層にも、庶民や天然資源の搾取で富を築いてきた右翼の大富豪にも受けるだろう。まったく接点がないと見えるこの二つの集団を結びつけることで、宗教右派は選挙に勝ち、反中絶のアジェンダを強引に進めるために必要な有権者をつかめたのだ。トランプはエリートとモブを結びつけることができ、過激論者、ミソジニスト、人権や環境保護を台なしにしても減税されるならけっこうという低俗な金儲け屋の票を大量にかき集めた。この関係はトランプにとっても利用価値があった。これがなかったら、不貞で性欲を垂れ流しているような、三度も結婚していかがわしい金の関係を持っている男では、宗教右派に売り込むのは難しかっただろう。ペンスはトランプが福音派の票を集めるのに一役買い、予想を覆して二〇一六年に勝利することになる選挙協力体

xvi 携挙は新約聖書の「テサロニケの信徒への手紙」四章一六～一七節に基づき、キリスト再臨の際に信者が現世から天に引き上げられるという考え。終末論のひとつで、キリスト教の一部の宗派や教義において強調されている。

制を立ち上げた。

選挙に勝って、ペンスと志を同じくする者たちは、米国の中絶を禁止する計画を次の段階に進めた。保守派優勢の最高裁を実現することがそれで、結局のところ二〇一六年の選挙からわずか六年以内に、ロー対ウェイド判決をみごと覆すことになる。最高裁判事というのは終身任用で、宗教右派が目論む法律対応を確実に通すためには、少なくとも保守志向の裁判官を五人判事席に送る必要がある。これを念頭に、反中絶派の議員を確実に法廷に向けて宣伝しようと大がかりなキャンペーンと資金調達が実行された。こうした取り組みの陣頭指揮をとったのが、超保守的で反中絶を掲げるフェデラリスト・ソサエティの副会長レナード・レオだった。フェデラリスト・ソサエティは法制度内の優先順位を変えて自分たちなりの個人の自由、伝統的価値観、法の支配を尊重させようとする、保守派とリバタリアンの団体である。

レナード・レオは二〇二〇年の選挙結果の転覆を狙うトランプ大統領を支援するために一時的にフェデラリスト・ソサエティの副会長を辞したのだが、最高裁判事選びを含むトランプ大統領の裁判官指名には、それ以前から大きな影響力を持っていた。トランプが指名した裁判官の八五％がフェデラリスト・ソサエティの関係者であるか関係者だったことがある、と推定する集計もある。[41]間違いなく最高裁も同じで、レオは米国全州で中絶の法的根拠を覆すというソサエティの反中絶目標に素直に従う裁判官で判事席を固める動きを支援していた。保守派の活動家エドワード・ウィーランによれば、「フェデラリスト・ソサエティのレナード・レオほど、ロー対ウェイド判決を覆す最高裁を創るという一大事業に熱心な人物はいなかった」と言う。[42]

レオは「85ファンド」として知られる資金調達団体を管理していて、これが本拠のフェデラリスト・ソサエティを含むさまざまな反中絶、親トランプ、急進右派、極右の組織を資金面で支援している。二〇一六年、レオとつながりのある貧困者救済団体である司法危機ネットワークが、ホワイトハウスを去るバラク・オバマに最高裁判事を指名させまいとするキャンペーンを展開したときも資金面で支援した。レオに手を貸したのがミッチ・マコーネル上院院内総務で、退任する大統領が最高裁判事を指名するのは間違いだ、トランプ次期大統領に任せるべきだと主張した。そしてトランプが大統領に就任すると、ただちに反中絶派の保守派判事ニール・ゴーサッチが任命されたのだ。ジョージ・W・ブッシュ政権下で保守派のジョン・ロバーツ判事とサミュエル・アリト判事の任命に一役買った経験を活かして、レオはゴーサッチ判事指名で有能な下請け役を務めた。

アンソニー・ケネディが法廷を退いて後任に反中絶派裁判官ブレット・カバノーが指名されたときも、同じような展開があった。85ファンド、フェデラリスト・ソサエティ、司法危機ネットワークを中心に動く人脈が、物議をかもすこの指名を着々と任命につなげた。二〇二〇年九月に中絶支持派のルース・ベイダー・ギンズバーグ判事が死去したあと、レオは仲間とともに反中絶派エイミー・コニー・バレット裁判官の指名に向けた運動を開始した。バレットの任命は論争を呼んだ。選挙を控えた時期だったからではない。マコーネルが、任期末のオバマ大統領による判事指名を阻止したかつての姿勢を翻して、選挙が迫っているというのにトランプ大統領が選んだ裁判官を法廷に据えるキャンペーンの側についたからだ。

85ファンドはバレットの承認を後押しする極右、右派の反中絶団体に多額の寄付をした。ターニング・ポイントUSA（二七〇万ドル）、ジョブ・クリエイターズ・ネットワーク（五〇万ドル）、インディペンデント・ウィメンズ・フォーラム（三一万ドル）、スーザン・B・アンソニー・リスト（一七万五千ドル）、アメリカを憂う女性たち（一〇万ドル）、信仰と自由連合（一〇万ドル）、そしてヘリテージ・アクション・フォー・アメリカ（五万ドル）などだ。[43] キャンペーンは成功して、エイミー・コニー・バレットが最高裁判事に就任、反中絶派が過半数となった。以降、この影響で生殖に関する権利の悪夢が次々と起こる。

レオの85ファンドは収入の一部をドナーズ・トラストから受け取っている。このトラストの後ろ盾が誰なのかはほとんど知られていないが、大口資金提供者のひとつがコーク兄弟の莫大な財産による慈善事業コーク財団だろうとは言われている。コーク家は石油とガスで財を成し、過去五〇年間、労働者の権利、環境保護から選挙政治における抑制と均衡、人権保護の法律を排除しようとする急進右派の活動資金を出してきた。特に目の敵にしているのは、化石燃料が気候に与える影響を軽減しようとする環境法だ。コーク家が後援する擁護団体「繁栄のためのアメリカ人の会」は、気候危機を否定するコニー・バレット判事の指名を支持した。[44] バレットは指名承認公聴会で、気候変動に関する科学を認めるかどうかの明言を拒否している。宗教極右アクターの多くは反中絶でもあり反税制・気候危機否定でもあるから、一方の主張に資金を出せば、必ずもう一方にも多かれ少なかれ流れるのだ。

この重複をもう少し掘り下げると興味深いことがわかる。一九七三年のロー対ウェイド判決以降、柔軟に進化を遂げる共和党の体質と、中絶が保守政治で果たす矛盾した役割についてだ。コーク家のような災害資本家は、新自由主義の信条を共有する右派の政治家や裁判官を支持している。環境を破壊する自由、雇人を搾取する自由、そして可能な限り金を稼ぐ自由だ。これは、低税率から非課税へ、規制緩和、小さな国家というイデオロギーを持つ。富と財産を所有する少数派有産階級の利益が、多数派の利益に優先する。このイデオロギーは一九五〇年代に経済思想のヴァージニア学派から生まれ、一九七〇年代に規制緩和を推進したシカゴ学派に引き継がれた。左派が大きな国家、高い税金、強い規制、多数決原理を望むのに対して、右派はその逆を望んでいる。小さな国家で少数派が支配すれば、少数派の富と富を吸い上げる手段を護れるのだ。

　同時に右派は、女の子宮に収まるほどの小さな政府を作ろうと決意している。自分の身体と妊孕性を管理する自由すら女に与えようとしないで自由の支持者を気取るとは、どういう神経なのだろう。なんとも腹立たしいが、答えはわかりきっている。あからさまな権力欲だ。

　急進右派と共和党が目指すものは、主流有権者の願望と大概は相反している。とても面白いのだが、大半の市民は多数決のルールを好んでいる。職場で権利を認められる方がいいし、飲む水や吸う空気に毒を盛られるのはいやなのだ。そこで共和党は、新自由主義の経済政策を選挙民に支持させるため、票集めに効果的な武器として社会保守主義に目をつけた。ロー対ウェイド判決以降、共和党は中絶やＬＧＢＴＩＱの権利に反対する福音派と手を組んだ。そして以前は選択権尊重《プロチョイス》を率先していた指導者でさえ、中絶反対を宣言するようになったのだ。実際、カリフォルニア州で中絶法を自由化したのは、あの一九八〇年代に反中絶の急先鋒となる前のロナルド・レーガンなのだ。トランプもかつて自称プロチョイス派だったことがある。

共和党右派は、中絶やＬＧＢＴＩＱの権利に反対する自由を人権運動家が取り上げようとしている、という話から始まって、世間の人間が思いつく限りのありとあらゆる自由を歪曲して勝手な主張を始めた。そこから、こんなキャンペーンをやっている人間は文化的マルクス主義者だ、信じやすいアメリカ白人男性に小難しい思い込みを押しつけようとしている、つまり金を稼ぐ自由やディーゼル車を運転する自由、毎年何度も長距離便に乗る自由、タバコを吸う自由を脅かしている、と言い募ったのだ。こうして左派は反自由主義者ということにされ、右派は親自由主義者だと持ち上げられる。右派はこの二項対立を利用して、日々仕事に精を出す伝統的な人間の自由のために立ち上がる体裁を整え、急進右派の資金提供者らがいま切実に望む経済の自由を提供する政治綱領をつくり上げた。

本書の冒頭で述べたファシズムの定義を思い返してほしい。アメリカの右派は、支持者に自由を垣間見る機会を与えたのだ。それは中絶やＬＧＢＴＩＱの権利に反対する自由だったのだが、垣間見たことでその自由が、女性やＬＧＢＴＩＱが家父長制支配の外で性と生殖をめぐる自己決定権《セクシュアル＆リプロダクティブ・オートノミー》を行使する自由への恐怖に進化してしまった。

新自由主義的で気候破壊を意に介さない、リバタリアンの億万長者の中には、確かに公然と中絶反対を唱える者がいる。ただ実際には、共和党の右翼的な政策の方向を決めていく金儲け主義者全員がこんな反ジェンダーの見解を共有しているのか、そもそもこの問題に関心があるのかすら私たちにはわからない。リバタリアン億万長者の多くが反中絶の姿勢をとるのは、もっと皮肉かもしれない。歴史家のナンシー・マクリーンは著書『鎖につながれた民主主義（*Democracy in Chains*）』の中で、急進右派が経済的・政治的ビジョンの構築に成功するためには大衆の支持が必要だった、そして「共通の大義の中で一致できる点を態度で示すことによって、広大で活発な保守派の草の根にある基盤を引き込み」これを達成した、と論じている。「二〇〇八年以降、〔急進右派は〕ますます保守主義の隠れ蓑をまとうようになったのだが、これを、その多くが神を信じる人々を見下すリバタリアン思想の無神論者であったにもかかわらず、「少なくとも短期的には宗教右派と和解する」ことを求めた、経済右派アクターたちのシニシズムを表している、とマクリーンは解説している。[45]

これまで見てきたように、欧米全土で中絶反対運動に資金を提供し、その影響力を利用して過激論者を連邦最高裁のような政府権力の座に就かせているのは、欧州、ロシア、米国からのダーク・マネーだ。富裕層が極端な反中絶主義に財産を使うことを厭わない事実は、このイデオロギーが主流になっていく今、ある警戒すべきことを教えてくれる。反中絶という大義が、今や必ず将来の見返りを約束する価値ある投資と了解されているということだ。もっといえば、反中絶運動に費やされたダーク・マネーは、リバタリアン災害資本主義者と極右、福音派の過激論者が、性と生殖をめぐる自由を破壊することによって新自由主義の経済政策に支持基盤を提供することに合意し、手を結んだ証なのだ。つまり、すでに権力も金も手にしている者たちが、女性の身体を利用してその両方をもっと手に入れようとしている、ということだ。

第6章 政治家たち——極右はいかにして世界の政府を動かすのか

前章で述べた、盛大な金の注ぎ込みが成功していることは、極右の陰謀論や偽情報を利用して出生主義《ネイタリズム》やレイシズム寄りの政策を打ち出し、各国で次々と生殖に関する権利《リプロダクティブ・ライツ》への攻撃を始めている欧米の政治指導者の多さに顕著に表れている。極右の生殖の権利観、性に関する権利《セクシュアル・ライツ》観は、過激論者が集まるネットの掲示板で生まれて世間に通りの良い団体で装いを整え、億万長者たちの資金を与えられて主要国の議会に推され、最終的に政府の政策になって世に出る、というパイプラインをたどってきた。ハンガリーからスペイン、ドイツ、ギリシャ、イタリアに至るまで、極右勢力は反ジェンダー政策をマニフェストや法律に盛り込むことに成功している。こうした政党とその指導者が利用するのが、出生率の低下と移民の増加から生じる人口の冬、という過激論者のレトリックだ。インターネットを駆け巡る陰謀論や白人至上主義のミームからヒントを得て、反移民政策と出生主義の運動を上手に織り交ぜて女性の再生産労働を利用する方向へ向け、今ここに迫っている人口危機を解決すると約束する。openDemocracy の編集者でジャーナリストのピーター・ゲーガンに言わせると、「宗教とアイデンティティの言葉を使って人種差別だけでなく性差別、同性愛嫌悪《ホモフォビア》、積極的な反環境主義を特徴とする文化戦争を進める」ナショナリスト的な政党の指導者たちだ。[1]

本章ではまず、生殖に関する権利への極右の攻撃が過激論者の一角から政府の政策にまで及んでいる欧州連合（EU）加盟国を見て回ったあと、英国の反ジェンダー問題を詳しく見ていく。ギリシャ、ドイツ、フランスでもこの傾向は認められるが、とりあえずハンガリー、ポーランド、イタリア、スペイン、スロバキア、オランダを見る。ハンガリー、オランダ、イタリアでは極右の指導者たちが、人種大交替《グレート・リプレイスメント》のレトリックを使って出生主義や移民排斥の政策を推進する一方、中絶支持運動を伝統的でキリスト教的な欧米の価値観を攻撃するゴリアテに見立てる極右の戦術を採用している。欧州で最も強権的な中絶禁止法があるポーランドは、極端な反ジェンダー政策を導入するために、極右が司法と政府の権限をうまく掌握した例だ。スペインとスロバキアはともに、極右勢力が主流の政治家に働きかけて、自分自身が政治家として成功するためにもなるのだからと、反中絶・反ジェンダー政策を採用させ、オヴァートンの窓（ある時点で一般大衆が容認できると考える公共政策や社会問題に関する考え方のスペクトル）をさらに右寄りに動かしている実態を見せてくれる。最後に英国をもっと詳しく見て、女性やマイノリティの権利を切り崩そうとするいわゆる「ウォークとの戦い」の中で、この国がどうやって平等を攻撃しているかを見ていく。この章では、経済問題に関して英米の急進右派が密接な関係にあることを詳しく検討して、社会的・文化的な問題においても両者がいかに簡単に相手を真似て、同じことをやり得るかを問う。

ネイル・ダッタは私に、「欧州で反ジェンダーアクターが目指すのは、法律を変えるという定番の取り組みだ。あちこちの国で新しいオルタナ右翼や極右ポピュリスト政党が生まれると、中心で動いている反ジェンダーアクターが決まって同じ顔ぶれ、ということが今ますます頻繁になっている。スペインのVoxもそうだしドイツでもドイツのための選択肢（AfD）を主な拠点に使って反ジェンダーアクターが潜入して動いている。同じように、イタリアのレーガやフランスの国民連合みたいな名だたる極右政党までが、反ジェンダー社会保守主義の実験をやっている。こういうことは政党のDNAにはないはずだ。今まで社会保守主義的だったことも、キリスト教的だったこともない政党が。でも今は本気でやろうとしている」と話してくれた。[2]

この傾向を凝縮しているのが、ハンガリーの独裁首相オルバーンだ。あてつけのように次々と極右政策や反ジェンダー政策を出しながら、「キリスト教徒の欧州にキリスト教徒のハンガリーを」という公約の一環として保護を求める移民を攻撃している。これは極右の人種大交替陰謀論が主流に入ろうとしているということだ。ネオファシストのイデオロギーが政府の政策の方向を決めている。研究者であり作家でもあるユリア・エブナーは、ハンガリーを含む各地で極右の集会に潜入して記録した著書『ゴーイング・ダーク――12の過激主義組織潜入ルポ』〔西川美樹訳、左右社、二〇二一年〕の中で「新しい過激主義の時代になった。かつて傍流だったものが今や主流となった。極右のスローガンが公式選挙ポスターや選挙マニフェストにまで姿を現した」と解説している。[3]

ハンガリーの首都ブダペストは、歴史を伝える川沿いの建物や橋と、政治や軍事の興亡の過去を忘れて湯けむりの中で午後のひとときを過ごせるスパで有名だ。私は二〇一〇年に凍えるような週末をそこで過ごした。チムニーケーキを食べ、一六世紀のスパを楽しみ、国旗の三色の赤、白、緑を配した正装で馬にまたがる男たちが堂々たる国会議事堂を背に伝統的な装いの音楽隊と一体になり、革命記念日の式典の始まりを待って整列している姿をうっとりと眺めていた。ハンガリー国民がオーストリア帝国からの独立を求めて戦った一八四八年の革命を記念する日のことだ。

私の出張から七年後、この街はキリスト教極右の爆心地となる。ブライアン・ブラウンが主催する世界家族会議（WCF）が街になだれ込み、彼が引き連れてきた世界各国の代表団が反中絶、反LGBTIQの議論、人脈作り、アジェンダ策定に熱中した。イベント出席者の顔ぶれは、イグナシオ・アルスアガ、ソフィア・カービー、ルカ・ヴォロンテなど、アジェンダ・ヨーロッパの関係者だ。基調講演者はオルバーン・ヴィクトルその人だった。

二〇〇四年以降のWCFプログラムを調べると、この反ジェンダー運動がいかに主流になってきたかがわかる。シンクタンクのスタッフ、首相、反ジェンダー活動家（英国からの参加者も含む）が年会で一堂に会し、「国際的な生命尊重《プロライフ》運動」、「中絶を超えて――プロライフの価値観がすべての生命にどう影響するか」、「家族における母親と父親ならではの役割」、「ポルノの大流行」（すべて二〇一五年のユタ大会のセッション・タイトル。また、『ジュラシック・パーク』のジェラルド・モーレンなど、有名な映画プロデューサーが参加し、ハリウッドのテクニックを使ってストーリーを語るトレーニングを各国代表者に実施。）セッションに参加する。これは変人やモブだけの世界ではない。そういう輩もいるけれど、エリートの集まりなのだ。市長、知事、国会議員、閣僚、大使、国家元首など過去二〇年間に何十人もの欧州の政治家がこのイベントでスピーチしている。そしてそのほぼ半数はハンガリー、イタリア、ポーランド、セルビア、スペインの極右政党員なのだ。重要な点は、こういうリーダーの大半が近年大会に参加しはじめたことで、大会の取り組みの主流化が急速に進んでいることがうかがえる。[4]

基調講演者として登壇するというオルバーンの決断は、世界の極右勢力に明確なシグナルを送った。EU加盟国の首脳、選挙で選ばれた首相であるオルバーンが、以前は変人や犯罪者、陰謀論者しかいなかった舞台に立ったのだ。欧州のエリートが人種交替《リプレイスメント》をどんどん進めているが、出産奨励《プロバース》政策と暴力的な移民排斥の二刀流であたればすべて解決できるから怖れることも心配することもない、とまさに聴衆が聴きたかったことを話している。オルバーンのスピーチは、彼のいう欧州が直面する最大の問題に対応するシンクタンク設立の計画を明らかにして最高潮に達する。最大の問題とは「白人が十分な数の子どもをもうけない」ことだ。[5]

二〇一七年前後を境にハンガリーは、中絶の権利、ひとり親、LGBTIQに敵対姿勢を強め、同時に亡命を求める人々への処遇が国際的に非難されている。[6]自分がEUの差し金と見る進歩的な価値観に反感を抱くオルバーンは、人権と平等に総攻撃を開始した。ジェンダー研究コースを閉鎖し、自分の同調者に大金の契約という報酬を与え、NGOを脅し、独立メディアを閉鎖してテレビチャンネルや新聞を同調者に与えた。リベラル寄りの慈善家ジョージ・ソロスに敵対する反ユダヤ犬笛キャンペーンを支援し、ポーランド独裁政権の指導層がとった戦術に倣って司法の独立性を弱めた。二〇一〇年の選挙に勝利して、さらにがっちりと権力を掌握したこの強気な首相は、ハンガリーを極右政策の立案と極右活動の欧州拠点に変えた。ジェネレーション・アイデンティティの活動家トーレ・ラスムッセンは「自分が最近、休暇で行くのはハンガリーだけだ。自分は自由な国にしか金を出さないからだ」と豪語している。[7] テンプル騎士団インターナショナルはハンガリーの激的な極右化に感銘を受けてハンガリーに事務所を構えたが、その後セルビア民族主義の民兵組織に参加した疑いで入国禁止になった。[8] 独裁主義と民衆煽動へのハンガリーの転換は欧州連合（ＥＵ）から非難を浴びるほど顕著で、欧州議会が第七条を発動してハンガリーの投票権を停止しようとする事態を招いた。

ブダペストのＷＣＦから二年後の二〇一九年、オルバーンは再び熱狂的な拍手で迎えられる。聴衆はオルバーンの出生主義政策が、欧州のいわゆる人口の冬をどう打開するのか詳しく聞きたいと熱望していた。このときの舞台はブダペストで開催された第三回国際人口会議で、オルバーンはそこで自国政府が移民と進歩主義の政治を攻撃する動機と正当性を開陳した。白いキリスト教の欧州が移民によって脅かされている、女性の身体を国家の子宮にすることによって護らなければならない、と持論を展開したのだ。

「欧州の白人人口を」と、オルバーンは言った。「違うもので交替させようとする政治勢力がある。将来、欧州が欧州以外の人間で埋め尽くされることになるなら、それは我々がおめおめと人口の交替を受け入れるということだ」[9]。このスピーチが、人種大交替陰謀論が欧州の政治論議の主流にはっきりと登場した瞬間だった。一〇年にわたるかというオルバーンの民主主義規範攻撃の大詰めだったのだ。一歩一歩踏みしめた一〇年間に及ぶ攻撃は常に、移民はキリスト教徒で白人のハンガリーを脅かす、そしていわゆるジェンダー・イデオロギーはそれこそが白いキリスト教のハンガリーを護っている伝統的なハンガリー家庭の信頼を傷つける、という二つの信念に支えられてきた。

移民も女性やＬＧＢＴＩＱの権利も外部からの攻撃であって、西側のリベラルエリートとＥＵがハンガリーに押しつけている価値観だと見ている。ジェンダーと移民の挟み撃ちの脅威は「キリスト教の欧州においてキリスト教のハンガリー」を維持するために打ち破らなければならない、とオルバーンはいうのだ。[10]

人種大交替論に傾倒し、（ハンガリー民族の）女性の子宮を通してキリスト教の欧州を再現しようと献身するオルバーンを根底で動かしているものは何なのか。それを理解するために、重要なことが二つある。まず、冷戦終結時に東欧を襲ったアイデンティティの危機と、それが歴史を誇るハンガリーの軍事力に立脚した神話的過去への回帰願望をどれほど刺激したか、である。オルバーンはハンガリーを「一一〇〇年前、ここカルパチア盆地で我々が実現した姿」に再現すると口にしている。[11]二つめは、二〇一九年の人口会議までの五年間に欧州で何が起きていたのかということだ。

ソビエト連邦の崩壊は、政治理論家のフランシス・フクヤマが「歴史の終わり」と書いたことが有名だ。フクヤマのような新自由主義者たちが資本主義で市場主導の自由民主主義を軸にして構築される社会こそ唯一の合理的アプローチだと証明された、と彼は主張した。これは同時に、イデオロギーの終わりでもあるはずだった。だから鉄のカーテンから抜け出した国々は、西側諸国の真似をするよう奨励され、強要さえされた。将来を見据えた国家たるためには、西欧や米国の経済・社会構造を取り入れなければならなかった。これはうまくいった。しばらくの間は……そしてこの結果、よいこともいくつかあった。例えば、ルーマニアの中絶法制化実現は、独裁政権の恐怖に背を向けてリベラルな西側国家を目指そうとする方向転換が原動力のひとつだった。ルーマニアの共産主義独裁者ニコラエ・チャウシェスクのもとでは中絶と避妊が犯罪化されていて、これが少なくとも一万人の女性の死亡につながった（実際の数字はこれよりそうとう高いと考えられている）。これと正反対のことがポーランドでは起こった。共産主義下では認められていた中絶が、独立後は犯罪になったのだ。

ただひとつだけ問題があった。フクヤマがそう呼んだのは間違いで、これは歴史の終焉ではなかった。今あるモデルが永遠に続いたりはしない。そんなことをできるわけがないのだ。同じように燃え尽きた地のモデルと比べて、何も特別なところはなかったのだし。さらに悪いことにはイデオロギーの終わりでもなかった。新自由主義モデルがそれ以前のモデルと同じくイデオロギー的だったのだから、当然のことだ。二〇〇八年、世界的な金融大暴落が古い確信を粉々に砕いて、突如として西側の模倣という方針が通用しなくなった。

共産主義の支配に奪われたアイデンティティを取り戻すどころか、一九八九年以降の世界秩序によって今度はEUから別のアイデンティティとシステムが押しつけられるようになった、と感じはじめていた東欧市民や指導者が、暴落以前からすでにいたのだ。極端な言い方をすれば、自分たちの一挙手一投足まで支配する超国家主義的ブロックを離れて、同じように支配される別のブロックに移っただけだった、と幻滅した。これがますます反感を深めたのだ、とブルガリアのソフィアにあるリベラル戦略センター会長で政治学者のイヴァン・クラステフと、ニューヨーク大学のウォルター・E・マイヤー教授（法学）のスティーブン・ホームズは言う。「共産主義国を民主化しようとする試みは、西側で普通とされる価値観、習慣、態度へのある種の文化的転向を目指していた」と二人は解説する。こうした「政治的、道徳的ショック療法は、受け継がれてきたアイデンティティを危うくした」[12]。

このアイデンティティの対立は恨みの温床となり、オルバーンはそれをやすやすと利用した。オルバーンは、西側は出生率の低下と移民の多さで破綻しかけていて、とんでもないことにそれにハンガリーも巻き込もうとしている、という大衆向けのメッセージを作った。ハンガリーの伝統が攻撃されている、欧州のキリスト教徒人口は交替の危機に瀕している、と言い募ったのだ。このメッセージを国民に徹底させようと、オルバーンは一一〇〇年前にこの地に生きたマジャール戦士時代におけるファシストの神話的過去のイメージを掻き立て、ハンガリーはかつて偉大で勇敢で先駆的な国家だった、と訴えた。その価値観が丸ごとEUのリベラルエリートに破壊されているのだと。同時にオルバーンは「人権の普遍主義や国境を越えた自由主義を、自国の民族の伝統や遺産に対して高みに構えた西側の無関心の表れだと非難することで、国民の想像力を掻き立てた」とクラステフとホームズは書いている[13]。オルバーンはこうした民族の伝統をあらためて強く訴え、九世紀のマジャール戦士の精神を取り戻そうとした。西側の文化帝国主義に窒息させられかけている、とオルバーンがいう生粋ハンガリー人の精神だ。

西側民主主義への幻滅は、オルバーンの反ジェンダー革命にとって最初の好条件だった。二つめは二〇一五年のシリア難民危機だ。凄惨な死と苦しみを招いたこの人道の惨事は、ハンガリーが国の伝統に敵対する外部勢力から攻撃を受けている、「そして」ハンガリーの価値観に無関心な欧州の指導者らによって国民の喜ばない政策の採用を強いられている、と有権者を説得できる背景をオルバーン政権に与えた。
二〇一五年九月三日、イギリスのインディペンデント紙はトルコの浜辺に静かに横たわる、わずか二歳の男児の遺体の写真を一面に掲載した。男児の名はアラン・クルディ。この写真を掲載するかどうか議論があったが、「多くの難民が直面している絶望的な状況」つまり「進行中の移民危機」を「口先だけの言葉」で語る中で忘れられがちな状況を世に示すためなら正当化できる画像だと判断した、とジャーナリストらは説明している。[14]
それまで、この危機への対応は鈍く乏しかった。それがドイツの中道右派首相アンゲラ・メルケルが一〇〇万人の難民を受け入れると発表したときから変わりはじめた。移民に対して敵対的な態度を強めていた英国でさえ、対応を強化すると誓った（この誓いは、二〇二〇年のブレグジット関連の投票で静かに棚上げされ、その年イギリスが定住させた難民はわずか三五三人だった）。多くの場合、ハンガリーやギリシャを含む東欧・中欧諸国を経由して欧州に流れ込む難民が増加したことを受け、欧州委員会は二〇一六年、EU諸国間での庇護申請者配分のこの適正化を図る改革を含む欧州共通庇護体制（CEAS）改革案を提示した。ところが、加盟国は責任をどう分担するかの提案で合意に達することができなかった。
ドイツの対応が門戸を開くことだった一方、オルバーンのハンガリーでは難民危機に対する反応はまったく違った。オルバーン首相はCEAS改革への協力を拒否して、庇護を求める家族のあからさまな取り締まりを開始した。中東から欧州へのルート上、ハンガリーを通るしかなくなった家族が多かったというのに。そうしてオルバーンは二〇一五年の欧州連合（EU）による難民定住プログラムへの参加を辞退し、国境を越えてハンガリーに入国する人々への政権の処遇が多くの場合、攻撃的で残忍だと国際的な非難を浴びた。近年では、庇護希望者を支援するＮＧＯを犯罪者扱いしようとしたり、二〇二〇年にはコロナウイルスを隠れ蓑にして庇護の権利を一時停止したりもしている。

こうしたオルバーンの政治対応の理由は、ドイツ紙ビルトのインタビューで明らかになった。オルバーンはそこで、我々はこうした人間をイスラム教徒の難民とは見ていない、イスラム教徒の侵入者だと見ている、と説明したのだ[15]。二〇二一年、ボリス・ジョンソン英首相との会談後、オルバーンはこうした発言に関するジャーナリストからの質問に対して、その意図を明らかにした。庇護を求めるイスラム教徒の家族が「国境を破壊して、大挙して国に入ってきたに過ぎない。ハンガリーではそれを侵入と呼んでいる」[16]。敵対勢力の侵攻が迫るハンガリーを訴えて、オルバーンがいかにファシストの神話的過去を上手に焚きつけ、右派ポピュリストを支持層に取り込んだかがわかる発言だった。それは受け継いだマジャールの戦士の精神でハンガリー国境を護り、シリア難民であれメルケル首相その人であれ、敵を倒せるのはオルバーンだけだと有権者に約束することで実現したのでもあった。

二〇一五年の危機以降、数年間にわたってオルバーンは、欧州が侵略されている、白人キリスト教徒が交替されようとしている、ＥＵのエリートが目くばせと、うなずきひとつでハンガリー国民への攻撃を許している、と極右の議論を展開していった。一方、反移民のレトリックや政策と並行して、出生主義や交替の逆転を狙って子どもをどんどん産むというハンガリー女性の責任がますます強調されるようになった。欧州の指導者のあまりにも多くが「失われた子ども一人につき一人入ってくれば、数は大丈夫だ」と考えている、とオルバーンは二〇一八年のスピーチで説明した。「ハンガリー国民の考えは違う。数が必要なのではない。ハンガリー人の子どもが必要なのだ」[17]。二〇一九年、オルバーンはこの主張をさらに詳しく述べている。「世界のどこからでも移民が来れば欧州の人口減少問題を解決できる、という意見を我々は否定せざるを得ない。さまざまな理由から人口の交替を望む政治勢力がある」と言う。これは明らかに極右支持者を動員しようとする試みだった。欧州の指導者たちがハンガリー人の生き方を脅かそうとして、自分が二〇一八年に「新しい、混血のイスラム化した欧州」と呼んだものを創ろうと共謀している、という恐怖を投票基盤に煽ることがオルバーンの狙いだった。

オルバーンはCBR UKのウィルフレッド・ウォン元理事、オルド・イウリスに連なるデ・フランコペン公爵夫人、伝統・家族・財産（TFP）のパウル・オルデンブルク公爵らから聞いた陰謀論をあちこちで訴えていた。ある欧州議会議員が、欧州が「ユーラビア」になりかねないと警告した、という話だ。こういう活動家たちが同調者と一緒に、EUが意図的にイスラム・コミュニティに移住を勧めてグローバルノースを非キリスト教化しようとしている、と言い張るのだ。デ・フランコペン公爵夫人はブレグジットを礼賛する自著で、「EUは過去一二年間、北アフリカからの移民の侵入を計画・奨励してきた。……次の波は、EUの極秘計画によるとアゼルバイジャンから来る」と書いている[18]。アメリカのテレビ番組司会者タッカー・カールソンは二〇一九年に放送された独白の中で、この陰謀論に反ユダヤ主義的な犬笛を吹き、自国の出生率ではなく移民に依存する人口維持を「ジョージ・ソロスのやり方」と呼んだ[19]。

オルバーンが人種大交替のレトリックをますます強調してイスラム系移民への攻撃を繰り返すようになると、閣僚たちも女性が安全で合法的な中絶を受ける権利をハンガリーの人口減少、そして「イスラム教徒の侵略者」による白人キリスト教徒のハンガリーへの脅威と結びつけるものの言い方をするようになった[20]。移民をめぐる恐怖を利用して女性に出産を煽りながら、EUが手を貸してハンガリーの価値観と国民性を脅かしていると連想させることを狙って、進歩的な選択権尊重の価値観を取り上げた。このアプローチは人的能力大臣ミクロス・カスラー博士が書いた学術論文に次のように要約されている。「今日に至るまで六〇〇万件の中絶が行われ、ハンガリー国家にとって最悪の人口激減のひとつを引き起こした。こんなことをしなかったらハンガリー民族の総数は二千万人を超えていただろう[21]」。先に引用した共和党のスティーブ・キング下院議員による米国の交替発言の予兆になった見解だった。

ハンガリーで中絶はまだ合法だが、オルバーンが政権に就いた直後の憲法改正で、生命は受胎から始まると定義されている。国家の憲法に生命の保護に関する記述を挿入するのは、反中絶右派の重要な戦術だ。一九八〇年代にアイルランドで用いて成功したこの作戦は、その後の中絶違法化に向けて手を打ちやすくするように考えられていた。ハンガリーの中絶法は、病院が女性に中絶を拒否し、強制的にカウンセリングを受けさせ、中絶前に三日間、待機期間として待たせることを認めている。中絶を提供する医院には、女性に妊娠を終わらせる決断をさせないように圧力がかけられている。

憲法改正と同じくハンガリーの基本法文書でも、国家の家族や家族政策への対応がよくわかる。「基礎」の章、L条にはこうある。

ハンガリーは、自発的な決定によって成立する男女の結びつきとして婚姻制度を、国家存続の基盤として家族を保護するものとする。家族の絆は結婚および親子、またはいずれか一方の関係に基づくものでなければならない。

ハンガリーは、子どもを持つことへの献身を奨励する。

家族の保護は基幹法によって規定されるものとする。

異性愛関係にこだわる家族と結婚の定義を憲法に盛り込むことはアジェンダ・ヨーロッパの戦略であり、キリスト教極右が何十年も巧みに使って成果を上げてきている。女性やLGBTIQの人権を根底から覆すような、時代に逆行する法改正への地ならしなのだ。

実際にL条の実施内容が明らかになっているのは、二つの政策プログラムだ。ひとつはLGBTIQコミュニティへの総攻撃で、同性カップルが養子を迎えることの禁止、トランスジェンダーの法的認知の禁止が含まれる。同性愛者が登場する子どもの本のような、害のないものまで禁止された。ある政府大臣などはテレビに登場して、一九三〇年代ナチスの焚書事件を彷彿とさせる動作で本を破り捨てている。ハンガリーのメディア法には現在、LGBTIQコミュニティへの支持表明を事実上、一切禁止する条項が含まれていて、公共放送には「結婚制度と家族の価値の尊重」を推進するよう要求している。著名なサッカー代表選手を含め、ＬＧＢＴＩＱとの連帯を表明するメディア・パーソナリティは職を失った。[22] 当然のことながら事例証拠であるとはいえ、敵対するような法律とメディア報道によってＬＧＢＴＩＱコミュニティに対するヘイトクライムが増加している。

レインボー・ファミリーに対する国家公認の差別と対のように奨励されるのは、ハンガリー民族同士の異性婚と出産だ。それが〔二つめの〕家族保護プログラムに歴然と現れている。ハンガリー人家族に経済的支援と住宅支援を提供して子どもを持つ女性に報いる取り組みなのだが、この政策で重点が置かれているのは結婚した夫婦対象のローン制度で、女性が夫との間に子どもを三人もうけるとローンは帳消しになる。子どもが四人になれば母親への生涯所得税の支払いを免除する、とオルバーンは二〇一九年に約束した。ここでも、その子どもは夫との結婚の結果でなければならない。

母親を経済的に支援する政策それ自体には問題はない。例えば、英国には児童手当や児童税額控除がある。ただ、家族政策の動機が女性の支援ではなくナショナリズムの推進にあるときだけは、警戒しなければならない。家族に与えられる手当は母親の婚姻状況、母親とその夫の人種や民族性、ひいては階級によって大きく左右される。つまり、このプログラムは本質的に優生政策なのだ。

二〇一九年のあの人口学会議でのオルバーンの演説は、国家の家族政策に向けた政府の動機が白人至上主義の出産促進政策とどれほど密接につながっているかを明らかにしている。オルバーンは熱心な聴衆に、家族保護プログラムがハンガリー白人の「絶滅の可能性」の危機にとってどれほど強力な解決策なのかを、親になることにインセンティブを出して訴えた。「子どもを持つと決心すれば、必ずしないより高い生活水準が約束される」と強調したのだ。この家族保護プログラムは、つまりは女性の子宮を通じて白人至上主義を主流化、盤石化する極右の政策なのだ。こうしてみるとオルバーンの計画は、ゴードン・ブラウンによる英国の子ども税額控除政策よりも、アーリア人の子どもを多く産むことで大家族の母親が報われた一九三〇年代ナチ党の勲章制度によく似ている。

家族政策を通じて現代ハンガリーは、女性のアイデンティティを子宮に貶《おとし》めた。女性は白人ナショナリストの目標のために働かされる再生産労働の道具なのだ。このアプローチは、アフリカ系アメリカ人の中絶医師ウィリー・パーカーの、「あれだけ大勢の白人反中絶活動家が本当に望んでいるのは、大きな声ではいえないだけで、白人女性にもっとたくさん赤ん坊を産んでもらって、アメリカの褐色化に反撃することだ」という発言に簡潔に表現されている。[23] パーカーが言っているのはアメリカのことだが、「アメリカの褐色化」を「欧州の非キリスト教化」に置き換えればオルバーンのハンガリーにも当てはまる。

オルバーン自身、家族保護政策は「家族と子どもは……我が国家共同体の生物学的再生の前提条件である」という認識だ（強調著者）。家族が「機能しないとしたら、子どもがいないとしたら、国家共同体は単に消滅しかねない」とオルバーンは続ける。

「私の解釈では、」とブダペストを本拠とするウェルビーイング財団会長のカタリン・ケヴェハージはバルカン・インサイトの取材に応えて、「この家族保護プログラムの背後には、伝統的価値観を強化して大家族を奨励し、既存の社会階層を保ったままフィデス（ハンガリー市民同盟）の忠実な信奉者の数を増やすという普遍的な政策アジェンダがある。つまり国家構築の取り組みの一環なのだ」と述べている。[24] これはフェミニスト作家のシンジア・アルッザ、ティティ・バタチャーリヤ、ナンシー・フレイザーが『99%のためのフェミニズム宣言』〔惠愛由訳、菊地夏野解説、人文書院、二〇二〇年〕で次のように解説しているアプローチだ。「正しい種類の子どもの出産にはその気にさせる手を打つ一方、間違った種類の子どもの出産はさせないように仕向けながら、（各国政府は）単なる国民ではなく（例えば）ドイツ人、イタリア人、アメリカ人が生まれるように教育や家族政策を設計してきた」[25]。

　暴力的な移民排斥政策、露骨なイスラム嫌悪《イスラモフォビア》と反ユダヤ主義、反LGBTIQ法、女性の権利に対する出生主義アプローチを組み合わせてオルバーンのハンガリーは、極右から絶大な支持を勝ち取った。ラス・ムッセンのような活動家は、この欧州の内陸国家を白人至上主義のエルドラドになぞらえて、自分たちのディストピア構想が現実のものになった、チャンスあふれる黄金郷だと考えている。テレグラムの「人種大交替に対抗する」チャンネルへのある投稿が、オルバーンの計画を褒め上げている。「これぞ国家の護り方。移民で溢れさせてどうする」。別の投稿者は、ボーイフレンドと一緒に「侵略」から「護られ」たハンガリーに移住して子どもを作ろうと計画している、と明かした。

　この種のレトリックと政策がいかに成功しているかは、主流の政治家やマスコミの家族保護プログラムの礼賛ぶりを見れば十分だ。影響力のある〔英国〕保守派の活動家で、ConservativeHome サイトを立ち上げたティム・モンゴメリーは二〇一九年一二月、「ハンガリーの家族政策はじっくり研究してみる価値がある」とツイッターに投稿している。米国ではトランプ政権の面々が、ハンガリーの「移民ではなく子づくりで」を絶賛した。[26] 二〇一九年にはタッカー・カールソンも発言して、ハンガリーには「国家の富を第三世界からの不法移民に約束する代わりに、自国民が繁栄することを本当に気にかける」政府があると評した。[27]トランプ大統領の補佐官で国民政策審議会の審議官を務めたジョー・グローガンは、ハンガリーの「勇気と創造性」を褒めちぎり、それがトランプ政権を「奮い立たせた」と発言した。[28]二〇一九年一二月の家族政策国際会議で、グローガンはハンガリーの出生率引き上げ計画を持ち上げてあからさまに反中絶と反移民政策を結びつけ、トランプ政権の反中絶を肯定した。

こういうことを、インターネット掲示板の過激論者や反中絶雑誌のライターが言っているのではない。選挙で選ばれた米国共和党の高官、いずれ共和党から大統領選に出るのではと噂されるTVニュース司会者、そしてかつて政府外で最も影響力のある英国保守党員と言われた人物の発言なのだ。こういう立場の人間が、こぞってレイシズム、セクシズム、ミソジニー、同性愛嫌悪に満ちた政策を称賛している。二〇二〇年、政令による自身の統治を可能にする投票を強行した独裁者志望の男が考案した政策を、である。

本書執筆時点で、オルバーンはまたしてもスキャンダルに巻き込まれ、顧問のヘゲデュス・ジュジャが首相の発言を「ナチ演説」だと表現して、それを理由に辞任した。オルバーンは、ハンガリーは「異人種混合」の国ではない、「欧州人と非欧州人」、つまり彼によると白人と非白人、で構成される国は「もはや国家ではない」、と発言していたのだ。こんな露骨なレイシズムや極右イデオロギーでも、このハンガリー指導者がその一週間後にテキサスで開催された保守政治活動協議会（CPAC）に招かれることに何ら支障はなく、欧州と米国の白人キリスト教ナショナリストは団結すべきだと発言して喝采を浴びた。[29]

極右の目標が政府の政策になってしまったらどんなことが起きるのか、ハンガリーはそれを示す道徳劇だ。少数民族、ＬＧＢＴＩＱコミュニティ、女性が被害を受けることになるのは間違いない。二〇一一年以来、ハンガリーの極右化は、宮殿のように美しい国会議事堂の心臓部から指揮されてきた。出生主義や反ＬＧＢＴＩＱ政策や少数民族ロマの隔離、庇護を求める人々の入国拒否を通じた白人至上主義、家父長主義的な民族国家の建設だ。これは決して傍流の妄想ではない。これが政府の主流の政策になっている。

ＥＵで最極右国の座をハンガリーと争っているのはポーランドだ。ポーランドは冷戦終結後、ますます非自由主義の方向に進んでいる。妊娠中絶に反対する極右の見解が政策になった場合の致命的で壊滅的な影響を見せてくれるだけでなく、極右が権力を得るために汚職疑惑をどう利用するかという興味深い事例も提供してくれる。

ポーランドはハンガリー以上に、性と生殖に関する権利《セクシュアル＆リプロダクティブ・ライツ》への攻撃を強めている。一九九〇年代には、胎児に異常があったり、母体の生命が脅かされていたり、他人や近親によるレイプを受けた結果であったりする場合を除いて中絶を禁じた。この動きは、それまでもっと緩やかだった共産主義政権時の法律の否定でもあった。二〇二一年一月、与党の極右政党である法と正義党は、胎児に異常がある場合の中絶も対象に含めるよう禁止を強化した。

この変更が法律に明記されてから一年後の二〇二二年一月、ポーランドの女性たちがワルシャワを含む主要都市の通りに集まった。哀しみを抱えてみんな黙り込んでいた。一斉に花輪をささげてキャンドルを携えた。涙がほほを伝い、抱擁が交わされた。そして凍えるような夜が更けていくと、哀しみと嘆きは怒りに変わる。私たちは女だ。そしてこうして集って、喪に服している。その週、命を救うための中絶を拒否された女性が、敗血症を起こして病院で亡くなっていたのだ。この年、中絶禁止の強化が導入されて以来、知られている限り三人目の死者だった。女性の名前はアグニェシュカ・T。

双子を妊娠していて、家には三人の子どももいたのだが、胎児のうち一人が子宮内で死亡していた。こういうときは死んだ胎児を取り出すために外科的流産が必要になる。そうしないと、腐敗が進む胎児組織が原因で敗血症が起き、臓器不全につながる怖れがあるからだ。ところが中絶禁止令が医師たちを躊躇させた、と家族は確信している。外科的流産処置で死んでいない方を中絶した、と解釈されるのが怖かったのだ。家族は延々待つしかなかった。一週間後、もう一人の子も亡くなるまで。

この時までにアグニェシュカの様態は深刻になっていた。家族が公開した悲痛なビデオの中で、彼女は病院のベッドに横たわり、目をうるませている。鼻にチューブを入れて病院の青いガウンを着た姿。誰かが顔にかかる髪を撫で上げると、血の気のない青ざめた肌が覗く。痛ましくて見るのも辛い映像だ。もう諦めたけれど死ぬのは怖い、アグニェシュカの表情がそう言っていた。映像が撮られてから数日中にアグニェシュカ・Tは亡くなった。三七歳だった。発表した文書で、遺族ははっきりとアグニェシュカ・Tの死の責任の所在を指摘した。「ポーランド国家はその手を血で汚している」と述べ「アグニェシュカは生きたかったのです」と悲痛な言葉を添えた。

アグニェシュカが亡くなる数ヵ月前、ポーランドは三〇歳のイザベラの喪に服していた。「強くて勇敢で毅然としている」と友人たちから評され、「誰からも愛されていた」。犬が大好きで、「いつも自分より弱い誰かのために立ち上がる」女性だったとみんなが言った。イザベラは「誰も怖れなかった。強くて美しく、聡明で、人を動かす力があった」と友人たちがいう。第二子妊娠中に、胎児が合併症を発症した。家族の弁護士によると、医師らは「違法な中絶の責任を問われる」ことを怖れて妊娠を終わらせないと決めたのだ、という。イザベラは自分の命が危ないと知っていた。怖い、九年前のアイルランドのサビタ・ハラッパナバールみたいに敗血症性ショックで死ぬんじゃないか、と友人に打ち明けている。本人が怖れていた最悪の事態となり、妊娠二二週目の九月イザベラは幼い娘を残して他界した。

娘の死を受けてイザベラの母親は「娘の死を受け入れられる日は一生来ない。これは夢で、覚めたら娘が私のところにやってくる気がする。代わりに自分が死にたかった。この先どうやって生きていけばいいのかわからない」と言った。病院は医療過誤で罰金を科された。

三人目はアニアで、イザベラやアグニェシュカと同じような状況で禁止が施行された半年後の二〇二一年六月に亡くなった。イザベラの死後に明らかになったアニアの話には、あまり詳しい情報がない。

イザベラとアグニェシュカの死をきっかけに起きた抗議行動以前にも、ポーランドの女性たちは自国の生殖の権利後退に反対して闘ってきた。二〇二〇年一〇月、米国が大統領選の準備に忙しく、英国がコロナウイルスでロックダウン状態に戻ったとき、フェミニストの革命がポーランドを席巻した。数千人の女性が味方を連れて、胎児に異常がある妊娠の中絶を禁止する計画に抗議して街頭に立ったのだ。

「ワルシャワの中心部には、ロマン・ドモフスキにちなんで名づけられたロータリーがあって」とワルシャワ在住のジャーナリスト、アダ・ペトリチコがZoomで教えてくれた。[30]「ドモフスキは一九三〇年代の政治家でオルタナ右翼の象徴だから、抗議するみんなでそこに行って、女性の権利の回り道って改名した！　一九八〇年代の連帯運動以来、いちばん大きな抗議行動だったはず。正確な数字はわからないけど、ワルシャワ市役所は一〇万人から一五万人と推定している。本当に楽しかった。ちょっと下品な言葉も使った抗議になったけど、こちらの怒りをはっきり示すときが来たんだからいいだろうって。そのときの運動のメインスローガンはひと言、「くそったれ《ファック・オフ》」って大文字で書いた。批判も支持も両方された。でも理にかなってはいる。三〇年間ずっと品よく中絶の権利を議論してきてこうなったんだから、もう違う言葉でいかないと、ということ」。

ポーランドの女性とフェミニスト仲間が求めていたのは、その法案の廃案だけではない。中絶と避妊の制限（二〇一七年、政府はアフターピルを処方箋制とする法案を可決したが、これは女性がタイムリーに入手することを困難にする動きであり、アジェンダ・ヨーロッパの主要な狙いの実現を意味した）と国中に蔓延する性差別、ナショナリズム、反ＬＧＢＴＩＱ感情や政策に終止符を打つことだった。煙の中から現れてレインボー・フラッグを振る覆面女性戦士の写真は、この抗議行動の永遠のイメージになった。

けれど、誰もがこの抗議デモを歓迎したわけではない。極右やナショナリスト活動家もポーランドの通りに集まって罵声を浴びせ、女たちを威嚇して暴力までふるったのだ。二〇二〇年のポーランド独立記念日には、ナショナリストが「ウィメンズ・ストライキ」の旗を掲げたアパートに発炎筒を打ち込み、極右のデモ行進が警察と衝突した。私たちフェミニストがシスターフッドと連帯のツイートをポーランド女性に送る一方で、極論ミソジニストのインセルフォーラム・メンバーは「ぶれない」（上等だ）ポーランド政府を持ち上げ、ファシストによる女性の攻撃を祝った。

女性ストライキへのファシストの反発は、予測できたことだった。過去一〇年間、民主主義と人権規範に戦争をしかけてきた独裁政権、法と正義（PiS）党が成立させた法案の話なのだから。このポピュリスト極右政党は法案成立までの五年間、司法とメディアの独立性を蝕み、権力を一元化して女性とLGBTIQの権利を攻撃してきた上に、その間ずっと民族主義の計画を進めてきたのだ。その中には、ホロコーストにポーランドが果たした役割を批判することを犯罪とする法案も含まれていた。ウィメンズ・ストライキへの反動は、ジャーナリストや野党議員の逮捕など警察当局が民主主義的規範を軽視する許可を与えられたことで、さらに強まった。

抗議行動が続く中、PiS党指導部はわざと過激論者支持層の怒りをあおった。ヤロスワフ・カチンスキ党議長はポーランドの教会をデモ隊から護れと支持者に呼びかけ、女性ストライキはポーランドの破壊を意図する攻撃の一味だ、と警告した。カチンスキは、ワルシャワの象徴である聖十字架教会を抗議デモから護るとして交代勤務を何度か引き受ける約束までして反フェミニズム感情を焚きつけ、活動家たちのことを善良なキリスト教徒のポーランド人を嘲笑する悪質で不道徳な女たちと言わんばかりだった。極右の支持者らは、フェミニストが国を「破壊している」、なんとしても「ラテン文明を護る気でいる」、と責めた。こういう話の中では、女の役割は国の子宮だ、それに従え、ということになる。欧州議会議員でダウン症児の父親でもあるパトリック・ジャキは、「強いポーランド」を作る上で家族がどれほど重要かを語った。「ポーランドを再び偉大な国に《メイク・ポーランド・グレート・アゲイン》」を求める極右の支持者にとって、抗いがたく魅力的な発言だった。

「カチンスキが国民の生活に与えた最大の害悪のひとつ」とペトリチコは言う。「極右的な考えを持つ人間はいつもいたけど、隙間に生息して目立たなかった。ところが二〇一五年以来、与党はこういう集団にものをいう場を与えている。こういう輩の信念や意見は二〇一五年以前はタブーだったのに、最近では誰でもいうことみたいに口にされていて、とても恐ろしい」。

二〇一六年、レイプや母体の生命が脅かされる場合を含めて中絶を完全に禁止しようとしたPiS党の試みは、国中でブラック・フライデー・ストライキに見舞われた。その時点ですら最低限でしかなかった生殖に関する権利を護ろうと、女性たちが仕事を放り出して街頭に繰り出したのだ。この法案はアジェンダ・ヨーロッパと、ポーランドの極右指導層につながりのあるカトリック系法曹団体オルド・イウリスが進めていた。ありがたいことに、抗議運動がこの変更が法律になるのを防いでくれた。二〇一八年に政府はまたもやしかけ、またもや女たちは反撃した。

けれども二〇二〇年までには、過去五年の長期にわたって繰り返されたポーランド司法の独立への攻撃の果てに、民主的な監視を逃れて再び制限を加える絶好の状況が生まれていた。ペトリチコによれば二〇一五年以来、「PiSは憲法法廷を麻痺させようとしてきた。カチンスキはこの国の法律のしくみ上、憲法法廷を支配すれば国会で審議しなくても通せる種類の法案があることを知っていた」のだ。つまり、政府が自分たちのアジェンダを支持してくれると見込める裁判官を任命すると、国会の議決に諮ることなく法案を通過させることができる。「これがまさに中絶法案で起こったことだ」とペトリチコは説明してくれた。米国の制度に似ている。一方、英国では法律はすべて議会を経て成立する。

司法の独立に対する初期の攻撃は怒れるポーランド市民を街頭に引き出したけれども、PiSはその後も辛抱強く、党の強権的な計画を間違いなく支持する裁判官を選んでは、憲法法廷に送り込んできたのだ。この戦略はその後ポーランド最高裁でも繰り返され、ここでもPiSは息のかかった人材を送り込んで任にあたらせた。「カチンスキは二〇一五年当時、憲法法廷を変える動きを進めても、ほとんどの国民は複雑すぎて理解できない、と知っていてそこから始めた」のだとペトリチコは解説する。「例えば、もし最初に女の権利を抑え込もうとしていたらすぐに感づかれる。あっという間に国民が街頭に出てしまう。だからもっと実感がわきにくいもの、もっと小さなものから始めて、それがどんどん大きく、どんどん深刻になっていった」。

この憲法法廷の乗っ取りは、PiSとカチンスキが長年望んできた中絶攻撃に、二〇二〇年までには乗り出す構えだということを意味していた。二〇二〇年一〇月二二日、胎児欠陥を理由とする中絶がすべての生命を保護するべしとする憲法の規定に適合するか否かを議論するために、ほとんど周知されることなく憲法法廷が開かれた。PiSには、自分たちが任命した裁判官が禁止を支持しなかったら、という不安はみじんもなかったし、民主的な構造の切り崩しに費やした年月のおかげで、この問題を国会に諮る必要もなかった。こうしてまさに五年間の努力の末、(ほぼ)男一色の一団が女の権利を奪うことに成功したのだ。

カチンスキと彼の政党の極右としての目標には、大きな影響力を使って反中絶・反LGBTIQのメッセージを全国に拡散しているタデウシュ・リジク神父のメディア帝国などカトリック作戦部隊の莫大な富が後ろ盾としてついている。リジクはレデンプトール会というカトリック組織のリーダーで、裕福な財団を率いているが、これがルクス・ベリタティス財団だ。右派の政治家は、あの手この手でリジクのラジオやテレビのチャンネルで取材を受けて報道されようとする。フェミニズム、LGBTIQの権利、移民を批判して、この三つが組み合わさって欧州のイスラム化を引き起こしているという人種大交替陰謀論を、念仏のように繰り返すチャンネルだ。リジクの帝国の連結収入は二〇〇九年から二〇一八年までで、八二九〇万ドルに上ると推定されたが、これはポーランドが社会問題で大きく右傾化していった時期と一致する。[31]

ポーランドの極右化は、ハンガリーが経験した移行と似ている。いずれも旧共産主義国家で、一九九〇年代には模倣の政治を通じて西側の新自由主義モデルに大いに倣えと奨励された。これはしばらくの間はうまくいった。ところがポーランド国民の流出増加、欧州全域の不安定化、世界経済の崩壊によって、政権を獲得したい極右勢力に、反進歩的、反ジェンダー的な思想を煽って混乱を利用する好機が訪れた。二〇一五年の選挙ではPiS党が完全過半数を獲得する。独立以来初めて連立が不要になったのだが、これが実現できたのは次々とポピュリスト的な政策を打ったからだ。定年退職年齢の引き下げ、大企業への増税、家族や中小企業への経済支援強化などだ。ただ、PiSのポピュリズムは極右的で反ジェンダー的な傾向もあり、反中絶、反ＬＧＢＴＩＱ、反移民のレトリックは勝利戦略上、極めて重要だった。一年以内にはもうあらゆる状況での中絶を禁止しようとしたし、二年以内には首尾よく女性の避妊手段の入手を困難にした。

PiS はもっと以前、二〇〇五年にも政権に就いたことがあり、そのときはこの新党の党首だったヤロスワフ・カチンスキが、二〇〇一年に起きた映画プロデューサー、ルー・ライウィンの汚職スキャンダルを利用した。ルー・ライウィンは、一七五〇万ドルの見返りにメディア所有権に関する法案の修正を引き受けると持ちかけて、政府と国内で最も成功しているメディア企業との仲介役を務めていたとして告発された。二〇一五年の選挙で PiS はその後の四年間、政権に返り咲き、二〇一九年の選挙で連立を組むことになった。

汚職スキャンダルを受けて二〇〇五年に PiS が政権を獲得したことは、ポーランドの極右の台頭を理解する上で極めて重要だ。どの極右ポピュリスト指導者も腐敗に絡む公約を有権者に示す。トランプは政治エリートや献金者を汚職まみれで信用できない輩だと言って、ワシントンＤＣの「沼の水を抜く」と約束した。ブラジルではボルソナーロが前政権の腐敗を非難することで政権を獲得した。ただし、前任のルーラ・ダ・シルヴァの嫌疑は後にすべて晴れている。トランプもボルソナーロもどっぷりと不正な取引に手を染め、自身が汚職の嫌疑をかけられたことはまあ措いておくとしよう……。対立候補が汚職にまみれ、庶民を犠牲にして大企業を支援していると非難することで支持を得たような男たちだ。汚職の告発がめったにない英国でさえ、右派ポピュリズムは裕福な大都会のエリートと、いわゆるワーキントンマンとの間に溝を作ろうとしている。ワーキントンマンは北西部の町名を借りた言葉で、肉体労働に従事して伝統的価値観を持つ労働者階級の白人男性を指す。都市部の中流階級は堕落して退廃的であり、ワーキントンマンはまじめな仕事で生計を立てる善良で誠実な人間という画を作る。このストーリーを押してくるナイジェル・ファラージやボリス・ジョンソンのようなポピュリストの指導者たちが裕福な大都会のエリートだという背景は、まあこの際、気にしないでおこう。

極右指導者が口々に腐敗、汚職と言いたがるのは、ある種の工作だ。極右は通常の意味での腐敗、つまり自分たちも利益を得ている金銭的な不正行為や縁故主義、縁故採用には関心がない。極右の頭の中にある腐敗には、自然の秩序の概念が絡んでいる。哲学者ジェイソン・スタンリーによれば、極右が腐敗を口にするとき、その意味は「法の腐敗」ではなく「純粋さの腐敗」、あるいは「自然の秩序の簒奪」だ。[32] ウォール街の富とはあまり関係がなく、女性やLGBTIQ、非白人が白人男性の空間を腐敗させる問題のことを指す。女性の身体というのは、この発想では文字通り男性の自然な権威を汚《けが》すもので、なぜ汚せるのか、その理由は生殖をめぐる自由《リプロダクティブ・フリーダム》に直結している。スタンリーはこう説明する。「女性が通常、男性の占有とされる政治権力の座に就くときや、イスラム教徒、黒人、ユダヤ人、同性愛者、コスモポリタンが医療など民主主義の公共財から利益を得る、またはただ共有するだけでも、腐敗と認識される」。[33] 言い換えれば、腐敗を終わらせるという極右の約束は、想像上の自然の秩序と白人男性の権威というファシズムの神話的過去に戻るために、進歩的勢力を権力から排除することが前提なのだ。

ポーランド、ルーマニア、ハンガリーといった国では、腐敗には別の情緒的な意味もある。国民がどうしても、かつての忌まわしい共産主義政権を連想するからだ。共産主義時代のポーランドでは汚職が蔓延して権力者は潤い、庶民は日々の不自由に苦しんでいた。冷戦が終わっても腐敗の遺産は持ち越された。共産主義政権時代に権力を握っていた人間の多くは、そのまま権力の座に居座り続けた。これは新しい党にとって、腐敗した圧制下の過去との永遠の決別を有権者に約束する好機となった。司法の独立性を損なおうと動くPiSがその正当化に使った言い訳のひとつが、旧共産主義者の裁判官や影響力を法廷から一掃するというものだった。

汚職まみれの共産主義政権は国民の記憶の中でまだ生きているから、問題になった国の過去と対立してその残滓を一掃すると約束する政党は、支持を獲得するのが容易くなる。PiSのような政党は、まだ遠くはならない左翼の過去ときっぱり決別するから、と有権者に持ちかけるのだ。ただスタンリーが説明するように、腐敗に取り組むという極右の公約は、ファシズムの自然の秩序を取り戻すという意味であることが多い。そう考えると、例えば一九九〇年代に共産主義が終わったポーランドが即座に中絶を禁止したことも説明しやすい。中絶禁止は、前政権を否定してポーランドの伝統を回復する手段だったのだ。そうとなれば、二〇一五年に選挙で勝ったＰｉｓが一切の中絶を禁止しようとしたのも驚くことではない。

極右がここまでポーランドを掌握した背景には、もうひとつ見逃せない悲劇の要素がある。レフ・カチンスキ大統領が死亡した二〇一〇年のスモレンスクの飛行機事故がそれで、カチンスキの妻、多くのスタッフ、一八人の国会議員、ポーランドの軍事指導部を代表する一〇人の将軍と提督、その他の重鎮政治家も死亡した。

墜落当時、飛行機は一九四〇年にスターリン政権に捕らえられ殺害された二万二千人のポーランド軍将校の慰霊祭に向かっていた。第二次世界大戦中、モスクワはポーランドの政治・軍事エリートを殺害したが、この事件もそのひとつだ。この墜落事故がワルシャワを事実上、壊滅させたというニュースが伝わったとき、歴史は繰り返すと実感した者は多かった。一九四〇年の大虐殺とまったく同様に、あっという間に墜落事故はロシアのしわざだという非難が飛び交うようになった。

レフ・カチンスキはPiS党議長ヤロスワフ・カチンスキの双子の弟だ。墜落事故は人為的ミスが原因と調査官らは断定したが、二〇一五年の選挙キャンペーンでPiSは大衆の怒りを煽り、スモレンスクの謎の徹底究明を公約に掲げた。徹底究明を指揮したのがアントニ・マチェレヴィッチ国防長官で、ボイスレコーダーに残っていた事故の経緯《いきさつ》に反論し、中道右派のポーランド前政権がモスクワと密かに連携していたのだ、と主張した。マチェレヴィッチはPiSの前任者らが抑え込んでいたと自らが主張する新たな証拠に基づいてスモレンスクの件を見直すと約束した。

人間に起きたこの恐ろしい悲劇は、旧共産主義政治体制を代表するロシアが独立したポーランドの弱体化をいまだに狙い、危害を加えようとしている、そしてポーランドの前政権も過去のつながりを利用して歴史を通じて敵だった相手と共謀している、という陰謀説や思い込みを助長した。こうした疑念が一気に極右への支持や民族主義の熱狂になだれ込んでいった可能性は容易に想像できる。

ヤロスワフ・カチンスキ率いるPiSは、近年の政権の腐敗と決別すると約束することで有権者を惹きつけ、司法の独立性の破壊を旧来の共産主義的な裁判官を一掃するのだと正当化した上、出生主義の政策が企業エリートよりも普通の労働者の家庭を支援することになる、と断言[illegible]を失った手ひどい喪失のせいもあって、カチンスキは政治を個人の使命の遂行にしてしまい、ひたすらファシズムの考える腐敗撲滅に邁進している。PiSが生殖に関する権利、性の権利を攻撃するのは、極右が進歩的な権利を自然の秩序を腐敗させるものと見ていることの表れなのだ。こうした権利を覆すことがこの秩序を取り戻すことになる。自覚の腐敗がどれほど甚だしかろうとも。

長く不名誉な腐敗の歴史があるのはイタリアも同じだ。これも右派が急成長して、伝統的な価値観が進歩派エリートによって攻撃されている、と主張する欧州のカトリック国だ。イタリアの例は、極右がいかに自然《ネイチャー》と国家《ネーション》をひとまとめに考えているかをわかりやすく見せてくれる。中絶やLGBTIQの権利の問題で進歩的な立場をとることが人口構成の脅威を生み出してイタリアの存続を脅かしている、と主流の政治家たちが主張しているのだ。

イタリアでジェンダーへの攻撃を先導しているのはレーガ党のマッテオ・サルヴィーニで、これもまた世界家族会議で講演している人間なのだが、その所属政党自体が汚職スキャンダルにまみれている。サルヴィーニは離婚歴があり、反中絶団体である「生命のための運動」の資金集めを目的にセクシーな写真のモデルになったこともある。近年、自撮り写真や、ロザリオにキスする、西側で組織的な攻撃を受けていると彼がいう「自然な家族」を擁護するなどして、自身が有名になっている。こうして家族と国家を結びつけ、国を愛するなら生命尊重《プロライフ》のはずだと言い募り、自覚が結束を強めて支持を拡大する力となるための文化戦争を煽っている。

オルバーンが世界家族会議（WCF）で反中絶、反LGBTIQ活動家の喝采を浴びてから二年後、サルヴィーニはヴェローナで同会議のステージに迎えられた。ヴェローナが選ばれたのは意図あってのことだ。二〇一八年にヴェローナ市は「プロライフ都市」を宣言していた。レーガのアルベルト・ゼルガーは、「深刻な人口危機に苦しむ国」において「子どもを産むことの社会的価値を護る」と述べて、この呼称を創設する動議を提出した。[34] ヴェローナ市のプロライフ派指導層はイタリアが「中絶の結果、減少途上の人口から……六〇〇万人の子どもを失っている」と発言している。[35] この手の主張はWCFでサルヴィーニが行った演説にも反映されていて、WCFでは移民と中絶に結びつけた「人口の冬」なるものを嘆き、ムッソリーニの一九二二年の演説を想起させるようなレトリックで、欧州の「空っぽのベビーベッドの危機」を口にした。[36]

openDemocracy による「バックラッシュ追跡」プロジェクトに参加して、フェミニストの手による調査報道を開拓したジャーナリスト、クレア・プロヴォストが、潜入したヴェローナの会議から報告している。そこでのスピーチを「反移民と親家族プロパガンダを大っぴらに混在させて……（白人以外の）人間を外から入れるのではなく（白人）女性にもっと子どもを産ませることで自国の人口減少に対処することを約束して、そこここで人種差別を家族フレンドリーな毛布でくるんでいるように感じる」と評している。[37]

ここまでやるかという極右ぶりだ。サルヴィーニとその党そして支持者は、女性の生殖の正義《リプロダクティブ・ジャスティス》へのアクセスを制限して、あの手この手で子どもを産むよう勧め、自国に入ろうとする移民には扉を閉ざしたいのだ。レーガは家族と国家の擁護者の顔を作って自覚の権力強化を目指しながら、一貫して白人男性至上主義を主張している。予定外の妊娠をした女性に金銭的な優遇措置を提供し、産んで養子縁組する道をとるよう奨励する提案をしているが、これは女性の身体を利用して出生率を上げようとする出生主義政策の典型だ。他にも大家族に土地を無償で、反中絶団体には資金を提供する政策も出している。「ファシズムとポピュリズムが、ここイタリアで日を追って接近している」と、顧問弁護士業のマルセル・ピローネは二〇一九年の世界家族会議を目前にした記者会見で語っている。「家族や女性に絡む問題でレーガが提案している法律は、まさにファシズムの典型用語を使っている。増やそうとしているのはイタリア人だけの家族だ。女性に金を与えて家にいさせ、子どもを産ませようとしている」と言うのだ。[38]

もちろん、私が先のハンガリーの文脈で言及したように、母子への経済的支援は悪いことではない。それが問題になるのは、国民が中絶からホロコーストを連想するように選んだ数字に違いない、六〇〇万人ものイタリア人の子どもが失われているというレトリックが一緒に使われるときだ。ここでも、金銭の提供が女性の身体を器《うつわ》に貶めている。イタリア人だけの家族ばかりになるように（白人）イタリア人の赤子をもっと増やす戦略の一環として、女性に望まない妊娠を継続させ、養子に出させるために国が金を出すべきだという考えは、マーガレット・アトウッドのディストピア小説『侍女の物語』〔斎藤英治訳、早川書房、二〇〇一年〕を彷彿とさせる。自分の身体のことを自分で決める自律性を、女性から取り上げようと脅すやり方だ。それを奪って、女性の子宮を家父長的な家庭に、そしてその延長にある家父長的な国民国家に奉仕させることが狙いなのだ。

自然な家族なるものを護るとサルヴィーニがいうのは、極右による露骨な権力掌握術だ。家族と国家を混然一体にしてファシスト思考回路の根幹の柱に据える極右の戦略なのだ。プロライフ、家族尊重《プロファミリー》たることは国家を支えて国を衰退から護るということだ、として家族という概念を国家とうまく結びつければ、サルヴィーニと支持者たちは、中絶支持派、フェミニスト、LGBTIQを反イタリア的なものに、そしてもちろん、進歩的な社会をイタリアに差し迫った脅威であるかのように見せることができる。

ただ、これは話の一部でしかない。残りの部分は二〇〇八年の金融危機以降に本格的に根付いた、反欧州連合（EU）の行動指針につながっている。二〇〇八年の世界金融危機はイタリアを直撃した。その後のEUから被った経済的打撃も大きかった。EUの懲罰的な緊縮財政プログラムといえばたいていギリシャを連想するが、イタリアもその対象になった。当然のことながら、これはEU、特に北部加盟国に対する大きな憎しみを引き起こした。

サルヴィーニにしてみれば、この緊縮政策のおかげで経済的のみならず社会的にもEUをイタリアの敵だと喧伝できるようになった。これまで詳しく検討してきたように、陰謀論者や白人至上主義者は、EUが中絶、LGBTIQの権利、そして性教育を推進しながらグローバルサウスからの移民を奨励することで「欧米のイスラム化」を工作している、そしてそれは白人出生率への意図的な攻撃だ、と感じているのだ。サルヴィーニはこの陰謀論を足場にして、EUの対移民姿勢と進歩主義の政治に焦点を当て、EUが緊縮政策と一緒に反イタリア的な価値観をこの国に押しつけている、と有権者に入れ知恵した。こうしてイタリアの極右は、家族の権利と反EUのアジェンダを一体化することができたのだ。イタリアを傷めつけていた緊縮政策には、もうひとつ押しつけのおまけがついていた。エリート主義と目されるEUの進歩的な政治がそれで、イタリアが家族に置く価値観を侵食しようと、もっといえば白人種抹殺《ホワイト・ジェノサイド》を働こうと目論んでいる、と極右は言う。

フェミニストにとっても女性一般にとっても、未来は荒涼として見える。ジャーナリストで活動家のジュリア・シヴィエーロによると、イタリアはナショナリストが権力を握ると女の権利がどうなるかの「試験場」になってしまったそうだ。「ナショナリストはみんなイデオロギーの基盤が同じだから。移民問題でも女性の身体問題でも一致して、イデオロギー的に問題なく整合するから強い」とシヴィエーロは言う。「まるでレーガが、こういう部品（ナショナリストたち）をひとつの大鍋に放り込んで、全部きれいにかみ合わせた戦車でも作ったように」[39]。

イタリアの極右は、移民、緊縮政策、進歩的なアジェンダを押しつけようとする外部勢力に、国が包囲されているかのようにいう。サルヴィーニは結婚、家族、子ども、カトリック教義というイタリアの伝統的な価値観を、家族には母親が二人いても父親が二人いてもいいと信じ中絶は人権だと主張する侵略勢力から護る、と約束した。イタリアは受け継いできた遺産を攻撃されて弱体化した上に、グローバルサウスから移民がますます入ってきてめちゃくちゃにされている、とサルヴィーニの主張は続く。国民国家を再建してファシズムの神話的過去を取り戻してみせる、と極右は言った。家族や宗教、レイシズムと女の再生産労働の搾取によって。必ず「自然な」家族を取り戻す、と中絶やLGBTIQのコミュニティは「不自然」だということにして、サルヴィーニは有権者に約束した。

ヴェローナ議会では「レトリックのアクロバット」を展開して「(中絶支持派、LGBTIQ支持派を)自分たちの意見を押しつける権威主義者と決めつけた」とプロヴォストは報告しているが、これはアジェンダ・ヨーロッパの作戦に沿った古典的な手口だ。サルヴィーニは自分の支持者と極右の聴衆を褒め上げる。「あなた方は、九九・九パーセントの人々が望んでいるもののために炎を燃やし続ける前衛だ」。自分とレーガそして支持者こそが、本当のイタリア、「自然な」イタリアを代表している、そしてそのイタリアを移民、中絶、同性家族の脅威が襲っているのだ、と訴えた。国の主権はサルヴィーニとレーガだけが護ることができるのだと。

二〇一九年の欧州選挙に向けて、レーガの幹部クラウディオ・ダミーコはプロヴォストにこう語った。「投票に行くときは……家族を支援する候補者を探すこと……我々は勝ちますよ!」[40]。レーガは世界家族会議のレトリックを使いまわし、人口の衰退や家族への攻撃、イタリア人の出生率を上げる必要を訴えて、選挙で勝利を収めた。同会議創設者のブライアン・ブラウンはレーガの欧州選挙の成功を、一部は自分の功績だ、と主張した[41]。

二〇二二年の本書執筆時点で、レーガは第二極右政党イタリアの同胞と連立を組んでいる。党首ジョルジャ・メローニは反移民、反ジェンダーを掲げ、レーガやシルヴィオ・ベルルスコーニのがんばれイタリア《フォルツァ》と連立し、イタリア初の女性首相となった。イタリアの同胞のルーツはムッソリーニのファシスト政権にさかのぼり、メローニはムッソリーニと思想を同じくはしていないといいながらも、ムッソリーニ時代の統治への非難は注意深く避けてきた。サルヴィーニと同じくメローニもEUには敵対的な姿勢をとり、欧州の極右指導者仲間とともにジェンダーをめぐる議論を武器にして、「女性で母親であり、イタリア人でキリスト教徒である」自身のアイデンティティを誰にも奪わせない、と発言している。[42]

「そうとう戦略的でシニカルともいえるアプローチを採っている」とダッタが、イタリアの同胞、レーガ、フィデス、PiSら極右政党が支持を獲得するために反ジェンダー姿勢をとることが増えている理由を解説してくれる。「それがうまくいく有権者層があるのをわかってやっている。時間が経つうちに、かなりの中道右派の主流政党が進歩的になってきて、この層のご機嫌をとってくれる政党が他にない。どこの国にもこの状況に不満な有権者がある程度いる。普通の保守政党やキリスト教民主主義政党では満足できていなかった有権者だ。極右はここをチャンスと見て狙うんだ。メッセージをちょっとずらすだけで、有権者のけっこうな部分をかき集められるから」。

ファシストの思考回路によれば、父親や夫に権威があって国の干渉を受けない家父長制的な家族構造は、極右にとって極めて重要だ。だから極右政党は中絶の権利を削ろうとする。女に生殖を自己管理されると困るからだ。ところが、あのトラッド・ワイフ・サブカルチャーでわかったように、こういう政党はもっと女の自由を制限したがっている。保守側が家族という価値観を支持するとき、そこには離婚法や家庭内虐待を経験している女性の保護への攻撃が含まれている。米国ではトランプ大統領が、男性至上主義者の票田の要求を満たすために、家庭内虐待に対する保護を弱体化させた。プーチンはファシストの神話的過去に立った社会の構築を追及する過程で、ロシアの家庭内虐待を事実上、非犯罪化してしまった。ポーランドのオルド・イウリスは、ジェンダーに基づく暴力を扱うイスタンブール条約に代わる「家族の権利に関する条約」を起草した。この条約は家族内の暴力に対して極右的なアプローチをとり、「家族、性別、結婚、親のあり方の自然な観念を損なおうとする試みへの対応である」として、「家庭は社会秩序の基盤、社会の基本的な集団単位であり、国家にとって最も重要で、公権力に対して自律的なものである」という議論を展開する。

スペインでは極右勢力が、ジェンダーに基づく暴力に関するこうした攻撃をそのまま口にして、Voxが女性の安全と安心への攻撃を先導している。二〇一八年の「スペインのための100のVox緊急対策」と題された文書で、Voxは二〇〇四年のジェンダーに基づく暴力に関する法律の撤廃に賛成すると宣言し、女性と少女を保護するために制定されたこの法律を、男性を差別している、と断言した。[43] 法律は男性、子ども、高齢者を含む「すべての人」を暴力から護るべきだ、というのだ。笑止千万だ。もちろんスペインには男性、子ども、高齢者への暴力を禁止する法律がある。この二〇〇四年法は、男性が女性にふるう暴力の要因としてジェンダーと性別があること、ジェンダーに基づく虐待に遭っている女性にはその点に配慮した保護が必要なこと、そして男性が女性に暴力をふるう事件を予防・起訴する際には性別を考慮すべきであることをわかりやすく確認している。

ジェンダーに基づく暴力法にVoxが向ける攻撃は、女性の権利に関する極右の考え方がオヴァートンの窓をずらすことによって極端論から主流に移行し、中道右派政党が極右の政策を採用する結果につながることを示している。Voxがジェンダーに基づく暴力法のいわゆる差別的性質を強調すればするほど、ライバル政党は自党への支持を強化しようと同様の反女性政策を採用するようになった。これは、スペインの保守政党である国民党（民衆党と言及されることもある）がジェンダーに基づく暴力禁止法反対を表明したことからも明らかだ。上昇するVox人気への対応策を模索していた国民党は、ジェンダーや年齢に関係なくすべての暴力被害者が保護されるべきだという訴えを喜んで受け入れた。そうした保護はすでに暴行と殺人を扱う一般法で規定されているのだが。

選挙に関しても、右派有権者の間で上昇したVox人気で国民党の支持は打撃を受けていた。それはダッタが私たちの会話の中で言及した、「普通の保守政党やキリスト教民主主義政党」では飽き足らなくなった有権者を極右が取り込む典型的な姿だった。得票率を維持して政権を獲得したいなら女性問題を含めて極右を出し抜く必要がある、と国民党はわかっていた。英国の保守党がブレグジットと移民問題でやったこととまったく同じだ。過激論者の激しい主張を取り込んで強硬な政策を採用することで極右政党の存在意義を奪い、新しい選挙基盤を引き込むのだ。これによって保守党は、UKIPやBNP、ブレグジットつまりリフォームUKといった政党が選挙でもたらす脅威を相殺することができ、政治の主流が極右方向に動く結果になったのだ。

国民党は女性に対する暴力と闘って成果を上げたと抗弁するけれども、フェミニスト・ジャーナリストのアナ・ベルナルは「Voxに完璧に出し抜かれて言説が硬化している」と指摘している。[44] ベルナルの懸念は社会学教授マリア・シルベストレも共有していて、「Voxのいちばん危険なところは、右派がその言説を正当化してしまいかねないところだ」と憂いている。[45]

国民党とVox両方がスペインで中絶の権利を攻撃するやり方には、同じパターンがはっきり現れていた。二〇一〇年まで、スペインの中絶は一九八五年の法律に準拠していて、他人や近親によるレイプ、母体や胎児への身体的危険がある場合にのみ認められていた。現在、選択的中絶は一四週まで認められている。Vox は人工妊娠中絶への公的助成をすべて打ち切って、最終的には中絶処置自体を全面的に禁止したいと考えている。中絶禁止は家族を護る、それによってスペインが再び偉大な国になり、ひいては国家をも護るのだ、と Vox はいう。国民党も反中絶では Vox に負けるわけにはいかない。二〇一九年四月の選挙を控えていたとき、両党の代表はいずれも反中絶デモに参加していて、国民党のパブロ・カサド党首は、一九八五年に制定された制限の強いスペイン中絶法に戻るべきだ、と訴えた。二〇一〇年中絶法への攻撃を通じて、カサドは「君の声を聞かせよ」(Hazte Oír) と CitizenGO の推薦を取りつけた。Vox が Hazte Oír と伝統的に同盟していて、CitizenGO は二〇一九年に Vox の政治生命を蘇生させた、と評価されているにもかかわらず。[46]

二〇二一年のマドリードの選挙は Vox、国民党側と、Hazte Oír、CitizenGO 側との相互依存がどれほど強くなっているのかを歴然とさせた。投票までの間に、CitizenGO は国民党の市長候補イサベル・ディアス・アユソに反LGBTIQ・反中絶の取り組みを約束するよう求める請願を起こした。「このキャンペーンに署名して、私の価値観に真剣に応えてくれなかったら私の票はあなたに渡さない、とイサベル・ディアス・アユソにわからせましょう」と支持者に訴えた。「生命を護ることを約束せず、中絶について生ぬるい態度の候補者には投票したくない……マドリードのトランス、LGTBI関連法をきっぱり撤廃する勇気のない候補者にも投票したくありません」という声明に署名が集まった。CitizenGO は、Vox のロシオ・モナステリオ候補が「あなたが信じているものを護ると書面で約束しているのを忘れないで。ロシオ・モナステリオなら、きっとアユソに正しいことをするようわからせてくれる」と支持者に呼びかけた(強調著者)。選挙はかろうじてアユソを首長に就けたものの、国民党は完全勝利に必要な過半数の議席を獲得できなかった。国民党は連立政権を組むためにVoxに支援を求めざるをえず、極右のアジェンダをさらに政権に近づけ、Voxの反ジェンダー政策をマドリードの政治の主流に乗せてしまったのだ。

スペインの反中絶、反ＬＧＢＴＩＱ運動は、手持ちの政治の駒を全部Voxのもとに集結する必要があるとわかっている。Voxの反乱から自分たちの票を護ろうと必死になっている主流の右派に極右的な姿勢をとるよう促せば、反女性・反ＬＧＢＴＩＱの目的を達成することも不可能ではない。

反中絶政策に向けた支持を主流派から手に入れるために、生殖に関する権利をめぐる議論でオヴァートンの窓をずらすのは、ポーランド、チェコ、ハンガリー、ウクライナ、オーストリアと国境を接する東欧の国スロバキアでネオナチの「われらのスロバキア人民党」（L'SNS）がやり遂げたことだ。

ネオナチ党首マリアン・コトレバの選挙ノウハウのおかげもあって、極右政党L'SNSは二〇一六年の選挙で得票率八％、一四議席を獲得した。コトレバは党のイメージを大きく変貌させていた。スキンヘッドの凶悪犯がたむろする一角だったものが、スロバキアの伝統的遺産を保護したいと願う市民の選択肢として姿を現すまでになったのだ。二〇二〇年、L'SNSはまたも躍進して議会第四党となる。政権に就いている間、中絶に対する極右の態度を抵抗がないほど世に定着させて反中絶のアジェンダに主流派の支持を取り込み、女性の権利を疑いの目で見たり、抑えるべきものと見たりする政治の雰囲気をつくり出してきた。

短期間に鮮やかな台頭を遂げたL'SNSのリーダー、コトレバだったが、無残な凋落が待っていた。二〇二〇年、ナチスをイメージさせる政治キャンペーンを行ったとして、四年の禁固刑を言い渡されたのだ。ネオナチを想起させる金額、例えばネオナチのスローガン「一四の言葉」と「ハイル・ヒトラー」を連想させる一四八八ユーロで、慈善事業に寄付するなどした[47]。党の政策綱領のタイトルは「スロバキアと子どもたちの未来のための一四のステップ」で、これも第2章で述べた「一四の言葉」のスローガンを暗示している[48]。この投獄で政治家生命は事実上終了となったが、コトレバはスロバキアの政治で妊娠中絶の議論を変化させることに成功した。モブの圧力とエリート政治家を表向きの顔に据える挟み撃ちで、極右政党が反ジェンダーの目標を主流に乗せることはできるのだとスロバキアは完璧に証明したのだ。

二〇一六年、L'SNSがスロバキア議会に初めて登場したとき、この政党と一緒に何かをやろうという意欲を主流の保守派はほとんど見せなかった。あからさまにネオナチを連想させる政党だったからだ。有権者の支持を狙ってファシストらしい緑色の制服から小粋なスーツに着替えても、スキンヘッドの暴力男だったコトレバの過去は知れわたっていた。ナチス占領下のスロバキア国家を「天国」と表現し、極右グッズを販売するKKKなるショップを経営していたような人間だ[49]。初期の選挙で成功を収めたのは、反ロマ・キャンペーンを展開したり、「女の子が淑女の身だしなみを身につけて、女性の尊厳と精神的な美しさを重んじる世界がまだ存在することを知る」ようにと、美人コンテストを主催したりしたからに過ぎない[50]。

ところが、L'SNSが初の反中絶法案を提出した二〇一八年、長年極右に賛成票を投じるのを嫌がっていた保守派が変わりはじめた。法案の提出は、あるあからさまに性差別的な記者会見で発表された。L'SNSの代表者らが、女が中絶するのは若々しくスリムなままでいて「放蕩」を楽しみたいからだと言い募り、ネット上の白人至上主義者界隈やインセルのチャットボードから引いた「人種大交替／人種の自殺」のレトリックを、またしても念仏のように繰り返したのだ。スロバキア・スペクテイター紙がこれを「もちろん議会政党の中でもとりわけL'SNSは女性の自由を抑圧しようとする政党だ。相も変わらず女性の身体と人生を決めるのは自分たちの義務で権利であるかのようにものを言って行動する男にとって、ここはいつでも存分にそれができる安全な空間なのだと言っても誰も驚かないだろう」と報じている。[51]

　極右なんぞと手を結べるか、とさんざん騒いでいた保守派だったが、この法案が過激論者とよろしくやっていけという圧力になった。強力なカトリック教会をはじめとするスロバキアの反中絶派は、中絶禁止の目的がファシストと手を結ぶという手段を正当化するとして、右翼議員にネオナチの提案を支持するよう促したと言われている。[52] 極右側に賛成票を投じることへの主流保守派の抵抗が和らぎはじめたのだ。「とにかくものすごく強力な妊娠中絶禁止法を制定するっていう課題があったから」と、女性の権利活動家のズザナ・クリスコヴァが解説してくれた。[53] 産科暴力や中絶の権利など、あらゆる種類の性と生殖をめぐる健康《セクシュアル&リプロダクティブ・ヘルス》の問題でスロバキアの先頭に立って発言してきた女性だ。「社会を挙げての大議論になって、保守派つまりいわゆる古典的な政党が、ああこれはネオファシストから出たのはわかってるけど、とてもいい考えだから君も支持するべきだよ、みたいに言い出した」。

主流の右派に支持せよと迫る声が強かったものの、法案は通過しなかった。女性の妊娠中絶の権利を制限するという共通の目標がありながら、相変わらず保守派議員の多くはL'SNSと手を結ぶことに抵抗があった。キリスト教徒として「プロライフ」政策を推進すればよく、ファシストと組む必要はないという信念は固かったのだ。しかし、これも二〇二〇年までに事情が変わり、L'SNSが再度中絶禁止法案を提出したときは主流の議員が一七人、ファシスト側について禁止に賛成票を投じた。極右に票を貸したことで停滞がはっきりと打破された。かつて良心が許さなかったことが、時が経つにつれて普通になっていき、今では中道右派の議員たちが嬉々としてファシズムと手を組んで女性の人権を否定している。「かなりの数で、驚いた」、と一連の反中絶法案が採決された二〇二〇年七月、ブラチスラバでプロチョイス・デモを組織したフェミニスト活動家のエリスは言う。「普段はネオナチ政党とつながってるって非難されるのを嫌がる人たちだから。こういうことが主流になってきている。この国のファシズムは本当に主流になろうとしている」[54]。

二〇二〇年夏、一部の保守派議員がためらいなくファシスト路線に賛成票を投じたことで、極右の反中絶観が採用されて政治の主流に入る二つの経路が明らかになった。第一に、L'SNSはあらかじめ中絶をその入口に利用して、党のイデオロギーを国会議員に支持させる道すじを作っていた。女性の権利を攻撃するのは、議員を味方に引き込む方法として実証済みだ。より大きな正当性を極右政党に与え、アンチ・チョイスで反体制派の国会議員からいずれ支持されることも期待できた。女性が自分の身体のことを自分で決める身体をめぐる自己決定権《ボディリー・オートノミー》を葬り去るのは、単にそれ自体が極右の目的なのではなく、過激論者の言い分を中央に受け入れさせて権力を強化し、自分たちの影響力を主流に乗せるための手段なのだ。

L'SNSは過去二年を費やして、女性の権利を攻撃してきた。本質的に邪悪な、虚栄心が強くて怠惰で堕落した女が求める処置として中絶を扱う言説を、抵抗がなくなるまでに定着させて、立法による介入を必要とする緊急事態なのだという作り話をしてきたのだ。[55] こんな中絶観が耳に慣れてくるにつれ、比較的中道派の議員が自分たちも反女性政策を提案しなければと焦るようになった。中絶に対する攻撃は、もはや良識的な政治では考えられないというものではなくなっていた。

L'SNSが強硬な中絶禁止法を提案したとき、みなそれが通らないことをわかっていた。選挙でネオナチの少数派を国会議員に選んだとはいえ、隣国ポーランドの厳格な人工妊娠中絶法に倣ってほぼすべての状況で中絶を禁止するほど、スロバキアでは民衆の支持を得られていなかった。ところがL'SNSも新しく同調した保守派も、極端な禁止をまず強く押せば、中絶へのアクセスを制限しようとするどんな新しい法律でも、それに比べて通りやすくなることをよくわかっていた。オヴァートンの窓を極右寄りにずらすことで、待機期間の延長や中絶への国庫助成金の削減などの制限を課す法案が、合理的な妥協案に見える余地が生まれたのだ。

「でも妥協案とは何？」クリスコヴァは強い口調でいう。「一方に中絶を禁止したい人間がいる。もう一方で女性は人間だっていう認識がある。女性には人権があって、その権利には医療へのアクセスつまり安全な中絶を受けられることも入っている。尊厳や身体をめぐる自己決定権やプライバシーの権利、情報を与えられて同意する権利がある。この例の妥協は、いちばん脆弱な女性を犠牲にしてしまうっていう意味としか思えない。暴力をふるうパートナーと暮らしていたり低所得世帯だったり」。

中絶の権利を二年にわたって攻撃することでL'SNSは、中絶は女性と社会にとって悪いことだ、だからスロバキアは女性が安全で合法的な中絶に届きにくくする新しい障壁を承認すべきだという思い込みを、抵抗がなくなるまで定着させた。国民は、さらに規制が加わっても女性の人権と全面禁止との間の賢明な中間地点と信じて疑わないまでに手なずけられていた。この最初の試み以来、保守政党は次々と中絶に新たな制限を導入してきて、その中には成功したものもある。

L'SNSの中絶反対論は、宗教のレトリックに大きく頼って反ジェンダー政策の支持を得ようとするハンガリー、ポーランド、イタリア、スペインの極右指導者らに比べると、あからさまにファシスト的だ。けれど、キリスト教ばかりを引き合いに出すのは一部の有権者にしか通用しない。「アジェンダ・ヨーロッパに関わっている政党の関係者で、自分たちのキリスト教的メッセージが以前ほど浸透しないと考える人間たちは、同じキリスト教的メッセージを世俗的な形で伝えられる異教徒バージョンを独自に作る必要があったのだ」と私はネイル・ダッタから聞いた。これはオランダの極右政党、民主主義フォーラムが採用した手法で、党首のティエリー・ボーデは自由に敵意を燃やす極右の例として、すでに前章で登場した。

オランダの民主主義フォーラムは、二〇一九年に南ホラント州、北ホラント州、フレヴォラント州の選挙で最大政党となった。反EU、反移民、ハイカルチャー志向で、気候危機には懐疑的という極右の政策綱領を掲げて勝った。女性やLGBTIQの権利に反対し、大学で遭遇した「左翼の洗脳」を学生が報告するホットラインを推進した。これはリーダーシップ研究所や極右青年組織ターニング・ポイントUSAの例に倣っていて、後者の「教授ウォッチリスト」ウェブサイトでは学生が左翼学者を批判することができる。

リーダーのティエリー・ボーデは哲学者の故ロジャー・スクルートンの指導を受け、ヌードの自撮り写真で評判になり、オルタナ右翼の挑発者マイロ・イアンノプロスと並んでポーズをとった写真がある。忠実な党員に向けたスピーチでは、反ユダヤ主義を意味する「文化的マルクス主義」などの隠語を使い、北欧の白人民族国家という幻想の「ボリアル」世界と話す間柄だという。ポルノサイトのオーナー、不動産王、銀行家、投資会社などがボーデの資金源だ。英国のジョンソン首相と同じくボーデもエリート文化という考えをアピールして、演説ではラテン神話、ギリシャ神話を引用しながら、オランダの普通の人々が、国の文化や誇り、伝統を軽んじようとする欧州や大都会のエリートたちから攻撃を受けているかのように語る。

ボーデは人種大交替陰謀論も演説や執筆物で繰り返す。保守的なアメリカン・アフェアーズ誌に寄せたエッセイでは、キャリアを追求して母親になるのを遅らせる女性の「個人主義」を批判している。ローレン・サザンがYoutubeのビデオで使っているレトリックと同じく、ボーデは女性の解放は詐欺だと主張する。「三〇歳になったらどうなる？　フルタイムで働き続けたら不可能ではないにせよ、家庭を築くのは極めて難しくなる」。エッセイの中でボーデは、女性解放が原因で「欧州の人口衰退」が起きていると非難しているのだ。[56] ポリティコ誌からこの件で受けた質問に対しては、「社会が自らを維持するのに十分な数の再生産を行わない場合は必ずこうなるので、経済が非常に深い衰退を経験するか、あるいは移民によって出生率の低下を補わなければならなくなるが、これは国の文化にとって大きな破壊力になる。だから、どちらをとるにしても大きな問題になるのだ」と答えている。[57]

ここでは六つの事例を取り上げたが、女性の権利に対する極右の攻撃が世の中の主流になってきたのは、ポーランド、スペイン、イタリア、ハンガリー、スロバキア、オランダに限ったことではない。二〇一九年にギリシャは中道右派政党の新民主主義を選挙で勝たせたが、新民主主義はほぼ即座に移民増加と白人出生率の低下により懸念される「人口危機」なるものを打開するとして、ギリシャ人女性にもっと子どもを産むよう奨励する制度の検討を始め、同時にジェンダーに基づく暴力から女性を護る法律を攻撃した。ドイツの政党ドイツのための選択肢（AfD）も、影響力を増している極右政党が中絶と女性の権利を人口危機を加速するものと位置づけている例だ。AfDは「ドイツの人口減少傾向の解決策は……家族政策を刺激して、生粋ドイツ人の出生率を高めることだ」と主張している。[58] このメッセージの徹底周知を期して、「新しいドイツ人ですって？ 自分たちで作るわよ」と妊婦にキャプションをつけた、新しい選挙ポスターを展開した。フランスでは極右がますますジェンダー・イデオロギーに関する考えを利用して有害なメッセージを喧伝するようになり、二〇二二年の大統領選ではホープのエリック・ゼムールが人種大交替陰謀説を大々的に展開して、選挙で支持を得た。いずれも過激な中絶反対や移民排斥のレトリックを傍流から議会政治の主流へとなんとか移行させたのだが、多くの場合、上の事例で私が説明した手段を用いている。

私の住む英国も、ヨーロッパ全土を席巻しているこの流れと無縁ではない。政治がブレグジットから規制緩和、気候変動問題まで右傾化を加速している英国では、女性の性と生殖に関する権利が大きな被害を受ける文化戦争に飲み込まれる危険が深まっている。

本当のところをいえば、英国はもうどっぷり欧州の極右政治に巻き込まれている。まだ欧州連合に加盟していた頃、保守党政権は欧州保守改革派（ECR）の諸団体と連合していたことから、オルバーンのEU規範軽視を問うクランチ投票でハンガリーの独裁政府を支持する流れになっていた。英国がEUを離脱して以来、保守党は欧州評議会の欧州保守・民主同盟の議長を務めることで、地域全体で極右との連合を維持してきた。欧州評議会は、第二次世界大戦後にウィンストン・チャーチルが共同設立した超国家機関だ。この同盟に加わっていたことで、英国保守党はここまで述べてきた政党の多くとつながっている。PiS はこの同盟の共同創設者であり、メンバーには AfD、Vox、ギリシャの解決策、レーガ、イタリアの同胞、オーストリア自由党の代表が入っている。保守党の議員と並んで席に着くのは、エストニアの民族主義政党の代表たちだ。その党首は移民政策をこう説明している。「あなたは黒人ですか。それなら出身地に帰りなさい」。

英国保守党がこの欧州評議会内の連合と深く絡んでいることは、私が二〇二一年にバイライン・タイムズで報じるまで、英国のマスコミからほぼ完璧に無視されていた[59]。ここの顔ぶれは重要だ。反移民、反中絶、反LGBTIQ活動家、人種大交替陰謀説の支持者がずらりと並んでおり、英国の主流右派が隣席して同盟したがるのがどんな類の政治家なのかがはっきりわかる。英国の政治が人権の保護から離れて右傾化してきているのは明らかだ。

極右がどれほど英国政治の主流勢力になったのかを私が把握したのは、二〇一九年九月の晴れた土曜日の午後だった。私はホワイト・ホールにいて、ジョンソン首相が決定した五週間の議会休会（閉会）に反対する民主派の抗議行動に、その週四度目の参加をしていた。この休会は後に最高裁で違法と判断される。暑くて日射しの強い日だ。革ジャンを着た私をアナーキストと勘違いした警察に追い立てられて前に出たら、友人の一人が素晴らしいスピーチをしていた。みんなで「連帯で強くなれる」と「インターナショナル」を歌った。楽しい気分もそこまでだった。ホワイト・ホールの端に極右活動家の集団が集まりだして、ぎょっとさせられた。すでにいざこざが起きていたのか、左翼ジャーナリストのオーウェン・ジョーンズを睨みつけて飛びかからんばかりの一団がいた。別の一団が戦争記念碑にグラスを投げつける音がした。老人が私に向かって杖を振り上げ、「クズ！」と叫んだ。極右活動家スティーブン・ヤクスリー・レノン（トミー・ロビンソンとしても知られる）の支持者を含む一団が「愛してるよ、ボリス！」と唱えはじめた。極右の悪漢が英国の首相に愛を宣言するとは、どこでどうなってこうなったのか。

その答えはまたもや二〇一六年のブレグジット投票にさかのぼる。国民投票以来、英国は着実に右傾化してきた。移民と民主主義の話になると特にそれが顕著だ。ブレグジットの話は移民が焦点で、敵対的環境政策や、さまざまな民族の人たちが住む地域を走り回る悪名高い「帰国しろ」バンが一役買った。ブレグジットの議論で反移民が争点になった影響は、国民投票後の黒人や少数民族、特にイスラム教徒女性に対するヘイトクライムの増加となって現れた。ボリス・ジョンソン、プリティ・パテル、ナイジェル・ファラージらポピュリスト指導者は、ブレグジットで英国は国境を管理できるようになるから好きなように出入りされることはなくなる、というメッセージを喧伝した。それはテリーザ・メイ前首相も同じで、強迫的な移民排斥対応がウィンドラッシュ・スキャンダルなど、人権侵害を訴える激しい抗議運動につながった。[60]

本当は、ブレグジットは決して移民問題ではなかった。少なくとも、ホワイト・ホールにいる最大のブレグジット支持層、離脱支持の保守党の大多数、EU離脱をますますごり押しするウェストミンスターとワシントンのシンクタンク群にとっては違ったのだ。それどころか、労働者の権利や環境保護の規制を大幅に緩和して、富の構築を阻んでいた障壁を撤廃するチャンスだった。出産手当金やパートタイム労働者の保護（女性に不均衡に影響する二つの規制）といった面白くない規則を撤廃し、低規制、低税率で貿易も自由な天国へと英国を生まれ変わらせる千載一遇のチャンスなのだ。取り残された貧しい街に住む、幻滅した白人労働者階級の不満への解決策を売り物にしたブレグジットだったけれども、実際に潤うのは大金持ちと災害資本主義で、一部の大金持ちと権力者がもっと豊かになり、もっと大きな権力を手にする可能性がある。

ハード・ブレグジット[xvii]に伴う極右の経済政策と近代保守党の着実な右傾化を推進する勢力には、英米のシンクタンクが顔を揃える。こうした組織は英国側ではウェストミンスターのタフトン・ストリートと連携し、経済問題研究所、ポリシー・エクスチェンジ、シヴィタス、納税者同盟、政策研究センター、自由協会、アダム・スミス研究所も含まれる。元ダウニング街顧問でブレグジットの立役者、そして〔リズ・トラスに対して〕人間手榴弾発言をしたドミニク・カミングスは、二〇二一年にBBCのインタビューを受け、国の方向として自分たちが望むものを実行するために活動している「十数団体」の集まりに言及した。タフトン・ストリートのシンクタンクのことだ。ハード・ブレグジットや規制緩和を支持して、国際援助や労働者の権利といった政策には反対しがちな団体だ。この緩やかな集まりの中でも、代表的な右寄りシンクタンクのひとつであるレスパブリカは、アジェンダ・ヨーロッパとつながりがあり、所長のフィリップ・ブロンドはアジェンダ・ヨーロッパダブリン・サミットの開会を宣言した男だ。タフトン・ストリートのシンクタンクの多くは、アトラス・ネットワークに属している。「自由の大義」推進を目指して約五〇〇の「自由市場団体」を結集した世界的ネットワークだ。米国と英国の急進右派思想家や指導者をつなぎ、メンバーにはヘリテージ財団もいる。この財団は反中絶、反LGBTIQ、気候危機否定、ハード・ブレグジット支持で、ひとつならぬルートで英国の政治家とつながる米国のシンクタンクだ。「保守党には少なくともひとつの派閥があって、それが一定数のシンクタンクと結託している」とネイル・ダッタは言う。「そしてその派閥が現在、保守党全体にかなりの影響力を持っていて、いろいろうまくやれるんだろう。米国のシンクタンクから直接影響を受けているのか、それとも単に見解が一致しているだけなのか、いずれにしても英国のアクターはこうしたシンクタンクから話を聞いて考えを固めていく」。

ヘリテージ財団は一九七〇年代に活動を開始した。運営を軌道に乗せたのは、右翼団体スカイフ

xvii　ハード・ブレグジット（hard Brexit）は英国が強硬なやり方でEUを離脱することを指す。

家公益信託からの巨額の助成金だった。「あえて政治的たらんとし、強度の保守的な思想を創造してアメリカの主流を納得させ、浸透する仕事に誇りを持っていた」と言う[61]。財団の使命は規制緩和資本主義経済を推進する調査や政策文書作成で、スカイフ、コーク兄弟、スミス・リチャードソン、アドルフ・クアーズ、リンデとハリー・ブラッドリー、ジョン・M・オリンら裕福なスポンサーの利益になるものだった。経済的課題と並行して、財団は「家族の崩壊」問題にも関わっている[62]。前章の急進右派富裕層と同じく、貿易や石油なら諸手を挙げて自由化に賛成しそうだが、性と生殖に関する権利となると断固として管理するらしい。

ブレグジット前後の数年間に、英国保守党のさまざまな政治家がヘリテージ財団と面会している。リアム・フォックス元英国・国際貿易相もその一人で、ワシントンDCの同財団で二〇一八年、毎年恒例のマーガレット・サッチャー自由レクチャーを行った。米国政界最高レベルの人脈に連なる面々を前にした講義だった。ヘリテージの会員は国家政策評議会（CNP）にも参画して、トランプ大統領のチームに最高の人材を提供していた。他に同財団で講演した英国保守党議員は、プリティ・パテル元内務長官、オーウェン・パターソン元環境長官、リズ・トラス元首相だ。二〇二二年二月、当時の保守党委員長オリバー・ダウデンは率直に言って奇妙な演説を行った。「社会正義の戦士」や「ウォークモブ」が国家の安全保障を脅かしている、代名詞や銅像のような文化的問題に専念せよと政府に要求して、ロシアや中国など敵対国家との緊張から目をそらせようとしている、と言い張ったのだ。二〇一五年の英国保守党大会で、ヘリテージ財団は経済研究所（IEA）主催のカクテル・レセプションに参加した。サジド・ジャヴィド前財務大臣がゲストスピーカーだった。

ブレグジット推進派の保守党議員リアム・フォックスは、私が育った村の選挙区選出議員だ。フォックスはアトランティック・ブリッジという米英貿易関係を促進することになっている教育チャリティ（シンクタンク）の創設者でもある。アトランティック・ブリッジの大口資金提供者はマイケル・ヒンツェ卿だ。ジョンソン首相の献金者でもあり、アジェンダ・ヨーロッパにも金を出していると言われている。フォックスはこの構想で、ヘリテージ財団の急進右派イデオロギー信奉者に人気があった。アトランティック・ブリッジが「英米のリバタリアン、ネオコン、ティーパーティの熱狂的ファンの間につながりを構築して、どの団体も互いに潤うよう中核の役割を果たす」ことが大いに期待されたのだ。[63] ヘリテージ財団は、慈善団体委員会に寄せられた苦情を受けて二〇一一年にフォックスのこのシンクタンクが閉鎖されるまで、ブリッジのイベントを後援していた。もう一人、ヘリテージ財団と英国政府の接点にいるのがロビン・シムコックスだ。二〇二一年、当時のプリティ・パテル内務大臣から政府の過激主義対策委員会の主任委員に任命されたシムコックスは、ヘリテージ財団の元マーガレット・サッチャー研究員でもあった。「自身が人種大交替イデオロギーを支持した上に、複数の人種差別的で反イスラムの陰謀論者を売り込んでいた」ことや、「二〇一九年にアメリカの反移民ヘイト団体として悪名高い移民問題研究センターで講演した」ことをバイライン・タイムズ紙のジャーナリスト、ナフィーズ・アーメッドの調査で暴露されている。[64]

ダッタの説明によると、米国急進右派の影響力は「危険な思想を生み出して世界中に売り込むシンクタンクを筆頭に、さまざまなアクターの働きの上に構築されている。こうした思想の主な消費者はリバタリアンや右翼の政治・経済関係者だ。英国は、こういうシンクタンクの経済アジェンダが最も足場を固めた国のひとつかもしれない。それがブレグジット、特にその後現実となったハード・ブレグジットの一因になったと自分は思う」そうだ。ヘリテージ財団と協働して急進右派のアジェンダを推進したEU懐疑派シンクタンクは、アトランティック・ブリッジだけではない。元欧州議会議員で著名なブレグジット支持者、現在は貴族院議員のダニエル・ハナンが設立した「自由貿易のイニシアティブ」は、ヘリテージ財団と協力して、米英自由貿易協定に関する二三九ページに及ぶ詳細な法文草案を作成している。[65] アトラス・ネットワークの他のシンクタンクも協議プロセスに参加し、それをコーク兄弟の急進右派団体であるケイトー研究所が公表している。ケイトー研究所は欧州の反ジェンダー活動にも資金を出しているところだ。

ヘリテージ財団と多数のEU懐疑派議員や欧州議会議員とのこの関係が、影響力行使と方向性決定のひとつの力となって、裕福な財団後援者のニーズを満たすブレグジット・モデルを作ったのだ。多くのブレグジット熱狂者が抱く災害資本主義の幻想が、いわゆるお役所仕事（労働者の権利ともいう）を葬ろうと躍起になっている、英国の閣僚たちが火を点けた規制を灰にする焚き火に油を注いでいる。米英両方の急進右派シンクタンクがヘリテージ財団、自由協会、納税者同盟、IEAその他強力な米国プレイヤーと出資者も含めて設定し、英国の錚々《そうそう》たる保守党員や党の献金者が共有して主導している意向や計画が、二一世紀の英国のあり方を決める方針になってしまったということだ。

こうした急進右派シンクタンクが、ここまで英国政府の政策を動かすのだ。米国にしても英国にしても、一見傍流と思える勢力の損得がどれほど国全体の方向を変えうるかがわかる。ことが中絶やＬＧＢＴＩＱの権利など他の喫緊の問題になったとき、これ以上こんなシンクタンクに保守党の政策を左右させないためにはどうしたらいいのか、私たちは問わなければならない。例えばブレグジットのような問題で、それに特化する利益団体が影響力を持つようになったとき、他の問題でも政党を動かせないためにどうするのか。そうさせないことはできるのだろうか。グローバルな右派が、伝統主義、白人至上主義、家族の権利をリベラルな進歩主義政治に対抗するものと位置づける文化戦争に乗り出す勢いを見せる今、反中絶、反ジェンダーのイデオロギーを推進するシンクタンクが政策綱領を閣議のテーブルに載せる可能性はあるだろうか。

残念ながら、答えはすぐに「イエス」と出るかもしれない。経済を超えて強硬右派の利害を主流に運ぼうとする動きが、保守党内ですでに出ているからだ。ある程度は資金の問題だ。党員数が低迷する中、保守党は少数の大口献金者にますます頼るようになっている。そういう献金者の利益になることが、（そこからの資金援助を公開する必要のない）彼らに優しいシンクタンクの報告書や調査を通じて明示され、（少数の富裕層に利得と利益をもたらす）隙間案件が政策提案につながることになる。バイライン・タイムズに掲載された調査によると、保守党の高額寄付者は九二％が男性で、その大半は白人だ。ほとんどが金融業界で働いている。「英国の主要政党が資金集めに苦労している現実を憂慮すべきだ」と、経済学者フランシス・コッポラはピーター・ゲーガンの著書『売り渡される民主主義（*Democracy for Sale*）』の取材に「このままでは、金を出す変人の意向にますます踊らされることになる。そうして、特定の隙間利害の関係者が得をするような政策がますます増えていくだろう。すでに不明瞭な規制緩和プロジェクトが、政治の取り組みになろうとする兆しがある」と答えている。[66]

二〇〇六年当時、男権活動家のフィリップ・デイヴィス議員が右翼の圧力団体でありアトラス・ネットワークのメンバーでもある自由協会とともにEU離脱キャンペーンを立ち上げたとき、ブレグジットに関心を持つ人間はほとんどいなかった。今、ブレグジットは世界の中で英国の地位を変えてしまった上に、コモンウェルスの結束を破壊しようとしている。二〇一九年の年明けには自由港と言っても誰も聞いたことがなかったのに、保守党の一部の献金者には重要な問題だったために、こんな隙間的な政策領域が、賛同するシンクタンクによって表舞台に登場したのだ。同年一二月の選挙が巷に展開すると、自由港が突然、この政策が現実には何の影響もない有権者に口々に擁護され、毎週下院で行われる首相質問で定期的に取り上げられるようになった。

トーリー党議員からなる小さな圧力団体の影響力、献金者、同調するシンクタンクが、規制緩和、反EU、気候変動否定、反ウォーク、反労働者の権利のアジェンダを英国政治の中核に持ち込んだのだ。これが英国市民の生活を永遠に変えてしまった。この手の個人や集団は、極右の政策綱領を抵抗がなくなるまで定着させようと英国をいっそう激しく追い立て、億万長者の資本家を庶民に、労働者の権利を護ろうとする人間を「メトロポリタン・エリート」に仕立てる文化戦争を繰り広げてきた。ハード・ブレグジットと反ジェンダー両方を信じる個人や組織が、反中絶や反LGBTIQの政策設計を英国の政治に押し込むことはない、と安心してはいられない。すでに行動に移している者たちがいるからだ。ADFインターナショナルや反中絶慈善団体と家族の権利シンクタンクのネットワークは、すでに話を国会議員の耳に入れている。こういう輩の影響力を甘く見て、極右の目論みは結局、採用されないだろうと考えてはいけない。二〇一六年のブレグジット投票後の数年間で、進歩的権利を逆行させ、白人男性至上主義を強固に根付かせる文化戦争をしかけようとするポピュリスト右派政権の危険性を思い知らされたではないか。

一九九七年、政権を握った新しい労働党はＬＧＢＴＩＱ支持、女性支持の政策を実施した。なんといっても一夜にして、下院の女性議員が倍増したからだ。国会議員に女性が増えるとジェンダー平等を推進する政策が国会で採択されやすくなることが、研究で明らかになっている。この変化が二〇一〇年までこの国を統治していた労働党の下で、極度に反動的な保守党が真っ青（保守党のシンボルカラー）から淡いピンクへと移行する道を開いた。同性愛嫌悪的な発言（ゲイ男性を「タンクトップのホモ」と表現するなど）の過去があったボリス・ジョンソンは、虹色のマントを選んでピンクのステットソンを被り、プライドに参加した。キャメロン首相は二〇一三年に同性婚を法制化、その直後テレサ・メイ率いる保守党が、法的移行に伴う負担をどう軽減するかの調査を目的にジェンダー承認法の見直しを開始した（後に中止）。

だが、二〇一六年を境に変化が起きはじめた。ブレグジット国民投票のあと同性愛嫌悪のヘイトクライムが増えた。二〇二一年、政府ＬＧＢＴＩＱ諮問委員会の委員が一斉に辞任した。転向療法《コンバージョン・セラピー》を禁止するという約束が行き詰まって腰砕けになり、政府には「自分の性的志向を探求するために精神的なカウンセリングを受けたいと望む人々を止める意向がない」ことをケミ・バデノック平等大臣が認めたあとのことだった。ブラック・ライブズ・マターを掲げて行進する人がどんどん増えて社会の改革を要求する中、保守党政権は欧州独裁政権の指導者らを真似て、文化戦争を闘う覚悟を決めたようだった。いわゆるキャンセルカルチャーに対抗する、レイシストの言論の自由を支持する賭けに出たのだ。人種差別反対で連帯する行為を非難して、思い込みである伝統的な英国市民像のために立ち上がるのだ、と主張した。植民地主義と白人男性至上主義をありがたがるのが、伝統的市民であるらしかった。ジョンソン政権の閣僚は文化的マルクス主義への不満を口にして、膝をついた英国代表選手にブーイングを浴びせるレイシストのサッカーファンに味方した。ダウニング街は今でもプライド月間には虹で飾られるかもしれないけれど、ジョンソンのピンクのステットソン・ハットは、すでにはるか遠い過去に思えた。

私は、「離脱《ヴォウト・リーヴ》に投票を」を呼びかけた保守党政権のこの反動化を調べれば調べるほど、発端は二〇一九年に保守党が「英国をレベルアップする」と公約して大差で勝った選挙のマニフェスト公約だったと確信した。この公約は地域格差の解消を取り上げていた。貧困、健康不良、不十分な住宅、少ない教育機会に苦しんでいる取り残された街が、特に産業力を失った北部と南部の田舎にあることがわかっていたのだ。ところが、ジョンソン政権には問題があった。ジョンソンが解決すると約束したこの不平等は、一〇年間にわたる保守党主導の緊縮財政の結果だったのだ。

私は過去五年の大半を費やして、政府が福祉国家のセーフティネットをぼろぼろになるまで破壊したさまを報道してきた。貧困やホームレス状態を悪化させる給付上限額の導入や、家庭を借金や家賃滞納に追い込むしくみになっている給付制度の導入が、そのやり口の例だ。二一歳未満への住宅手当を打ち切り（この政策は後に撤回された）、公営住宅の住人が人数に対して多い部屋数を確保する場合に追加料金を請求するベッドルーム税を導入して、物議をかもしたりもした（一二歳未満の子どもが二人いて別々の部屋で寝る場合も請求される)。また、二〇一七年以降に二人以上の子どもを持つ家庭は三人目以降の子どもの分の給付を受けられなくなるという、二子税額控除制限も導入された(この制限はレイプによって妊娠した子どもを産み、その後加害者と別れたことを証明できる女性には免除された)。いうまでもなく、緊縮財政のつけは不均衡に女性へと多く回った。労働党の分析によると、削減の八六%は女性がまかなったのだ。[67]

同時に、教育や医療サービスの実質的な削減は最貧困層コミュニティに最も大きな打撃を与え、労働党が運営する地方議会は中央政府からの投資を受けにくい、という分析結果も出た。緊縮財政は暴力に耐えかねて家から逃れてくる女性のセーフティネットも弱体化させた。二〇一〇年から二〇一六年にかけて六軒に一軒の避難所が閉鎖され、給付金制度の変更によって、支配的なパートナーにいっそう経済的に依存する女性が増えた。[68] この社会保障制度の破壊により、女性はさらに加害者から逃げにくくなり、家族の権利をめぐる極右の目論みにかなう展開になった。この背景でジョンソンは、レベルアップの選挙公約を打ち上げたのだ。ジョンソンの青いバスがそこここにうろつく英国で労働組合会議が二〇一九年に発表した数字によると、労働者世帯で貧困の中に育つ子どもは、保守党政権下の九年間で八〇万人増加した。[69] 二〇二二年には「最も深刻な」貧困の中で育つ子どもは一八〇万人となった。これは世帯収入で食料や暖房といった、最も基本的な必需品さえまかなえない状況だ。

もちろん、解決すると約束した問題が実は「自分たち」が起こしたものだったとジョンソンの保守党が認める気はない。代わりに保守党は、不平等が拡大した責任を他の何かのせいにする必要があった。その何かが「平等」だったのだ、と私はつきとめた。「ウォークネス」と呼ばれることもある。白人労働者階級の男児と男性が遭遇する苦闘とは対照的に、人種差別や性差別の問題が取りざたされすぎていた〔ということらしかった〕。レベルアップは、一〇年にわたる削減を解消するのではなく、女性やマイノリティを裏切って見捨てることで達成しようとしていたのだ。

二〇二〇年と二〇二一年の重要な三つの出来事によって、この計画が明らかになった。まず平等と人権委員会（ＥＨＲＣ）の新委員に任命された四人のうち、二人がデービッド・グッドハートとジェシカ・ブッチャーだったこと。次は当時女性・平等担当大臣だったリズ・トラス保守党議員の演説だ。最後は英国社会に隈なく浸透する人種差別が果たす役割が過小評価された『人種・民族格差委員会報告書』（別名「スウェル報告書」）、続いて白人労働者階級男児の低い教育達成度を「白人特権」の議論のせいにする報告書が公表されたことである。

委員の任命から見ていこう。グッドハートは「白人の自己利益」は人種差別とは異なると主張して、マイノリティ集団の「被害者気取り」と自分が表現するものを批判していた人間だ。移民増加に取り組むためにテリーザ・メイがけしかけた敵対的な環境政策を擁護もしたが、これは脚註で解説しているウィンドラッシュ市民の不当な強制送還につながった。ウィンドラッシュ・スキャンダルはグッドハートが任命された当時、ＥＨＲＣが調査中だった。一方、ブッチャーはそれまでフェミニズムを「被害者意識が強すぎる」と別の形の「アイデンティティ・ポリティクス」によくある言い分で攻撃していた。[70] ジェンダー差別に遭遇しても「もっと打たれ強くないといけない」と断言して賃金のジェンダー格差の存在を否定し、性暴力に抗議するMe Too運動は男性のキャリアを不当に破滅させた、と強弁した。フェミニストは長年トップレスの若い女性を掲載してきたサン紙の三面を禁止するキャンペーンを展開して、労働者階級の「女の子たち」の雇用機会を奪ってきた、とも言った。労働者階級の女性たちが本当はもっと別の仕事をしたかったかもしれない、という発想はこの人にはないらしかった。

ブラック・ライブズ・マター運動が英国に存在する構造的な人種差別を暴き、コロナウイルスの大流行が女性の平等を逆行させていた時期に、人種差別を擁護してフェミニズムを強く批判する女性が平等と人権の担当を託されたとは、なんともやりきれない話だった。平等をめぐって政府がどういう方向をとるつもりなのか、この人事はその警告だった。個人の自己啓発に焦点を当てて、いわゆる被害者文化は止めましょうという話にするのだろう。インターセクショナリティや特権の働きを「認識する」こと自体が不平等の原因だ、なぜなら白人男性至上主義を傷つけ損なうからだ、という信念がにじむ態度だった。

この行動指針は、リズ・トラスが女性・平等担当大臣として行った演説で保守党政府の平等構想を紹介したとき、一段とあからさまになった。「平等に向けた我々の新しいアプローチは、自由、選択、機会、そして個人の人間性と尊厳という基本原則に基づくものになる」と解説して[71]、これを達成するために不平等と闘う足場として「保護特性という狭い視点を大きく超えて」進まなければならない、と続けたのだ。これでは平等法制の根幹を認識できていない。保護特性が存在するのは、女性やマイノリティ集団が社会の隅々に蔓延する抑圧や差別を被っているからだ。社会には、他の集団を犠牲にしてある集団に有利になることが積み重なっている。

トラスと保守党の同僚たちは、不平等の解決策は構造を変えることではなく個人の特性にこそある、と信じているのだ。不利な立場に置かれた集団に立ちはだかる何重にも重なった社会的・経済的不平等は、「個人の人間性、尊厳、主体性」という自分たちの主張に楯突くものとして退けられ、見過ごされている。それどころかトラスは、自己啓発に各自でアプローチすることを優先し、政府が構造的な変革を目指して一丸となって取り組み、調整するのとは対照的に、国民がもっと自分の人生を自分で決める主体性を与えられれば不平等はなくなると信じている、と公言したのだ。

貧しい白人コミュニティが遭遇する地域の不平等や困難が、今まさにそこにあって早急に取り組む必要があることは間違いない。だが、貧困に陥る可能性は女性が最も高く、白人女性は白人男性よりも貧しく、黒人や少数民族の女性は他のどの集団よりも貧困にあえいでいる可能性が高いという認識は、トラスの演説やその後の議論のどこにも見当たらなかった。[72] 特に、低賃金で出産時死亡の可能性が不均衡に高い黒人女性が遭遇している構造的な問題や、バングラデシュの血を引く人々の賃金が白人労働者よりも二〇%低いという現実は一切言及されていない。[73] もちろん貧しい白人男性もいるし、貧しい白人男子の学業達成率（の低さ）にも対応が必要だ。けれど、こうした問題は反レイシズム運動やLGBTIQの平等、フェミニズムが原因ではない。個人主義を信奉して構造的不平等を無視することが、苦闘する白人男性の利益になるわけでもない。トラスのスピーチは、女性や黒人、LGBTIQの権利が白人男性を苦しめている、という極右の語りがまんまと成功したことを示していた。白人男性はフェミニズムや公民権によって抑圧されている、男性は進歩の犠牲者だ、という極右界隈の主張が、今や政府の政策にまで入り込んだのだ。フェミニズム、反人種差別、そして社会正義のために戦う人々に責任を負わせるトラスは、その呼び名を口にはしなかったとはいえ、文化的マルクス主義者をさらう鬼を思わせた。トラスは極右政治家ではない。リバタリアン保守派だ。けれど、こんな態度をとることで、極右の陰謀論が政府の平等政策の方向を決めることを許したのだ。それは極めて危険なことだ。

演説で概説された行動指針に不平等問題に取り組む意図はまったく見られず、苦闘して教育で後れをとっているとトラスが懸念する、白人労働者階級男児の利益を護る気すら感じられなかった。地域的・社会経済的不平等の責任をフェミニズムや反人種差別、そして左派に押しつける文化戦争を煽るのが目的だったのだ。性差別や人種差別の問題にかかずらうと白人男性が損をする、という議論だったのだ。

これまでの章で述べたように、「文化的マルクス主義」は一九三〇年代、ナチ党の反共主義が使った言葉そのままだ。今日の極右にとって「文化的マルクス主義」はあらゆる憎い集団を一括りにするカテゴリーだ。フェミニスト、非白人、気候危機活動家、難民、人権派弁護士、LGBTIQ、左翼学者、果てはコロナウイルス蔓延を阻止しようとマスク着用を支持する人々までもが一括りになった。こうした共通項の何もない集団が、文化戦争の敵をつくり出すために文化的マルクス主義者の烙印を押されて攻撃されてきた。

二〇二二年には、保守党は六年間で三度目の党首争いを控えていた。何度もセクハラで告発されていることを知りながらクリス・ピンチャーという議員を登用したことが発覚して、ジョンソンが辞任に追い込まれたのだ。次期首相候補のほぼ全員が、各自ウォークに戦争をしかけた。候補者間の討論会では平等に対する候補者の強硬姿勢ばかりが強調され、相手の国会議員にトランスジェンダーの権利を支持した過去があるかどうかをめぐって紛糾した。候補者の一人スエラ・ブラヴァーマン司法長官（当時）は、検閲に関するスピーチで「文化的マルクス主義者」という言葉を使って批判された経歴があった（この言葉の意味をわかって使ったかどうかは定かではない）[74]。トラスは一貫して勝てる候補として選挙戦を闘ったが、その平等に対する姿勢は徹底的に険悪で、醜い選挙戦の論調をつくり出してしまった。結局、勝ちはしたものの、自由市場、自由主義的な経済政策を発表して英ポンドを暴落させ、わずか四四日間の在任で首相を辞した。

不平等に構造的原因があることを否定して、労働者階級の白人男児の学力レベルばかりを気にかけるトラスの姿勢は、後に出た二つの報告書に表れている。ひとつは主執筆者トニー・スウェル教授にちなんでスウェル・レポートと呼ばれる、英国の人種的不平等に関する報告書、もうひとつは教育特別委員会がまとめた教育到達度に関する報告書だ。

スウェル報告は、英国に体系的な人種差別が存在するという発想を否定して、人種間の不平等は家庭崩壊などの個人的要因で説明できる、と主張した。一方、「不利な背景を持つ取り残された白人生徒たち」というタイトルの報告書は、白人労働者階級の男児が教育で後れをとっており、その一因は、教室で「白人特権」が話題になって「疎外」されることだと主張した。こうした議論は今では違法になっているが[75]、言論の自由重視を謳い自由防衛同盟の「キャンパスにおけるキャンセルカルチャー」調査を引き合いに出すような、政府の偽善的な対応だ。

両方とも重要な報告書であり、今の英国で平等をめぐって展開している文化戦争の方向と結果を伝え、白人至上主義の文化戦争に内在する絶対的な矛盾を鮮明にしている。女性や黒人の話となると構造的な不平等を認めることを拒否し、不平等は個人の主体性と自己啓発で克服するべきだという。ところがこの、人は自分の力で不平等を克服できるという説には例外があって、その例外とは白人男性であることなのだ。不利益を経験している人間がたまたま白人男性なら、原因はたちどころに本人ではなく外部に求められる。そしてその白人男性の危機を引き起こしている外的な力は、反人種差別、反性差別の運動、レトリック、政策なのだ。同じように、白人男性至上主義が損なわれることの解決策は各自の自己啓発にあるのではなく、女性や黒人、ＬＧＢＴＩＱの解放の成果を構造的に押し戻すことにあるのだ。

これは、伝統的な保守党の新自由主義を、ハンナ・アーレントのいう極右イデオロギー「モブとエリートの同盟」に混然一体化させて危険だ。フェミニズムと反人種差別が白人男性の問題を悪化させているとエリート保守党がいうときは、モブが白人男性の苦闘を盛大に女性や黒人のせいにしたがっているというサインだ。これこそが本当の被害者文化《ヴィクティム・カルチャー》だ。女性や黒人、ＬＧＢＴＩＱの権利を推進することで、実際には白人男性を犠牲にしているという思い込みだ。ここでもまた、文化的マルクス主義という創られた恐怖が、危険で不気味なやり方で現実の社会問題の解決策の方向を支配していくことを許している。

二〇一九年以降、保守党が煽ってきた文化戦争は、トラスの演説と二つの報告書に成文化され、すべて二〇二二年の党首選で披露されるが、極右の平等観がウェストミンスターに浸透している例として警戒させられる。フェミニズムや反人種差別を、不平等や不公平の解決策どころか原因だ、新自由主義的な資本主義や政府主導の緊縮財政とは対照的に、女性や男性の権利を重視することが白人男性が苦しむ原因になっている、というのが極右イデオロギーの教義なのだ。

こうした行為はすべて、注意をそらすよう仕組まれている。男の失業を女のせいにしたり、白人男子の教育問題を女子や黒人の子どもたちのせいにしたり、住宅や病院床の不足を外国人のせいにしたりできている間は、誰も政府のせいにしようとは思わないからだ。エリート層とモブのこの同盟は、不平等と特権を世の中に強固に組み込みつつ、社会で最も脆弱で、最も恵まれない人々を攻撃する。

こうして平等問題の遂行を装った、平等な権利を規定する法律への攻撃は深刻な懸念材料であり、極右イデオロギーが英国政府の主流に浸透しているおそらく最も悪質な例だろう。これではますますオルバーンのハンガリーや、サルヴィーニのイタリアと変わらなくなる。伝統的な英国人という実際には固定観念でしかない価値観がリベラルでフェミニストで反人種差別で文化的マルクス主義のエリートたちに攻撃されている、という図を描く反ジェンダー的で人種差別的なレトリックをポピュリスト政治家が採用しているのだ。これまで見てきた通り、女性や黒人、少数民族の人たちが以前にもまして貧困の中に生き、社会全体にはびこる不平等に苦しんでいるというのに。私たちは今、危険な道に追い込まれようとしている。

欧州全土でこの一〇年間、各国の政府が次々と、中絶、移民、白人至上主義を結びつける極右の言説を採用してきた。かつては極端とみなされていた立ち位置や、インターネット掲示板の憎悪に満ちた叫び声でしかなかった考え方が、今では東西をわたる政策になっている。各国政府が文化戦争をしかけ、反女性、反移民政策を実施して首脳らを強い英雄、国家の救世主、伝統の保護者として演出する状況のもと、中絶のオヴァートンの窓はますます右傾化している。その一方で、米英の極右・急進派のロビイストや献金者が英国の政治に与える影響力は、かつて想像もできなかったような未来が現実になる可能性を開いた。

明るくなれる理由がひとつある。長らく安穏としていた欧州の進歩的運動は、極右・反ジェンダーアクターの脅威に目覚めたようだ。中絶禁止法に抗議して木のスプーンを叩いたスロバキアの女性たちから、ブラック・ライブズ・マター抗議運動のエネルギーに至るまで、欧州市民は立ち上がって騒いでいる。立法面では欧州議会の進歩的な政治家たちが、性と生殖をめぐる健康を扱う拘束力のないマティック報告書を採択して、地域レベルで中絶とＬＧＢＴＩＱの権利を護る行動を起こしている。

国際的にも、ジュネーブの国連人権委員会がコメント第三六号として知られる政策の採択に向けたキャンペーンを立ち上げて、女性の自由を護ろうとしている。コメント第三六号は、レイプ、近親相姦、母体の健康への危険、致死的な胎児異常の場合、国は中絶へのアクセスを提供しなければならないと宣言している。ポーランドでさえこうした状況下の中絶は少なくとも今のところは合法なので、これで欧州が大きく変わることはないけれども、エルサルバドルやパラグアイのような国では限定された状況で、女性と少女が安全かつ合法的な中絶を利用できるようになるだろう。十分とはいえないささやかな変化だけれど、これは正しい方向への一歩なのだ。

第7章　転換点——どちらの未来を私たちは選ぶのか

なぜ今なのか。何年もかけてここまで来た今になって、どうして性と生殖に関する権利《セクシュアル&リプロダクティブ・ライツ》をこれほど極右に叩かれているのだろう。この一〇年から一五年の間に何が起きて、私たちはここまで追い詰められてしまったのか。

過去一五年にわたる中絶の権利への攻撃が、新自由主義の崩壊と二〇〇八年の破綻と相まって私たちを転換点へと導いた。資本主義と極右は、結託して女性の身体を再生産労働に閉じ込め、利益追求とファシストの家父長的世界観の確立に邁進するのだろうか。それとも私たちが反撃に出て、平等で公平な社会の中で女性の自由意志が護られ、さらに前進する資本主義後の世界を求めて闘うのか。その選択をするために私たちはまず、今向き合わなければならないのは止められない右翼の猛攻撃ではなく、とるべき道そのものなのだ、と理解しなければならない。決めるのは私たちの方なのだと気づいてもらうことが本書の目的だ。

これまで自分の生まれや育ちをあれこれ書くことはあえてしなかったけれど、この転換点に至った経緯を考える上で私の個人史にはある程度、意味がある。私は一九八四年、炭鉱労働者のストライキとエイズの流行のさなかに生まれ、第一次湾岸戦争中に小学校に入学した。父はフォークランド紛争の帰還兵で、母との結婚式の一ヵ月後に爆撃を受けた船から救出された人だ。母がカミングアウトしたのは、同性愛や同性間の家族関係を肯定的に取り上げることを禁止する憎むべき第二八条[xviii]が、英国の保守党首相マーガレット・サッチャーによって導入された年だった。サッチャー首相は、若者がゲイになる権利があると信じて育っている、と不満を言った。この法律は一五年間、LGBTIQの人々の心を凍らせた。就学前学級からAレベルまで私の学校生活を通して、私の同性愛家族は目に見えない存在として扱われ、法律で「疑似家族」と呼ばれていた。労働者階級の子ども、珍しい同性愛家庭の子どもとして、私たちがサッチャーとトーリー党を嫌うのはあたりまえだった。私の母が育った街を破壊し、LGBTIQコミュニティから権利を奪い、私の父を戦争に行かせたのだから。

そして一九九七年、私が一二歳のときに労働党が勝った。あのメーデーの選挙の翌朝のことは生涯忘れない。階下に降りていった私に、「見せてあげたかった。地図があって、勝った場所がどんどん保守党《ブルー》から労働党《レッド》に変わっていった」と母が言った。新しい女性議員が大量に流れ込んで、男性用更衣室が女性用トイレに、バーが託児所にと、インフラ再設計が否応なく進んだ。反同性愛

xviii 一九八八年の地方自治法で、地方当局は以下のことをしない、とされた。
(a) 意図的に同性愛を助長したり同性愛を助長する意図をもって教材を発行したりすること
(b) 公費補助学校において、いわゆる家族関係としての同性愛を受容するような指導を促すこと

的な法律（ＬＧＢＴＩＱの軍隊への入隊禁止やＬＧＢＴＩＱの養子縁組禁止から同意年齢の不平等や第二八条まで）は六年以内に廃止された。ジェンダー平等を推進する労働党は女性やシングルマザーへの給付を改善し、子どもの貧困を低減した（当時「ブレアの乳飲み子たち」という不名誉なレッテルを貼られた労働党の女性が与えた影響については、サラ・チャイルズ教授の『労働党の女性たち』という優れた分析がある）。

あのとき労働党が勝ったのは、社会の進歩を約束することで勝てた面がある。私も含めてあの時代に成人した人間は、進歩はひたすら前進だけするもののように感じていた。英国は欧州の国、同性愛でブリットポップで多文化の国だった。物ごとは良くなる一方だと約束されてそれを信じていた。

もちろん、腐敗がすでに始まっていたことを否定したわけではない。ブレアはＰＦＩ計画の拡大を通じてＮＨＳ民営化の端緒を開いた。児童控除などの新たな福祉施策のおかげで女性や子どもの貧困は緩和されたものの、貧困層や福祉受給層を悪意の塊のようにいう風潮は日に日に強くなっていった。新しい労働党は移民排斥派への受けを狙う内務省を尻目に東欧からの移民受け入れを拡大する一方、外交政策ではイラクとアフガニスタンへの介入に失敗して中東の不安定化を招き、多くの苦しみと死をもたらした。それでも一九九七年五月の朝、これまで二〇年間の暗い日々は終わった、これからは何もかもが良くなっていく、と実感できたのだ。なんとしてもジェンダーを政策の主流にしようと決意した、多くの女性議員の真摯な取り組みとフェミニスト的アプローチも、しばらくの間ではあったけれどある程度は実を結んだのだ。

この原稿を書いている、世界が大きく変わったあの日から二五年後の今、私たちは英国全土で、極右権威主義を強める政府がブラック・ライブズ・マター、LGBTIQの権利、平等への女性のアクセスを攻撃することで引き起こす文化戦争に巻き込まれている。女性の平等がじりじりと後退する中、英国ではかつてないほど多くの子どもが貧困にあえいでいる。米国ではバイデンが一般投票と選挙人投票で勝ちはしたけれども、女性の安全で合法的な中絶へのアクセスを葬ろうとした自国の急進右派勢力を防ぎきれなかった。ハンガリーやポーランドでは極右政権による女性とLGBTIQの権利の寸断が進み、ギリシャ、スペイン、フランス、イタリア、その他の国々が同じことをしようと躍起になっている。

どこで間違えてこんな事態になってしまったのだろう。移民や女性の子宮の中のもの、単一民族国家の創設を企むジェノサイド的な人種間戦争に取りつかれた現代極右の最近の台頭を煽った要因を理解するためには、二〇〇八年の金融破綻、破綻した資本主義と台頭するファシズムの関係を振り返ってみる必要がある。後者のことはジャーナリストで作家のポール・メイソンが「資本主義下システム不全の再発症状である」と書いて詳しく説明している。

平時においては、資本主義は受動的で広く浸透する信念体系によって支えられている。市場が自然に機能すると信じていれば、日々の生活は営めるのだ。つまり、民主主義下の諸機構は公平かつ公正で、懸命に働けば報われ、科学技術が進歩するにつれて自分も子どもたちも生活は引き続き良くなっていく、ということだ。こうした信念が一体となって、ひとつのイデオロギーを構成している。[1]

二〇〇八年の大暴落までの四〇年間、世界は新自由主義的な資本主義のイデオロギーが動かしていた。新自由主義とは個人の優位性と、人間や民主主義ではなく市場が担い手だという信念に基づいた資本主義だ。信奉者はもちろん、新自由主義が「イデオロギー」だと言われたら否定するだろう。イデオロギーからの自由という建前があって、フランシス・フクヤマは冷戦終結時「歴史の終わり」を宣言できたのだ。二〇世紀がイデオロギーの時代であったなら、この新しいミレニアムは自己の時代だ。私たちは市場を信頼するように教えられ、市場が生活の流れを決めていくことを受け入れるなら市場も自己規制していく、と約束された。新自由主義は何よりも個人を優先し、自分を優先するために連帯と集団行動を粉砕した。個人主義が新自由主義の教義だったのだが、それが崩壊したとき、本来社会があったはずの場所にぽっかりと穴が開いたのだ。

二〇〇八年に世界金融秩序の歯車が狂ったとき、それまでの四〇年間、私たちの生活の流れを作っていた前提や約束は粉々に砕かれた。新自由主義イデオロギーは失敗したのだ。けれど、各国の政治家はそれを認めて約束が破られた穴を埋めようとはせず、何も変わっていないふりをした。政府は救済措置と量的緩和で銀行の延命を図った。金融システムならこうした生命維持装置も使えるだろうが、イデオロギーに同じことはできない。

「二〇〇八年以後（新自由主義が）築いた世界秩序は破綻した」とメイソンは解説し、「しかし……それが誤りであったことの心理的影響は計り知れない。このイデオロギーへの信頼が霧散して、進歩的な代替案がなくなったときに起こるのがファシズムなのだ」と添えている。[2] イデオロギーが破綻すると何が起こるのか。人は昔確かだったものに立ち戻る。それが自然、国家、戦争なのだ。

過去四〇年間の進歩の多くは、一九六〇年代に始まった。避妊用ピルが登場し、西欧諸国で中絶法が自由化され、経済学者・教育者でもあるジャネット・イエレン米国財務長官が「再生産《リプロダクティブ》ショック」と呼ぶ事態が資本主義を襲った。ピルの医学的革新と安全で合法的な中絶への動きは、何世紀にもわたった生物学に根ざす抑圧が覆されつつあることを予告していた。女性解放運動の台頭はグローバルノースの女性に、自分自身の身体を、受胎を、生殖を自分で管理調節するというかつてない力を与えた。もう女たちは、再生産労働に縛られる必要はなかった。これこそが、しっかりと捉えて反撃に出ていれば家父長制的な資本主義システムを打倒して、搾取されている無報酬の労働から解放される可能性があった瞬間だったのだが、資本主義は別の考えを用意していた。いつもの順応性を発揮して、資本主義は女性を再生産労働に縛る手を緩める代わりに生産労働の鎖につないだ。消費者兼労働者という新たな役割を与えたのだ。

女性の生殖をめぐる自由《リプロダクティブ・フリーダム》の拡大がグローバルノース、特に米国の好況期と一致したのは偶然ではない。ある意味で女性が生殖に関する権利《リプロダクティブ・ライツ》を獲得できたのは、好景気でその余裕があったのと、好況であり続けたい資本主義社会にとって労働力と消費者階級の拡大が急務だったからだ。

労働者階級の女たちがサービス業や工場で、労務者、夫人帽子職人、お針子、教師としてどの時代も働いていたことは確かだ。とはいえ、この再生産ショックで可能になった再生産労働からの解放によって、かつてない数の女性たちが労働力として働くようになったのだ。労働力に加わる女性が増えたことは、消費者数の伸びにもつながった。洗濯機や育児用品から伝統的な生活《トラッド・ライフ》信奉者たちが嘆いていた出来合いの惣菜に至るまで、働く女性は働く余裕をつくり出す商品に金を使う必要があったのだ。

資本主義が順応して女性の労働力を受け入れることができたもうひとつの理由は、高齢化という脅威だった。高齢者はますます長生きして健康状態も複雑になり、数も増えていた。グローバルノースの国々が、増え続ける高齢の扶養家族を年金や医療で支えて破産しないためには、制度に金を払う労働者を増やし、国の経済の安定を確保する必要があった。融通の利く女性の労働者を増やさなければならなかったのだ。

ただ、ひとつだけ問題があった。生産労働で女性を使い尽くすと、今までのようには再生産労働をしなくなる。これが女性の再生産労働よりも生産労働を優先することの本質的な矛盾だった。出生率の低下は高齢化と相まって、今度は本当に人口危機を引き起こした。これこそが、ファシズムが解決策を持っていると信じ、資本主義が今までのところ対応できていない矛盾なのだ。

グローバルノースの出生率が低下して人口が高齢化するにつれ、中絶はもはや社会問題ではなく、少なくとも国にとっては経済問題になった。自分の周りの世界の変化を見て、子どもを産むこと、そしてその費用を誰が払うのかが重要な経済の争点になっていることに私は気づいた。それが中絶の権利と女性が生殖の行為主体となることに対するバックラッシュという形で現れた。この手のバックラッシュは、一九六〇年代と七〇年代に勝ち取った社会正義が悲鳴を上げながら覆されていったレーガン時代に始まった。人口はどうなるのか、女性の経済的自律の拡大はどうなるのか、資本はどうなるのかといった懸念がそれを煽ったのだ、と作家スーザン・ファルディが記録している。今日、私たちが生きさせられている女性の権利に対する戦争の種をまいたのが、フェミニズムに対するこのときのバックラッシュなのだ。

再生産ショックの初期段階では資本主義も適応力を発揮して、輸入して存分に使える代替労働力の供給源を見つけた。資本主義社会が移民を通じて海外から労働力を輸入できる限り、崩壊を食い止めることができたのだ。オルバーンは第6章で述べた演説の中で、EUは「失われた子ども一人につき一人入ってくれれば数は大丈夫だ」と信じている、と苦言した。オルバーン自身はそれを良しとしなかったとしても、この言葉に新自由主義な資本主義が選んだ解決策が要約されている。移民の労働は資本主義にとって、出生率の低下で生じる不足分を埋め、高齢化する人口を支えて人口危機を防ぐに十分な数の労働者と富を確保する手段となった。

新自由主義のイデオロギーが持ちこたえられる限り、移民労働力の輸入と女性の労働力への組み入れは容認できたのだ。だからといって、移民や女性の権利に憤慨する極右やレイシストが社会にいなかったわけではない。そういうものは絶対になくならないのだ。けれども大多数にとって、仕事があってシステムが自分たちのために機能している限り、そして有用で生産的な消費者であり続けるために無限の信用取り引きを利用できる限り、この解決策は許容できた。再生産ショックで女性の労働参加率が上昇して男女の賃金格差が縮まるのも、最も性差別的な欧米男性にとってさえ喜ばしいことだった。自分が金も稼いで贅沢を楽しめている限りは。つまり、システムが「自分」のために機能していればよかったのである。

ところがその後、このやり方が自分にとって機能「しなくなった」。二〇〇八年、このシステムが崩壊して大混乱が起きた。新自由主義は成果を上げなくなって、資本主義の約束は破られたのだ。男たちは謳歌していた幸運がしぼみ、安泰が崩れ去るのを目の当たりにした。

周りに目を向けると、女や移民が職場のそこここにいる。平等が進んだのは白人男の地位を犠牲にしてのことだったのだ、と男たちは考えた。職場や家族間の争いにおいて公式に女性の平等を促進する法律が、ジェンダーに基づく暴力からの保護や女性の性の自立が当然視される文化とともに、すべて男性への攻撃として捉え直されるようになったのは、この時点で当然の成り行きだった。

新自由主義構想を推進する側はそれまでの四〇年間、個人主義中心の社会を創ろうと、集団のアイデンティティと集団の一体感を解体してきた。みんながそれぞれ孤高の自分を生きることだってできるし、そうするべきなんだと私たちに信じさせて、普遍主義やサッチャーの発言で有名なように、「社会」というものがあるという考え方一切を破壊しようとした。新自由主義構想の崩壊が始まって、国民は丸ごと立ち往生する。新自由主義が確実だと約束した何もかもが突然、崩れ去ったのだ。歴史は終わったはずだったのに。資本主義の終焉は想像できても、まさか世界が終わるとは思っていなかった。いったい何が起きたのか、そしてこれからどんなことが起きるというのだろう。この暴落のさなか、広告業界で仕事を切られた私は、失業給付で暮らしていた。それまでの四〇年間、社会にしても経済にしても当然だったことが跡形もなく破壊されたのもさることながら、それを埋め合わせるものが何ひとつない現実を痛感した。残された唯一の拠り所は、国家、自然、戦争という昔確かだったものたちだった。

極右勢力がこの混沌の瞬間を捉えてやりおおせたのは、この埋め合わせに（間違った）答えを吹聴して回ったことだった。仕事もアイデンティティも失ったのはグローバリゼーションのせいだ、地位を失ったのは移民がそれを奪ったからで、こんな移民がやってきたのは、欧州連合のお偉方が懐を肥やしたいがために白人と入れ替えようと、グローバルノースに来い、と誘ったからだ。フェミニズムはこの計画とぐるになって中絶したりやりたくないセックスを拒否したりして、わざとに出生率を下げて白人種抹殺《ホワイト・ジェノサイド》をやっている、そしてもちろんすべての黒幕はユダヤ人だ、と極右は、身ぐるみ剝がされたと感じて怒る白人男性に言ったのだ。

力を取り戻したかったら、と極右派は白人男たちに言って聞かせた。奴らを丸ごと抹殺する人種間戦争をやって白人だけの国を創るんだ、女には子どもを産ませておけばいい。女は外に出てどうこうするのをやめて子どもを産む身体で役に立てば十分だ。そうやって男が王である自然の秩序が取り戻せるんだ。これがグローバルノースの独裁体制リーダーが後押しするメッセージだ。この数十年、急進化する右翼の支持層と急進右派のグローバルエリートたちに同じ三つの約束を繰り返し、揃って成果を上げてきた者たちだ。

ファシストの神話的過去に戻ることでこの国を再び偉大《グレート・アゲイン》にする、というのが最初の約束で、投票してくれたら家族を従える家父長の権威によって白人の主人、馬に乗った闘いに赴く戦士になれる、と説得する。これは二つめの、ファシズムが愛した架空の自然の秩序を取り戻す約束とつながっている。トランプやオルバーンら一部の指導者は、隠そうともしないレイシズムや性と生殖に関する権利の露骨な抑圧を通じて、この主張を展開した。指導者層がレイシズムを隠す傾向がある英国では、いわゆる自然の秩序の表現はもっと暗号化されている。自然の秩序の約束には、女性の経済的平等、安全、安心をゆっくり後退させることが含まれていて、それがにせものの文化戦争と同時にコロナウイルスの大流行で加速した。どちらの約束も、あなた方は大都会エリートの被害を受けて黙らされている、脱工業化と新自由主義が引き起こした問題の責任は、またしても女性とマイノリティにあるのだ、と白人男を説得しようとした。

最後は、白人異性愛男性も彼らの独裁指導者陣も力を失うことは絶対にないと保証する、だから白人男性至上主義の支配は永遠に終わらないんだ、という約束だ。これを達成するには、すでに権力を握っている人間の協力が必要だ。これが資本主義の汚い秘密なのだが、体制の蜜を吸う人間たちは、自分たちの富を護って支配を揺るぎないものにするためなら、極右の信念と運動を支援することも厭わないのだ。

二〇〇八年以前は、右翼ポピュリストや独裁政権の指導層はビジネス界のエリートとともに、極右に対する一種の防壁と受け取られていた。例えば、政治や社会への極右の攻撃を食い止めるためなら、政府は移民排斥政策や反福祉のレトリックを取り入れる意向だった。もちろん愉快なことではないけれど、ファシズムの最も醜悪な面を抑えておける方法ではあったのだ。ポール・メイソンによれば、その「防壁自体が今、火を噴いている」[3]。前章で検討したように、右翼ポピュリストの指導者らは現在、がっちりと極右陣営に入るか、権力を定着させるために極右的な政策やレトリックを次々採用しているかのどちらかなのだ。

エリートをファシストへと向かわせる圧力は、資本主義が直面している危機と同じだ。高齢化による人口構造の変化が各国経済の安定を脅かしている。高齢者を支えるに十分な資金を調達できない限り、国は破産して、ビジネスやエリートの富も道連れに失われてしまうだろう。女性が生殖のことを自分で決めるようになって出生率が低下しはじめたことをきっかけに、その資金は女性の生産労働とその消費、そして移民による海外からの労働力の輸入によってまかなわれていた。だが近年、その戦略はもはや機能せず、移民はもう不足を埋めることはできない。グローバルサウスの女性もグローバルノースの女性と同じく生殖をめぐる選択《リプロダクティブ・チョイス》を手にするようになって、産む子どもの数が減っている上、気候危機は何もかもを何らかの形で変えている。

それでも富と権力を保持したいエリートは、人権を抑圧するためにモブと同盟を結ぶことをますます厭わなくなっている。富を手放さないためには進歩を終わらせる必要がある。ファシストと同じく進歩を逆転させる必要があるのだ。もちろんこれらすべては気候危機によって悪化している。地球と化石燃料の搾取によって生み出された富をいずれ崩壊させることになる危機だ。

億万長者が独裁主義者や極右モブを支援するのは、双方に利益のある同盟関係だからだ、ということを忘れてはいけない。政治学者のリー・ドラットマンは、米国で進む富の集中が特に右派の分極化と過激主義を加速することを発見した。[4] 分断を利用して権力を維持し、利益を確保できるポピュリスト指導者にとって、分極化が進むのは好都合なのだ。

大企業のエリートが極右と協力することを良しとするのも当然だ。ファシズムは本質的に反マルクス主義だから伝統的に資本主義を擁護してきた。さらにネオクレウスによれば、ファシズムは「労働者階級の潜在的な政治行動を無効化」し、それによって「資本家階級にとっては剰余価値の抽出が容易になる」[5]。ファシスト運動はまた、労働組合や労働者の団結を潰すことにも力を入れている。それは金融、生産、生殖の搾取から金と権力を得ている人間にとって有効な手段だ。ネオクレウスはこう説明する。

産業資本は、それによって収奪されない限り、どんな政治体制とも折り合いをつけることができる。経済恐慌を解決して政治の混乱を終わらせ、革命的社会主義・共産主義運動を破壊して労働者組織を排除し、産業（資本）の近代化に真摯に取り組む体制であれば、喜んで妥協もするだろう。[6]

例えば、ナチス政権が大企業の後ろ盾を得ていたのは、この理由による。資本主義は、エリートたちが労働者の権利を抑圧して自分たちの権力を強化し富を保持することができる限り、ファシズムに適応し喜んで女性やマイノリティの権利を売り渡す。

金融暴落に続いて崩壊し延命措置を受けて苦闘していた新自由主義は、進歩に関する神話とりわけ社会における女性の地位に関する神話を暴露した。二〇世紀後半に女性が新たに生殖をめぐる自由《リプロダクティブ・フリーダム》を手にした再生産ショックは、新自由主義と、女性が家庭の中から外の世界へと移動することとで和らげられた。外に出て周囲とつながりを持たない労働者／消費者となった女性の生産労働で、機械と新自由主義のイデオロギーが回り続けていたのだ。だから、私たちは起こっている変化にほとんど気づかなかった。そんなふうに働くことを普通のこと、日々の生活の一部だと思っていた。そうする権利が保証されていると信じていられたのは、それが資本主義と当時の新自由主義の権力構造を満足させるような権利だったからだ。同じように、全盛期の新自由主義は、移民が仕事、つまりエリートを金持ちにする仕事を求めて自由に移動する権利を喜んで推進した。私が成人したブレアとクリントンの時代は、女性や移民の権利が拡大するのは自分たちも豊かにしてくれるから歓迎、という考え方だったのだ。

ところが、システムの崩壊が始まってみんなが貧しくなってくると、社会の進歩は結局、富を創るためでしかなかったのだ、ということが露呈した。女性やマイノリティの権利は、支配層のために機能しなくなったとたんに覆されやすくなる。これは一九八〇年代と悪魔パニックの教訓だ。新自由主義エリートを怯えさせた出生率の低下と人口高齢化の始まりと、女性の生殖に関する権利に対する急進右派のバックラッシュの拡大を見た時代だ。問題は、私たちが今直面している世界的危機は、はるかに、はるかにそれよりも悪いということだ。

そして今、私たちは転換点に立っている。でも前にもこんな瞬間はあった。私たちはそこから学ぶことができる。

近代初期ヨーロッパの資本主義の成功は、女性を再生産労働に縛りつけることによって達成された。女性が働くことを非難し、中絶を攻撃して、妊娠した従順な妻という理想像を作って縛りつけたのだ。これについてはシルヴィア・フェデリーチが、資本主義と生殖に関する権利を考察する代表的な著作『キャリバンと魔女』〔小田原琳・後藤あゆみ訳、以文社、二〇一七年〕を書いている。それから五世紀経って、一九世紀のアメリカで女性が政治に参画し、もっと解放された生活を送ろうとしたとき、移民の増加が白人、つまりアングロサクソン人口を脅かしているとの声が高まり、その対応として中絶に制限がかけられた。続いて欧州で、労働人口に加わり、選挙権も手にして第一次世界大戦後の自由を味わった女性たちが、ナチスドイツやファシストのイタリアで顕著なように、再生産労働に逆戻りさせられるバックラッシュに見舞われた。第二次世界大戦中に女性が「大挙して」労働力に加わった後も、このパターンは繰り返された。戦後の数年間で、女性は帰還した男性に道を譲るために仕事から押し出され、一方でいわゆる「女らしさの神話《フェミニン・ミスティーク》」を信奉する者たちは、子宮の仕事が女の仕事、というメッセージを発信した。[xix] 一歩進むたびにバックラッシュが襲った。いつもそうだった。

こうした束の間の自由と比べると、一九六〇年代から七〇年代にかけての女性解放はまさに革命だった。少なくとも北半球では、平等を阻む法律の壁が解体され、再生産労働を自分で管理できるまでになったのだ。みんなが繭に閉じこもっていた社会は、経済が女性の生産と消費の労働を必要とし、資本側には移民で不足分を埋め合わせる能力があったことで起きていたこの再生産の革命にまったく気づかなかった。だから、一九六〇年代に女性が勝ち取った権利を押し戻す必要もそうしたいという気もなかったのだ。でもそれももう終わった。

朗報は、私たちはこの闘いに負ける必要はないということだ。抵抗するという道がある。この包囲を破って、女性の人格を丸ごと尊重せよと要求すればいい。

この本は、二つの仕事をしながら書き上げた。その間コロナウイルスでロックダウンが三回もあった上に、引っ越しまでしていた。毎日何時間もネットに貼りついて、極右の反中絶陰謀論が飛び交う米国の選挙を見ていた。中絶は（大部分イスラム教徒の）移民が手を貸して左翼のエリートが煽る、欧米を非キリスト教化しようとする悪魔の生贄の儀式だという作り話も出た。私の生まれ故郷の英国プリマスで起きた銃乱射事件と過激派集団タリバンによるアフガニスタン奪還を続けて報道した、過酷な週末もあった。タリバン戦士がアフガニスタンの首都カブールを陥落させた日、街の店先の看板に描かれた女性の姿が塗りつぶされる一方、一五歳ほどの女の子たちが引き立てられて無理やり結婚させられていると報じられた。女性は職場から追い出され、女子は中等教育を禁止され、女性の国会議員は身を隠した。女子の教育に女性の政治・司法への進出と、二〇年積み上げてきた女性の平等が一気に振り出しに戻された。その何ヵ月も前に私は、二〇二一年一月六日の米国の暴動と、そこに姿を見せた陰謀論者、反中絶派、民主主義を転覆しようとする右翼武装集団のことを書いていた。ポーランドとテキサスに迫る中絶の禁止を調査しながら、身も凍る思いで、最高裁が米国の女性に下す判断を待っていた。ついにその一撃を受けたとき、それが米国の、グローバルサウスの、そして英国の女性にとって何を意味するのかを報道した。洋の東西を越えて、女性を標的にした世界規模の戦争がいよいよ本番に入ったのは明らかだった。

本書の調査で私は、一部の男性がどれほど深く女性を憎んでいるか、黒人や少数民族集団を抹殺しようとする極右の信念がどれほど残虐か、を思い知らされた。とても口にできないようなことも読んだし、見なかったらどれほどよかったかと思うような画像やミームも目にした。口に出したらどんなに衝撃を受けるかと思うと、親友にさえ話せないようなことだ。やっと勝ち取った権利が投

xix　これについてはベティ・フリーダンの著作『女らしさの神話』荻野美穂訳、岩波文庫、二〇二四年がある。

げ捨てられ、根付いた権利も根こそぎにされて、女性の生は今、生死の縁をさまよっている。権利は脆い。簡単に壊されてしまう。

これまで鼻をつまみながらうろついてきた中でも最も醜い空間のいくつかに深入りしたが、私は素晴らしい抵抗の取り組みについて聞き、読んだ。ルーマニアとハンガリーのＬＧＢＴＩＱ活動家、スロバキアの中絶支持派のデモ行進者、ケニアで弱い立場の一〇代に安全な中絶へのアクセスを提供する人々、アイルランドのTogether 4 Yes連盟の圧倒的なエネルギーなど、極右の攻撃に抵抗する人々の勇気、献身、強い意志に関わる機会を得られたことは、本書執筆の大きな喜びだった。

性と生殖をめぐる自由《セクシュアル&リプロダクティブ・フリーダム》に迫る極右の脅威は、今ここにある危機だ。事実ロー対ウェイド判決が覆されるという壊滅的な被害が、米国で起きている。ここまで説明してきた資本主義の危機によって私たちは今、転換点に立っている。性と生殖をめぐる自由に迫る極右の脅威は、二つの暴力的な抑圧が根底にある運動だ。すべてのジェンダーの黒い身体と褐色の身体への抑圧と、女性と少女の身体への抑圧だ。ひとつの集団を抹殺しようとする衝動にかられ、女性の再生産労働の搾取と、黒人とグローバル・マジョリティの殺害や本国送還を通じて白人男性至上主義を行使する運動だ。この運動には、血の気の多いモブを棒で小突いて民族紛争に駆り立てる富裕層エリートが金を出している。これは自由を怖れる運動だ。だから子どもを産んで単一人種国家に奉仕する道を選ばないような女性の自由は断固、粉砕しようとする。そんなことを許す必要はない。なぜなら、私たちも運動《ウィー・アー・ムーブメント》だからだ。そして私たちは勝つことができる。

一九世紀には、カール・マルクスが人間は自然と歩調を合わせて変わっていくと論じた。マルクスは、社会を変えることによって人間のあり方を変えていく力が私たちにはあると信じてもいた。これはとても大切なことだ。マルクスは、生き物としての人間に与えられた目的は、環境「も」自分「も」両方変えていくことで自分を自由に解放することだ、と主張した。マルクスの理論は、もっと進歩して、女性やマイノリティの人々が尊重される平等な社会を発展させていく人間の可能性に、敬意を払っている。この社会の変化に伴って、人間自体ももっと進歩して平等な人間へと変容できる、自由になれるのだと。

こうした主張は、本質的に反人間主義で反自由主義の極右にとって耐えがたいものだ。けれど、もしマルクスが論じる通り自分も社会も変えていけるのが人間であるなら、極右が主張する人間観は全面的に間違っていることになる。人間とは、ファシストのイデオロギーがいうように、こういうものだと固定されてはいない。そうではなくて、私たちには社会も自分も変える自由がある。自由を怖れる必要はないのだ。

私たちは今、ファシズムと、新しい、進歩していく未来、気候危機や人工知能の興隆がもたらす課題に立ち向かえる、新しい経済的社会的なモデルを備えた未来の交差点に立っている。どちらを選ぶのか迷っている時間はない。一方の道をとれば、女性もＬＧＢＴＩＱも黒人も少数民族も抑圧され、憎しみから身をかわし、ジェノサイドと闘いながら枯れていく人生が待っている。反対の道をとるならば、未来は私たちのものだ。

訳者あとがき

牟礼晶子

本書は、国際情勢を報道・分析する英国の隔月刊誌 *New Internationalist* の書評欄で見つけた。八年前から参加している英語読解クラスのテキストなのだが、大手メディアに取り上げられない興味深い書籍が紹介されていることから新号が届くと真っ先に書評に目を通してきた。

本書が紹介されたのは刊行直前の二〇二三年五／六月号で、ちょうど米テキサス州の中絶禁止法によって心身に大きな傷を負ったという女性の証言が海外メディアで報道された頃だった。本書第6章に登場するアグニェシュカ・Tらと同じ状況で、禁止法への抵触を問われる可能性を怖れた医師が敗血症発症まで必要な中絶を行わなかったのだという。九死に一生を得た女性は証言当日、あなたの仕事は投票してくれた市民の健康を守ることであって危険にさらすことではない、と禁止を支持した議員に迫った。

中絶の権利を全米に保障したロー対ウェイド判決が二〇二二年に覆されて以来、常軌を逸した中絶規制が米国で展開する裏に、何かいやなものが潜んでいるのではと常々感じていた私は、すぐに本書を購入してひと通り読み通した。

そのいやなものは、中絶規制の裏で着実に進む極右派の壮大な夢想と計画であり、それは人権を奪われて戦争で死ぬ一般市民によって支配層が富と栄光を享受できていた啓蒙主義以前の世界である神話的過去の再現であるらしかった。これを主導する極端なファシスト、白人男性至上主義者は、非白人種が白人人口を転覆しようと企んでいると主張し、その企みを人種大交替《グレート・リプレイスメント》、白人種抹殺《ホワイト・ジェノサイド》と呼んで極端に怖れ（あるいはそれを口実に）、ハンガリーのような独裁政権から英国等自由民主主義の国に至るまで、いずれ中南米やアジアにも進出する野心を抱きつつ欧米一帯の政府の政策を動かそうと着実に手を打っている、ということのようだった。

これは大変な問題なのではないか、と思う一方、自分が陰謀論にはまろうとしているのではないか、という警戒心も働いた。人種大交替、白人種抹殺は著者が妄想であると明確に否定しているが、それらが世界最古の民主主義政党である米国共和党をはじめとする主流政治勢力や機構に浸透していること自体が、口にすれば陰謀論に染まったと見られそうだった。これについてはやがて二〇二四年九月初旬に、ピュリッツァー受賞歴のある歴史家・ジャーナリストのアン・アプルボームが「民主主義の終わりの始まり（The End of Democracy Has Already Began）」と題したポッドキャストをアトランティック紙のサイトで主催して、壮大堅固な米国の民主主義のもとで国民がそんなものを信じるはずはないと思ったかつての自分は間違っていた、と告白しつつ陰謀論の浸透を取り上げることになる。

さてそうこうするうちに昨年一〇月、ガザでイスラエルによるジェノサイドが始まり、一向に有効な手を打とうとしない欧米諸国首脳らの態度から、著者が繰り返し警告していた白人至上主義があからさまになった。人間とはこの程度のものだったのか、と心が無いかのような姿に愕然とした。

では日本はどうするのだろう。中絶へのアクセスに限れば今米国で加速している事態が日本でただちに危惧されるとは思えないが、問題は中絶だけでも女性の権利だけでもないことは著者も指摘しており、原題の「包囲される身体（*Bodies under Siege*）」の身体は all genders のそれである、と第6章で述べている。また、日本で中絶が比較的容易にできるのが女性の権利が尊重されているからではないことは、緊急避妊薬や薬剤による中絶の承認過程を見れば明らかだ。

著者の警告する、特に常時戦争状態（Constant State of War）をひとつの柱とする事態が白人男性至上主義のもとで進展したとき、国として日本はどういう道をとるのか、男性よりも脆弱な女性の暮らしと人生はどうなってしまうのだろうか。

私は研究者でもジャーナリストでもない。そういうことを考えてもらうきっかけに本書がなりうるのかという判断は、関連分野で知見を積んだ方にお願いするしかないと考え、まず出版社にアプローチするために企画書をまとめた。

その窓口でとなる出版社で、中絶の問題は日本にとりあえず関係がないのでは、と言われる可能性は十分覚悟していたが、さほど問題にならずすぐに検討対象としていただけたのも、解説を菊地夏野先生に快く引き受けていただけたのも驚きであるとともに大きな喜びだった。感謝というほかはない。

本書には、なるべく平易な語りかけで女性たちに真摯に訴え、特に美文を書こうとしない著者の姿勢がかえって素朴に美しく結晶化した箇所が随所に見られる。

私がいちばん好きなシーンは、生涯忘れない、と彼女が語る、一二歳のとき労働党が勝ったメーデーの選挙の翌朝だ。女性議員が大量に生まれて国会のインフラ整備が否応なしに進むさまも、なんとしてもジェンダーを政策の主流にしようと決意した多くの女性議員の真摯な取り組みも印象的だ。

二〇二〇年一〇月、胎児に異常がある妊娠の中絶を禁止する計画に抗議して数千人の女性が味方を連れて街頭に立ち、「くそったれ」とスローガンを掲げたポーランドのフェミニスト革命は痛快だった。いろいろと腹の立つオルバーンの膝元とはいえ、革命記念日の式典の始まりを待って、国旗の三色を取り入れた正装の男たちが馬にまたがり整列しているブダペストの描写は美しい。

伝えるメッセージと事実の正確さは一切ゆるがせにせず、許される範囲で学術的な用語をときにかみ砕いてわかりやすく整え、風景や人物の美しい描写などを盛り込んで読者層を広げて女性問題や人権問題を伝えていくという方法もあるのではないかと私はここ数年考えている。本書の翻訳を通じてそれがいろいろと難しいことがよくわかったが、もう少し考えてみたい。

米大統領選は、バイデンが撤退して、登場したハリスに期待が寄らせられたが結局トランプが勝ち、しかも圧勝と伝えられて今後他国への影響が危ぶまれる。けれど著者も再三言っているように、私たちは負けるわけにはいかない。

素人の直感で選んだ書籍が思いがけない幸運に恵まれて刊行にこぎつけ、本書の重要性を鮮やかに示す見事な解説を書いてくださった名古屋市立大学の菊地夏野先生、明石書店編集部の赤瀬智彦編集部長に改めて心よりお礼申し上げたい。

二〇二四年一一月二九日

解説

菊地夏野

本書の意義

本書は、新たな世界政治の認識枠組みを模索していたわたしに、パズルの最後のピースを与えてくれた。本書の意義は、近年世界中を揺り動かしている旋風の核心にあるものを、ジャーナリズムに基づく調査報道により詳細に明らかにしたことにある。

著者シャン・ノリスは、女性の権利に関する調査報道を専門とするジャーナリスト兼作家であり、とりわけリプロダクティブ・ライツと女性に対する暴力に関心を向けている。

本書（原題 *Bodies Under Siege: How the far-right attack on reproductive rights went global*, Verso Books）は二〇二三年に刊行された。欧米の極右がなぜ中絶に反対しその権利を否定しようとするのか、その運動はどのように展開されているのか、背景にどのような組織が存在しているのか等を探ったものである。

アメリカでトランプ大統領の登場により中絶が非合法化されたことは日本でも報道されたので、知っている人は多いだろう。だが、トランプの政治としては移民排斥の方が知られているだろうし、そのような移民への対応と中絶への禁止政策がどのようにつながっているのかという点までは明確な説明を目にすることはない。

これを書いている二〇二四年一一月現在、まさにトランプは再選された。また今年はヨーロッパ議会選挙でも極右が台頭し世界を震撼させた。トランプとヨーロッパの極右に共通するのは、周知の通り移民への排外主義的政策である。

ヨーロッパ諸国は戦後、経済成長に活用するため旧植民地地域から多数の移民を受け入れた。それは戦前の植民地主義への贖罪の意味もあった。アメリカはそもそも「移民の国」として、多様な人種の「るつぼ」であることを誇っていた。それらはこの数十年で様変わりし、どちらも国境を閉じ、「国民ファースト」を謳い他者の排斥を競っているかのようである。

また一方で、それらの閉じられた国内では、トランプにより保守派で固められた連邦最高裁が一九七三年の「ロー対ウェイド判決」を覆したことに代表されるように、女性の権利が制限されようとしている。トランプの女性蔑視発言は、アメリカという世界の覇権国家の代表が公的にそのような言動を行ってもよいのだ、というメッセージを世界に発信している。ブラジルのボルソナーロ（前）大統領も女性蔑視発言で知られ、ヨーロッパではハンガリーのオルバーン首相が中絶の全面禁止に踏み切った。

どれも断片的にしか報道されないこれらの変化に対して、本書は明快なしくみを教えてくれる。それが「人種大交替《グレート・リプレイスメント》」論である。移民の増加により白人人口が減り、白人のヘゲモニーが失われることを怖れているのである。移民と中絶の問題の背景にはファシズムの思想がある、と本書は語る。言い換えればファシズムは、白人男性至上主義である。女性は自らの民族や国家を再生産するために必要な手段であり、道具である。トランプらの女性差別的言動は、その思想の特徴を明白に表している。

実はこれは、著者がフェミニストであるからこそ喝破できた真実だ。ファシズムは通常、カリスマによる権威主義的支配を指し、住民や反対勢力を封じる抑圧手段を行使する政治と把握されている。実際、近年の変化についてもファシズムとして論じるものが登場してきている。しかし、それらの通常のファシズム論や研究は、ジェンダーとセクシュアリティへの視点を欠いている。そもそもファシズム論において、中絶禁止の問題が十分論じられることは少ない。それに対して本書は、フェミニストとして現実に起こっていることを客観的に分析したからこそ得られた成果である。

ファシズムの根本にあるのはミソジニーと白人至上主義である。そうであれば移民排斥と（白人女性の）中絶禁止が目的になるのは必然であろう。

リプロダクティブ・ライツの意義と成り立ち

本書の中心概念である「生殖に関する権利《リプロダクティブ・ライツ》」は、フェミニズムが生み出した言葉である。

女性にとって妊娠や出産は大きな意味を持っている。妊娠を望んでいない場合であればそれは心身と社会生活への大きな負担となるし、望んでいる場合でも負担は大きい。にもかかわらず女性は「産む身体」とされ、子どもは幸せの象徴とされている。

イスラエルの社会学者オルナ・ドーナトは著書『母親になって後悔してる』（鹿田昌美訳、新潮社、二〇二二年）で母親になりたくなかったけれどもなってしまって、やはり後悔している女性たちへのインタビューの調査分析を発表し、世界中で反響を呼んだ。そこからわかるのは、「母になって後悔している」ことは社会的なタブーであり、彼女たちはほとんど誰にも本心をいえないということだ。女性は仮に妊娠時に望んでいなくても、母になれば満足するだろうという社会の通念がある。女性たちもこの通念を内面化し、「幸福」と「母になること」を結びつけ、女性はいずれ母親になるものであり、「良い母親」を目指すべきと思わされる。女性が苦しむのはこの社会の規範である。著者ドーナトの住むイスラエルは軍事国家であり、出産奨励政策をとっている。これもファシズムと深い結びつきがあるが、イスラエルのみならず「少子化」に悩むグローバルノース各国に共通するものとして捉えた方がよいだろう。

リプロダクティブ・ライツは、現在でも変わらないこのような女性への抑圧に抵抗するために、フェミニズム運動の中から作られた概念だ。特に戦後、欧米で盛り上がった中絶の権利への要求は、国連等の国際会議の場でも議論されるようになっていく。

一九八〇年代後半に、先進国の女性たちの主張が「中絶の権利」に傾きがちであることに対して、第三世界の女性たちから批判が起こった。貧しい国の女性たちは、むしろ産まないことを求められ、人口調節弁として位置づけられていた。それは欧米先進国や世界銀行等国際機関による国際債務政策を押しつけられた国の政策によるものだった〔マリアローザ・ダラ・コスタ、ジョヴァンナ・フランカ・ダラ・コスタ編、伊田久美子監訳『約束された発展?――国際債務政策と第三世界の女たち』インパクト出版会、一九九五年〕。だからこそ第三世界の女性たちは、単なる中絶の非犯罪化だけでなく、女性たちの性と生殖に関する自己決定を奪う経済や政治の構造全体を変革することを求めたのである。

この南北の女性たちの議論と対話により練り上げられることで、「リプロダクティブ・ライツ」は誰もが自分の性と生殖に関してその決定を尊重されるべきものとして構想されるようになった。

性と生殖は個人が生きていく上で最も中核にある領域であり、その領域がどのようであるかによって社会は大きく変わる。しかし、本書を読めばわかるように、女性をはじめ誰もがリプロの権利を認められるようになれば、ファシズムは成立しない。なぜならファシズムは、ひとを性別や民族・国家によって序列化する思想であり、性と生殖の権利もその序列に応じて配分するからである。そこに平等はないのである。

日本の宗教右派とファシズム

さて日本では、「極右の台頭」がもっぱらアメリカやヨーロッパのこととして報道されている。そのさい日本は右傾化していないと付け加えられることが多い。しかし、極右の台頭やファシズムは日本においても対岸の火事ではない。

本格的な政権交代がないままであるためわかりにくいが、政治の右傾化は以前から進行している。自民党内の護憲派政治家はどんどん減り、二〇一二年から二〇二〇年まで続いた第二次安倍政権時には、集団的自衛権の憲法解釈が変更され、その行使が容認された。報道が厳しく規制され、メディアが政治への批判的報道を行わず「そんたく」することが話題にもなった。反韓・反中の書籍が書店で山積みにされ、インターネット上ではヘイトスピーチが横行し、ヘイトデモが路上で多数を集めて行われたこともある。

移民問題については、日本は以前から基本的に閉鎖政策をとっているため、欧米のように大きな問題化はしにくい。しかし、一九八〇年代のバブル期には特に東南アジアからの多数の外国人労働者を移入し、経済的に利用した。その後不況期に入ると取り締まりを厳格化し、選別的に外国人を導入する政策を強化している。

そもそも日本の難民受け入れが先進国で最低レベルであることも知られていないし、入国管理収容所の待遇が劣悪で頻繁に収容者の抗議運動が起きていることも報道されない。二〇二一年にはスリランカ人ウィシュマ・サンダマリさんが名古屋市の出入国在留管理局の収容施設で亡くなった。学生ビザの在留期限が過ぎ、オーバーステイとなっていたウィシュマさんは、難民申請を行った後、七ヵ月間も収容されていた。この事件をきっかけに、難民受け入れをさらに厳格化する入管法改正に抗議が広がりいったん廃案に追い込まれたが、二〇二三年に成立してしまった。

二〇二四年には、東京都知事選で前広島県安芸高田市長の石丸伸二氏が蓮舫氏を抑えて二位の得票を達成した。石丸氏は市長時代に議員を罵倒するなどの問題を起こしていたが、インターネットを駆使する選挙運動で若者の支持を得た。また兵庫県知事選挙では、パワハラ等で公益通報された斎藤元彦元知事が、ネットを活用して、当初の予想を覆す再選を果たした（当選後、公職選挙法違反の疑いで刑事告発された）。どちらも問題ある言動が、デマを含んだ宣伝活動により不可視化され、「メディアの被害者」として英雄視された。これは、ひとびとが抱えている不満を吸収する形で政治権力として実体化した例で、ゆるいファシズムの現れとして懸念される。

振り返れば、日本の政治に対する「宗教右派」の介入が問題化されるようになったのは二〇〇〇年代以来である。日本会議や旧統一教会が自民党を中心とした政治家と結びつき影響力を及ぼしていることが批判された。そしてそれは二〇二二年の安倍元首相銃撃事件により白日のもとにさらされ、旧統一教会と政治家の関わりが連日メディア上で取りざたされた。

ここで重要なのが、これらの宗教右派と政治の関係について主に焦点化したのが「夫婦別姓」や「ＬＧＢＴ」「性教育」などのイシューだったことである〔ポリタスＴＶ編、山口智美・斉藤正美著『宗教右派とフェミニズム』青弓社、二〇二三年〕。紛れもなくジェンダーや女性に深く関わるこれらのテーマに関して特に宗教右派が固執したことの意味を、おおかたは十分理解しなかった。そのため、政治との癒着についてもどのような問題性があるのか理解が広まらず、追及も尻すぼみに終わった。

ここで特筆しておかなければいけないが、日本では欧米のように中絶が政治問題になることはほとんどないため、合法であるかのように思っている人が多い。しかし、日本の刑法によれば中絶は堕胎罪という犯罪である。にもかかわらず、実際に非常に多くの女性たちが中絶しているのは、母体保護法によって条件付きで許可されているからに過ぎない。一九七〇年代のリブ始め、女性運動はずっとこの犯罪化を批判してきたが、そのたびに右派団体と政治の癒着に遮られてきている。このような事実をマスメディアはほとんど報道しないため、一般の人々は知る機会もない。日本のリプロをめぐる状況は、中絶が政治問題化する欧米よりずっと深刻である。

宗教右派がジェンダーや性のイシューに注力するのは、それが人間のあり方の根本に関わるからである。例えば、性教育へのバッシングは安倍元首相らを筆頭とする「ジェンダーフリー・バッシング」政策の中心だった〔包括的性教育推進法の制定をめざすネットワーク編『なぜ学校で性教育ができなくなったのか――七生養護学校事件と今』あけび書房、二〇二三年〕。そもそも、現在の右派運動は、日本軍「慰安婦」問題の公論化に対抗して立ち上がったものだ。「慰安婦」問題は国による性暴力であり、それこそが右派の否定したい最大のタブーだ。

性を中核とする個のあり方や、それに深く関わる家庭のあり方を思い通りにできれば、国家や社会全体に影響を及ぼせる。だがそのことを理解するものは少ないため、ジェンダーや性のイシューは単なる「女性に関わること」と狭義に把握され、軽視される。しかし右派らは家庭のことにとどまらず、そこを基盤として憲法や安全保障、人権等多様な政治イシューへ介入することを目指している。それは本書の射程にあるファシズムと同質である。

日本では、ファシズム勢力が世界的に力を増していること、そしてそれは日本も例外ではないことが十分に理解されていない。それは、ジェンダーや性の問題が軽視されていることが根本にある。

宗教右派によるフェミニズムへのバッシングの問題が置き去りにされたまま、ファシズムを思わせるような政治的現象が続き、未来は混沌としている。本書はこのような日本の状況において、ファシズムがミソジニーを意味していることを伝える重要な意義があると言える。また、日本の右派と欧米の右派のネットワーク化が進んでいることも懸念されるため、この点の調査研究も期待される。

資本主義との関係

本書は最後に資本主義とファシズムの関係について触れている。

極右のようなミソジニーやLGBT差別を批判するときに、どのような立場があり得るだろうか。現在では、極右や右派・保守派に対峙するのがリベラルの立場とされている。アメリカの例がわかりやすいが、共和党のトランプ主義に対して民主党が対立し、今回の大統領選では有色の女性であるカマラ・ハリス氏が候補者となった。結果はトランプの圧勝となったが、それは民主党が十分に支持されなかったことを意味している。それはなぜだろうか。アメリカの有権者は、トランプ的なファシズム思想を支持しているからだろうか。実はここが現在もっとも重要なポイントだ。

事態はそう単純ではない。ネオリベラリズムの重大性は、ひとびとから精神の力を奪うことだ。市場原理主義は、個の想像力に侵食し、人権や平和といった理念を無力で無効なものと感じさせる。以前は労働者の立場に立ち、再分配を主張した民主党は、この数十年間で変質し、既得権を持つエリート層の利害を擁護する政党に堕した。これはすでにナンシー・フレイザーが二〇一六年の大統領選を受けて論じていたことだ（拙ブログに訳文公開 https://thirdfemi.exblog.jp/27487695/）。男女平等や反差別の理念は、エリートの特権主義的な思想とみなされるようになった。庶民や貧困階層はそれらの理念に反発し、理想よりも自分たちの生活をすぐ改善してくれる政治家を望んだ。それがトランプだった。しかし悲劇は、トランプこそ富裕層のために政治を私物化する人物であり、思想的にもファシズム的な差別排外主義をモットーとすることである。有権者は二重三重に裏切られるだろう。

そのように、資本主義による経済的困窮を打開すると称してファシズムが入り込むことは歴史的に繰り返されている。

今回の大統領選で、年齢や人種、性別を問わずトランプが票を獲得したことをもって、問題はレイシズムやジェンダーではないとする分析もあるが、そうではない。それは単に問題が深まったことを示しているだけで、本質は変わらない。

人を性別や人種／民族で分断しようとするファシズム、またひとびとをそこに追いやるネオリベラリズム、この両者の共犯関係をこそ問わなければならない。それを教えてくれるのが、本書のようなフェミニズムのパースペクティブである。本書が広く読まれ、さらに調査報道や分析、批判が展開されることが強く望まれる。

41 Geoghegan, *Democracy for Sale*.
42 Norris, 'Nazi Speeches and Fascists Return'.
43 Vox Party, '100 Urgent Vox Measures for Spain', 2018.
44 Thomas Perroteau, 'Far Right Vox Challenge Spain's Fight Against Gender Based Violence', *Local*, 19 November 2019.
45 同上。
46 Deborah Madden, 'Right Wing Parties in Spain Are Pushing Extreme Positions on Abortion Ahead of Sunday's Election', *Independent*, 26 April 2019.
47 Shaun Walker, 'How a Slovakian Neo-Nazi Got Elected', *Guardian*, 14 February 2019.
48 Miroslava German Sirotnikova, 'Kotleba Slovak Extremist Who Made Far Right Fashionable', *Balkan Insight*, 26 February 2020.
49 Michael Colbourne, 'Marian Kotleba Wants to Make Slovakia Fascist Again', *Foreign Policy*, 28 February 2020.
50 Walker, 'How a Slovakian Neo-Nazi Got Elected'.
51 Michaela Terenzani, 'Marching in Step', *Slovak Spectator*, 21 May 2018.
52 同上。
53 Author's interview with Zuzanna Kriskova, November 2018.
54 Author's interview with 'Elis', July 2020.
55 Miroslava German Sirotnikova, 'Right Power: Slovakia Mulls New Laws Limiting Abortion', *Balkan Insight*, 13 July 2020.
56 Thierry Baudet, 'Houellebecq's Unfinished Critique of Liberal Modernity', *American Affairs Journal*, vol. 3, no. 2 (summer 2019).
57 Naomi O'Leary, 'New Dutch Far-Right Leader's Staying Power', *Politico*, 22 May 2019.
58 Kathleen Brown, 'The Renaissance of Germany's Anti-Abortion Programme', *Jacobin*, 15 March 2018.
59 Siân Norris, 'Mainstream Conservatism and Far Right Extremism an Increasingly Blurred Distinction', *Byline Times*, 12 April 2021.
60 ウィンドラッシュ・スキャンダルとは、戦後から 1970 年代までにカリブ海諸国から両親とともに英国に渡った人々が、人生の大半を英国で過ごしていたにもかかわらず強制送還されていたことが 2017 年に明らかになった問題。時代遅れの移民規則に基づいて英国にやってきたため、英国に住む権利を保障する正しい書類を持っていなかったのだ。英国に住む権利があることを証明するはずの上陸許可証は破棄されていた。ウィンドラッシュ号とは、1948 年にカリブ海諸国から英国に渡った移民船の名前である。このスキャンダルはアンバー・ラッド内相の辞任につながった。
61 Jane Mayer, *Dark Money*, Doubleday, 2016, p. 125.
62 同上。
63 Geoghegan, *Democracy for Sale*.
64 Nafeez Ahmed, 'New Government Counter-Extremism Chief's Ties to Pro-Donald Trump Hate Groups', *Byline Times*, 13 April 2021.
65 Daniel Ikenson, Simon Lester and Daniel Hannan, eds, *The Ideal U.S.–U.K. Free Trade Agreement: A Free Trader's Perspective*, Cato Institute, 2018.
66 Geoghegan, *Democracy for Sale*.
67 Heather Stewart, 'Women Bearing 86% of Austerity Burden, Commons Figures Reveal', *Guardian*, 9 March 2017.
68 Jon Trickett, 'One in Six Refuges Have Closed since 2010 – the Tories Must Do More to Protect Vulnerable Women', Labour List, 27 March 2017.
69 'Child Poverty in Working Households Up by 800,000 Since 2010, Says TUC', TUC website, 18 November 2019.
70 Chaminda Jayanetti, 'New Equalities Minister Attacked "Modern Feminism" and "Me Too"', *Observer*, 22 November 2020.
71 Liz Truss, 'Dignity and Humanity, Not Quotas and Targets', *ConservativeHome*, 17 December 2020.
72 'Gender and Poverty Briefing', Women's Budget Group, June 2015.
73 'Ethnicity Pay Gaps in Britain', Office for National Statistics, 2018.
74 Peter Walker, 'Tory MP Criticised for Using Antisemitic Term Cultural Marxism', *Guardian*, 26 March 2019.
75 Oliver Dowden, 'Standing Up for Our Values', speech to the Heritage Foundation, 15 February 2022.

第7章 転換点

1 Paul Mason, *How to Stop Fascism*, Allen Lane, 2021, p. xiv.
2 同上。
3 Ibid, p. xiii.
4 Jane Mayer, *Dark Money*, Doubleday, 2016, p. 364.
5 Mark Neocleous, *Fascism*, Open University Press, 1997, p. 46.
6 Ibid, p. 52.

Launched a "Full Scale" Campaign to Push Amy Coney-Barrett's Supreme Court Nomination', *Business Insider*, 27 September 2020.

45 Nancy MacLean, *Democracy in Chains: The Deep History of the Radical Right's Stealth Plan for America*, Penguin Random House, 2017.

第6章　政治家たち

1 Peter Geoghegan, *Democracy for Sale: Dark Money and Dirty Politics*, Apollo, 2020.

2 Author's interview Neil Datta, May 2021.

3 Julia Ebner, *Going Dark*, Bloomsbury UK, 2020, p. 226.

4 Claudia Torrisi, Claire Provost and Mary Fitzgerald, 'A Deep Dive into Dark Money', *Face*, 28 August 2019.

5 Geoghegan, *Democracy for Sale*.

6 'Hungary's Appalling Treatment of Asylum Seekers Condemned', Amnesty International UK blog, 27 September 2016.

7 Ebner, *Going Dark*, p. 46.

8 Cristina Maza, 'Pro-Trump Christian Extremist Prepares Serb Nationalists for New War with Muslims', *Newsweek*, 1 January 2018.

9 Viktor Orbán, 'Speech at 3rd Budapest Demographic Summit,' *About Hungary*, 5 September 2019, abouthungary.hu.

10 'The Government Wants "A Hungarian Hungary and a European Europe"', *About Hungary*, 18 Sep 2017, abouthungary.hu.

11 Ivan Kristen and Stephen Holmes, *The Light That Failed A Reckoning*, Penguin; 2020.

12 Ibid, p. 10.

13 Ibid, p. 14.

14 Adam Withnail, 'Aylan Kurdi's Story: How a Small Syrian Child Came to Be Washed Up on a Beach in Turkey', *Independent*, 3 September 2015.

15 Nikolaus Blome and Christian Stenzel, 'Ihr Wolltet Die Migranten, Wir Nicht', *Das Bild*, 7 January 2017.

16 James Landale, 28 May 2002, twitter.com.

17 Gergely Szacas, 'Orban Offers Financial Incentives to Boost Birth Rate', *Reuters*, 12 February 2019.

18 Dr Ingrid Detter de Frankopan, *The Suicide of Europe*, self-published, 2016.

19 Tucker Carlson, 'Hungary's Government Wants to Help Families Grow', *Fox News*, 30 July 2019.

20 Nikolaus Blome and Christian Stenzel, 'Ihr Wolltet Die Migranten, Wir Nicht', *Das Bild*, 7 January 2017.

21 Miklós Kásler, 'Ethnic and Demographic Changes in Hungary's (more than) 1100 Years Long History', *Polgari Szemle*, vol. 13 (special issue), 2017.

22 Nick Thorpe, 'Hungary Footballers' Row Exposes Gay Rights Split', *BBC News*, 14 April 2021.

23 Dr Willie Parker, *Life's Work: A Moral Argument for Choice*, Simon & Schuster, 2017, p. 164.

24 Edit Inotai, 'Hungary's Family Plan Seeks to "Save the Nation"', *Balkan Insight*, 6 August 2019.

25 Ginzia Arruzza, Tithi Bhattacharya and Nancy Fraser, *Feminism For The 99%: A Manifesto*, Verso, 2019, p. 23.

26 Reva Siegel and Duncan Hosie, 'Trump's Anti-Abortion and Anti-Immigration Plans May Share a Goal', *Time*, 13 December 2019.

27 Tucker Carlson, 'Hungary's Government Wants to Help Families Grow', *Fox News*, 30 July 2019.

28 Siegel and Hosie, 'Trump's Anti-Abortion and Anti-Immigration Plans May Share a Goal'.

29 Siân Norris, 'Nazi Speeches and Fascists Return', *Byline Times*, 8 August 2022.

30 Author's interview with Ada Petrizcko, November 2020.

31 Neil Datta, *Tip of the Iceberg: Religious Extremist Funders Against Human Rights for Sexuality and Reproductive Health in Europe 2009–18*, European Parliamentary Forum for Sexual and Reproductive Rights, June 2021.

32 Jason Stanley, *How Fascism Works*, Random House, 2018, p. 35.

33 Ibid, p. 37.

34 Giada Zampano, 'Italy's Politics Give New Life to Anti-Abortion Campaign', *Politico*, 18 November 2018.

35 Jessica Phelan, 'Verona Defies Italy's Abortion Law and Declares Itself a Pro-Life City', *Local*, 5 October 2018.

36 Geoghegan, *Democracy for Sale*.

37 Claire Provost, 'How the Far Right Is Weaponising "The Family"', *The Face*, 17 April 2019.

38 Maya Oppenheim, 'Verona Protests: Tens of Thousands of Campaigners March Against "Medieval" Anti LGBT+ and Anti-Abortion Conference', *Independent*, 1 April 2019.

39 Lester Federalists and Giulia Alagna, 'Italy Is Ground Zero for the War on Women – Which Is Why These Far-Right Groups Are Meeting There', Buzzfeed, March 2019.

40 Provost, 'How the Far Right Is Weaponising "The Family"'.

2011, *SPLC*, splcenter.org.
26 Helen Joyce, *Trans*, One World, July 2021, p. 225.
27 Natalie Allen, 'This New Bill Could Mandate Unrestricted Access to Abortion', Alliance Defending Freedom blog, 17 June 2021, adflegal.org.
28 Ariel Levy, *Female Chauvinist Pigs: Women and the Rise of Raunch Culture*, Simon & Schuster UK, 2006, p. 117.

第5章　金
1 著者によるネイル・ダッタの取材、2021 年 5 月。
2 Neil Datta, *Tip of the Iceberg: Religious Extremist Funders Against Human Rights for Sexuality and Reproductive Health in Europe 2009–18*, European Parliamentary Forum for Sexual and Reproductive Rights, June 2021.
3 同上。
4 Lester Feder, 'The Rise of Europe's Religious Right', Buzzfeed, 28 July 2014.
5 'Why Has the Leak of 15,000 Hazte Oír Documents Gone Virtually Unnoticed?', 12 April 2017, media.cat.
6 Datta, *Tip of the Iceberg*.
7 同上。
8 Neil Datta, *Restoring the Natural Order: The religious extremists' vision to mobilize European societies against human right on sexuality and reproduction*, European Parliamentary Forum on Population and Development, April 2018.
9 Siân Norris, 'How the US Christian Right Lends Support to Europe's Anti-LGBTIQ Movement', *Byline Times*, 24 June 2021.
10 'Tbilisi Pride Cancelled as Mob Violence Continues', *OC Media*, 5 July 2021.
11 Adam Ramsay and Claire Provost, 'Revealed: The Trump-Linked Super Pac Working Behind the Scenes to Drive Europe's Voters to the Far-Right', *openDemocracy*, 25 April 2019.
12 Datta, *Tip of the Iceberg*.
13 Ellen Rivera, 'Unraveling the Anti-Choice Supergroup アジェンダ・ヨーロッパ in Spain', *IERES Occasional Papers no 4* October 2019.
14 Datta, *Tip of the Iceberg*.
15 同上。
16 同上。
17 Neil Datta, *Modern Day Crusaders in Europe*, European Parliamentary Forum for Sexual and Reproductive Rights, June 2020.
18 同上。
19 Datta, *Tip of the Iceberg*.
20 Interview with Duke Paul of Oldenburg, Pro Europea Christiana, 10 May 2012, nobility.org.
21 同上。
22 Datta, *Tip of the Iceberg*.
23 Rivera, 'Unraveling the Anti-Choice Supergroup アジェンダ・ヨーロッパ'.
24 Marta Borraz and Raúl Sánchez, 'Cinco de los colectivos antiabortistas más activos recibieron casi dos millones de euros de dinero público de 2014 a 2018' [Five of the most active anti-abortion groups received almost 2 million euros of public money between 2014–2018], *El Diario*, 19 January 2019, eldiario.es.
25 Datta, *Tip of the Iceberg*.
26 Kevin Aqiulina, Austin Bencini, Giovanni Bonello and Tonio Borg, 'Two Steps Forward, Two Back', *Times of Malta*, 5 February 2022.
27 Datta, *Tip of the Iceberg*.
28 同上。
29 同上。
30 同上。
31 J. Lester Feder and Susie Armitage, 'Emails Show Pro-Family Activists Feeding Contacts to Russian Nationalists', Buzzfeed, 8 December 2014.
32 Wikileaks, 'The Intolerance Network', 5 August 2021, wikileaks. org.
33 Datta, *Tip of the Iceberg*.
34 同上。
35 Andy Kroll, 'The Dark Money ATM of the Conservative Movement', *Mother Jones*, 5 February 2013.
36 Jane Mayer, *Dark Money The Hidden History of the Billionaires Behind the Rise of the Radical Right*, Doubleday, 2016, p. 312.
37 Anne Nelson, *Shadow Network: Media, Money, and the Secret Hub of the Radical Right*, Bloomsbury, 2019, p. 71.
38 同上。
39 Datta, *Tip of the Iceberg*.
40 Anne Appelbaum, 'History Will Judge the Complicit', *Atlantic*, July/August 2020.
41 Lambda Legal, *Courts, Confirmations and Consequences*, Lambda Legal, January 2021.
42 Jeffrey Toobin, 'The Conservative Pipeline to the Supreme Court', *New Yorker*, 10 April 2017.
43 Andrew Perez and Julia Rock, 'How Dark Money Bought a Supreme Court Seat', *The Lever*, 19 December 2021.
44 Imyoung Choi, 'Koch-Backed Advocacy Group

Abortion Ban', *Guardian*, 17 September 2021.
29 同上。
30 Fiona Bruce, speech to Westminster, 3 July 2020, *Hansard*.
31 同上。
32 Heartbeat International, *Heartbeat History Brochure*.
33 同上。
34 Projects Propublica, 'Non Profit Explorer for Heartbeat International', projects.propublica.org.
35 Siân Norris, 'You Could Die and Turn Your Husband Gay', interview with Mara Clarke, *openDemocracy*, 17 February 2020.
36 私は「中絶のことを話しましょう」ウェビナーを2019年9月、*openDemocracy 50:50* の危機妊娠センター調査記事の仕事で受講した。
37 National Health Service, 'Risks: Abortion', nhs.org.uk.
38 'Abortion and Cancer Risk', American Cancer Association, cancer.org.
39 'Risks: Abortion', National Health Service, nhs.org.uk.
40 Caitlin Shannon, L. Perry Brothers, Neena M. Philip and Beverly Winikoff, 'Ectopic Pregnancy and Medical Abortion', *National Library of Medicine*, July 2004.
41 Heartbeat International, 'Abortion: The Basics', 2019年9月の調査に基づく。
42 'Evidence You Can Use: TRAP Laws', Guttmacher Institute, guttmacher.org.
43 著者に送信された電子メール、2020年11月19日。
44 Philippa Taylor, 'Mythbusters: Abortion and Mental Health', Christian Medical Fellowship, cmf.org.uk.
45 Christian Concern, Christian Legal Centre, *Abortion: Second Edition*, 2019, archive.christianconcern.com.
46 Katie Forster, 'Anti-Abortion Charity Funded by Tampon Tax Gives Pro Life Talk in 200 Schools Despite Government Guidelines', *Independent*.
47 Life, 'Abortion and Mental Health – Why Society Needs to Think Again', 24 November 2017, lifecharity.org.uk.
48 Marian Knight, 'Saving Lives, Improving Mothers' Care', *MBrace UK*, December 2020.
49 Office of National Statistics, 'Number of Deaths Involving Abortion in England and Wales, Deaths Registered between 2015 and 2019', 15 October 2020.
50 Francesca Visser, 'Inside Italian Public Hospitals, I Saw How a US-Linked Anti-Abortion Network Is Humiliating Women', *openDemocracy 50:50*, 9 March 2020.
51 同上。

第4章　同盟者

1 Mark Neocleous, *Fascism*, Open University Press, 1997, p. 79.
2 Jason Stanley, *How Fascism Works: The Politics of Us and Them*, Random House, 2018, p. 13.
3 Wilhelm Reich, *Die Massenpsychologie des Faschismus* [*The Mass Psychology of Fascism*], Farrar, Straus and Giroux, 1933, quoted in David Elkind, 'Wilhelm Reich – The Psychoanalyst as Revolutionary', *New York Times*, 18 April 1971.
4 Jason Köhne, speech to Patriotic Alternative Conference 2020, Radio Albion; radioalbion.com.
5 著者によるイッシーの取材、2021年10月。
6 著者によるセイワード・ダービー取材。*Byline Times* article, January 2021.
7 Elizabeth Wurtzel, *Bitch: In Praise of Difficult Women*, Random House, 1998, Part One.
8 Alexandra Minna Stern, 'Alt-Right Women and the White Baby Challenge', *Salon*, 14 July 2019.
9 Seyward Darby, *Sisters in Hate*, Little Brown, July 2020, p. 103.
10 Laura Doyle, *The Surrendered Wife: A Practical Guide To Finding Intimacy, Passion and Peace*, St Martin Publishing, 2015 edition (2001), p. 128.
11 Lauren Southern, 'Top 10 Anti-Feminist Moments', Rebel News, 8 March 2017, youtube.com.
12 同上。
13 Ruth Ben-Ghiat, *Strongmen*, Profile Books, 2020, p. 121.
14 Darby, *Sisters in Hate*.
15 Angela Y. Davis, *Women, Race and Class*, Penguin Modern Classics, 1981, p. 3.
16 同上。
17 Jason Stanley, *How Fascism Works*, Random House, 2018, p. 17. 強調著者。
18 Julia Ebner, *Going Dark: The Secret Social Lives of Extremists*, Bloomsbury UK, 2020, p. 54.
19 同上。
20 Andrew Marantz, 'Samantha's Journey into the Alt-Right, and Back', *New Yorker*, 22 November 2019.
21 Doyle, *The Surrendered Wife*.
22 Form 990 for Alliance Defending Freedom, 2016.
23 Dear Colleague Letter on transgender students, US Department of Justice and US Department of Education, 13 May 2016.
24 William J. Malone, *Gender Resource Guide*, Family Policy Alliance, 2022, genderresourceguide.com.
25 Tony Perkins, speech at Oak Initiative Summit, April

58 'War on Men', Knights Templar International, December 2019, knightstemplarorder.com.

59 Peter Thiel, 'The Education of a Libertarian', Cato Institute, 13 April 2009, cato-unbound. org.

60 Kaczor, 'Women Destroying Cultures and Countries', 16 October 2020, incels.net.

61 Rachel Andrews, 'Interview with Silvia Federici', *White Review*, January 2022.

62 Lisa Ko, 'Unwanted Sterilization and Eugenics Programs in the United States', PBS, 29 January 2016, pbs.org.

63 同上。

64 Davis, *Women, Race and Class*, p. 197.

65 Natasha Lennard, 'The Long, Disgraceful History of American Attacks on Brown and Black Women's Reproductive Systems', *Intercept*, 17 September 2020.

66 Jane Lawrence, 'The Little Known History of the Sterilization of Native American Women', JStor Daily.

67 Tina Vasquez, 'Exclusive: Georgia doctor who forcibly sterilized detained women has been identified', *Prism*, 15 September 2020.

68 'Romani Women Subjected to Forced Sterilization in Slovakia', Centre for Reproductive Rights, 28 January 2003, reproductive rights.org.

69 Siân Norris, 'The Quipu Project: Testimonies of Forced Sterilisation in Peru', *openDemocracy 50:50*, 16 December 2015.

70 Edwin M Gold et al., 'Therapeutic Abortions in New York City: A Twenty Year Review', *American Journal of Public Health*, vol. 55 (July 1965).

71 Tobi Thomas and Jessica Elgot, 'Women from Poorer Backgrounds Three Times More Likely to Have Abortions', *Guardian*, 23 March 2021.

72 Davis, *Women, Race and Class*, p. 185.

73 Emily O'Reilly, *Masterminds of the Right*, Attic Press, 1992.

第3章 潜入

1 Anne Kioko, 'CitizenGO Denounced Cultural Imperialism and the Ideological Colonization at the United Nations', YouTube, arch 2021.

2 Neil Datta, *Restoring the Natural Order: The Religious Extremists' Vision to Mobilize European Societies Against Human Right on Sexuality and Reproduction*, European Parliamentary Forum on Population and Development, April 2018.

3 Ellen Rivera, 'Unraveling the Anti-Choice Supergroup アジェンダ・ヨーロッパ in Spain, *IERES Occasional Papers*, no. 4 (October 2019).

4 Emily O'Reilly, *Masterminds of the Right*, Attic Press, p.11.

5 アジェンダ・ヨーロッパ, *Restoring the Natural Order: An Agenda For Europe*, agendaeurope.files.wordpress.com.

6 同上。

7 同上。

8 同上。

9 同上。

10 同上。

11 World Health Organization, 'Safe Abortion: Technical and Policy Guidance for Health Systems', 2nd edition (2012).

12 Datta, *Restoring the Natural Order*.

13 アジェンダ・ヨーロッパ, *Restoring the Natural Order*.

14 Samantha Brick, 'Anguish of Men the Whose Babies Were Aborted Against Their Will', *Daily Mail*, 6 January 2022.

15 アジェンダ・ヨーロッパ, *Restoring the Natural Order*.

16 J. C. Willke and Mrs Willke, *Abortion: Questions and Answers*, Hayes Publishing Co., 1988.

17 Joseph Scheidler, *Closed: 99 Ways to Stop Abortion*, Tan Books, 1994.

18 Robert Arnakis, *The Real Nature of Politics*, Family Research Council Action webcast, 12 July 2017.

19 アジェンダ・ヨーロッパ, *Restoring the Natural Order*.

20 同上。

21 同上。

22 Nina Houben, *A Step in the Right Direction: The Impact of Anti-Rights Group CitizenGO on Minority Groups' Wellbeing in Kenya*, Women's Link Worldwide, 8 June 2020.

23 アジェンダ・ヨーロッパ, *Restoring the Natural Order*.

24 Adam Ramsay and Claire Provost, 'Revealed: The Trump-Linked Super Pac Working Behind the Scenes to Drive Europe's Voters to the Far-Right', *openDemocracy*, 25 April 2019.

25 Heidi Beirich and Mark Potok, 'The Council for National Policy Behind the Curtain', *SPLC*, 17 May 2016, splcenter.org/hatewatch.

26 Alliance Defending Freedom, 'About Us', adflegal.org/about-us.

27 Ricki Stern and Anne Sundberg, *Reversing Roe*, Netflix, 2018.

28 Stephanie Kirchgaessner and Jessica Glenza, 'Women Can Say No to Sex if Roe Falls, Says Architect of Texas

2020.

10 同上。

11 Mark Collett, *The Fall of the Western Man*, self-published, 2016.

12 *Rescue* (summer 2018), p. 3, thelifeleague.com.

13 Ruth Ben-Ghiat, *Strongmen*, Profile Books, 2020, p. 71.

14 同上。

15 'The Great Replacement in Blackpool', Knights Templar Order, 20 November 2019, knightstemplarorder.com. 強調著者。

16 Guardian staff, 'Republican Congressman: Civilization Threatened by "Somebody Else's Babies"', *Guardian*, 13 March 2017.

17 Brian Naylor, 'Rep Steve King Stands by Controversial Tweet about "Somebody Else's Babies"', NPR, 13 March 2017.

18 Leslie Reagan, *When Abortion Was a Crime: Women, Medicine, and Law in the United States, 1867-1973*, University of California Press, 1997, p. 9.

19 同上, p. 10.

20 Angela Y. Davis, *Women, Race and Class*, Penguin Modern Classics, 1981, p. 4.

21 Reagan, *When Abortion Was a Crime*, p. 11.

22 同上。

23 Davis, *Women, Race and Class*, p. 188.

24 Charu Gupta, 'Politics of Gender: Women in Nazi Germany', *Economic and Political Weekly*, 27 April 1991.

25 PRRI Staff, 'Understanding QAnon's Connection to American Politics, Religion and Media Consumption', PRRI, 27 May 2021, PRRI.org.

26 Ali Breland, 'Why Are Right-Wing Conspiracies So Obsessed with Pedophilia', *Mother Jones* (July/August 2019).

27 Paul Thomas, 'How QAnon Uses Satanic Rhetoric to Set Up a Narrative of Good Versus Evil', *Conversation*, 20 October 2020.

28 PRRI Staff, 'Understanding QAnon's Connection to American Politics, Religion and Media Consumption'.

29 YoltsEmily01, Twitter, 7 November 2020.

30 ClareNJ_, Twitter, 2 November 2020.

31 Tr1AL11, Twitter, 2 November 2020.

32 Carter Sherman, 'This Convicted Planned Parenthood Bomber Was at the Capitol "Fighting" for Trump', *Vice*, 14 January 2021.

33 Jamie Roberts, *Four Hours at the Capitol*, BBC documentary, 2021.

34 'Read Trump's Jan 6 Speech, A Key Part of Impeachment Trial', NPR, 10 February 2021.

35 Ryan J. Reilly, 'Derrick Evans Has Now Been Sentenced for Storming the Capitol', NBC News, 22 June 2022. Caitlin Nolan, 'For Women Who Say Derrick Evans Harassed Them, West Virginia Law-Maker's Capitol Assault Arrest Is No Surprise', *Inside Edition*, 14 January 2021.

36 Roberts, *Four Hours at the Capitol*.

37 Jack Brewster, 'QAnon-Supporting Marjorie Taylor Greene Wins Congress Seat', *Forbes*, 3 November 2020.

38 Pierce Alexander Dignam and Deana A. Rohlinger, 'Misogynistic Men Online: How the Red Pill Helped Elect Trump', *Signs*, vol. 44, no. 3 (spring 2019).

39 Paul Mason, *Clear Bright Future: A Radical Defence of the Human Being*, Allen Lane, 2019, p. 87.

40 Paul Mason, *How to Stop Fascism*, Allen Lane, 2021, p. 224.

41 Aja Romano, 'How the Alt-Right's Sexism Lures Men into white supremacy', *Vox*, 14 December 2016, Vox.com.

42 Anti-Defamation League, 'When Women Are the Enemy: The Intersection of Misogyny and White Supremacy', 20 July 2018, adl.org.

43 Dignam and Rohlinger, 'Misogynistic Men Online'.

44 同上。

45 同上。

46 同上。

47 Ben-Ghiat, *Strongmen*, p. 138.

48 Dignam and Rohlinger, 'Misogynistic Men Online'.

49 同上。

50 GameDevCel, 'What Pisses Me Off Most Is That Chad's Bastards Are Being Killed', 27 June 2020, incels.net.

51 Uncommon, 'Women Destroying Cultures and Countries', 17 October 2020, incels.net.

52 GameDevCel, 'Remember FOIDs Are More than Willing to Genocide to See Their Rights', 30 July 2020, incels.net.

53 Cofffeee, 'Abortion Topic', 10 February 2020, incels.net. Welcome ToMyDNA, 'Abortion Topic', 10 February 2020, incels.net.

54 GameDevCel, 'Abortion Topic'.

55 同上。

56 Tupolev, 'Strengthening Components in the Incel Brain', 22 June 2020, incels.net.

57 Kaczor, 'Confess to Me Boyos', 9 July 2020, incels.net.

註

序文

1 Mathew Murphy, 'CPAC Head Suggests Abortion Ban Will Solve Great Replacement', Daily Beast, 19 May 2022.

2 Siân Norris, 'Emboldened Opposition and a Galvanised Movement', *Byline Times*, 29 June 2022.

はじめに

1 Center for Reproductive Rights, 'The World's Abortion Laws', reproductiverights.org.

2 Alvin Chang, Andrew Witherspoon and Jessica Glenza, 'Abortion Deserts: America's New Geography of Access to Care – Mapped', *Guardian*, 24 June 2022.

3 Siân Norris, 'Satanic Conspiracies and Brexiteers: Inside a Bizarre Academy for Anti-Abortionists', *open Democracy*, 29 October 2019.

4 Rig Live #WOW with Tomi Arayomi discussing Satanic ritual abuse, 9 September 2020, YouTube.

第1章　イデオロギー

1 Paul Mason, *How to Stop Fascism: History, Ideology, Resistance*, Allen Lane, 2021, p. xxi.

2 Ruth Ben-Ghiat, *Strongmen: Mussolini to the Present*, Profile Books, 2020, p. 67.

3 Mark Neocleous, *Fascism*, Open University Press, 1997, p. xi.

4 同上 , pp. 75–6.

5 同上 , p. 79.

6 The Red Pill (quarantined; thread since deleted), reddit.com.

7 アジェンダ・ヨーロッパ , *Restoring the Natural Order: An Agenda for Europe*, agendaeurope.files.wordpress.com.

8 J. Noakes and G. Pridham (eds), *Nazism 1919–1945, Vol 1: The Rise to Power*, University of Exeter, 1983.

9 Neocleous, *Fascism*, p. 15. 強調著者。

10 Louie Dean Vallencia Garcia, 'This Is What Peaceful Ethnic Cleansing Looks Like', Centre for Analysis of the Radical Right, 4 October 2019.

11 Neocleous, *Fascism*, p. 71.

12 Benito Mussolini, speech 21 April 1922, cited in Emilio Gentile 'Fascism as Political Religion', *Journal of Contemporary History*, vol. 25, no. 3 (1990), pp. 229–51.

13 Alon Confino, *Foundational Pasts: The Holocaust as Historical Understanding*, Cambridge University Press, 2012.

14 Jason Stanley, *How Fascism Works*, Random House, 2018, p. 14.

15 Neocleous, *Fascism*, p. 79.

16 Jacob Mikanowski, 'The Call of the Drums', *Harper's Magazine*, August 2019.

17 Neocleous, *Fascism*, p. 71.

18 Mason, *How to Stop Fascism*, p. xxi.

19 Thierry Baudet, 'Houellebecq's Unfinished Critique of Liberal Modernity', *American Affairs Journal*, vol. 3, no. 2 (summer 2019).

第2章　過激論者たち

1 Thierry Baudet, 'Houellebecq's Unfinished Critique of Liberal Modernity', *American Affairs Journal*, vol. 3, no. 2 (summer 2019).

2 Census for England and Wales, Office for National Statistics, 2011 and 2021.

3 European Network Against Racism.

4 Brenton Tarrant, 'The Great Replacement', March 2019.

5 Eleanor Penny, 'The Deadly Myth of the Great Replacement', *New Statesman*, 9 August 2019.

6 Cas Mudde, *The Far Right Today*, Polity Press, 2019, p. 43.

7 同上。

8 Brian Brady and Jane Merrick, 'BNP Official Ousted after Claims of Coup Bid Against Griffin', *Independent*, 4 April 2010.

9 Simon Murdoch and Joe Mulhall, 'Patriotic Alternative Uniting the Fascist Right?', HOPE not hate, August

り

リベラ、エレン 97

る

ルーズベルト、セオドア 59

れ

レーガ（イタリア、党）244-246, 248-250, 262
レーガン、レスリー 57
レーガン、ロナルド 123, 212, 288
レスキュー（雑誌）55
レッドピル 25, 34, 49, 70-72, 74-80, 83, 92
レディット 25, 34, 61, 70, 78, 82, 84, 154

ろ

労働党（英国）20, 171, 271, 273, 283, 284
ローゼンベルク、アルフレッド 163
ロー対ウェイド判決 9, 11, 15, 16, 43, 58, 62, 76, 77, 86, 123, 127, 128, 129, 137, 206, 208, 209, 211, 298
ローリンガー、ディアナ・A 73-75
ロシア正教会 199, 200

わ

われらのスロバキア人民党（L'SNS）254-259
ワン・オブ・アス・キャンペーン 188

【英】

C

CitizenGO 26, 93, 94, 103, 113-122, 126, 180, 182-185, 187, 188, 192, 194, 199, 201, 253

I

Identity Evropa 38, 51, 167

Q

Q アノン 23, 25, 48, 60-65, 68, 69, 92

T

TRAP 法 16, 76, 145

V

Vox（スペイン、党）73, 78, 119, 120, 183, 216, 251-254, 262

【数】

8

85 ファンド 209, 210

は
ハートビート・インターナショナル 137, 141, 146, 147, 149, 150
バイデン、ジョー 65, 67, 68, 285
白人種抹殺（ホワイト・ジェノサイド） 10, 18, 19, 24, 25, 28, 31, 36, 47, 50, 51, 54, 80, 116, 180, 203, 248, 291
白人男性至上主義 18, 19, 23, 26, 27, 30, 31, 34, 40, 47-49, 54, 57, 58, 67, 70, 71, 74, 76, 78, 83, 88, 101, 123, 152, 164, 168, 176, 190, 203, 246, 271, 272, 275, 279, 292, 298
バノン、スティーブ 124, 189, 203
ハラッパナバール、サビタ（中絶禁止関連死亡） 94, 234
バレット、エイミー・コニー 76, 77, 209, 210
ハンガリー 10, 15, 26, 42, 48, 60, 103, 104, 113, 114, 201, 214-220, 222-232, 239, 241, 246, 254, 259, 261, 262, 280, 285, 298

ひ
非キリスト教化 19, 22, 48, 61, 82, 225, 229, 297
ヒトラー、アドルフ 32, 33, 40, 41, 86, 255

ふ
ファラージ、ナイジェル 41, 241, 264
プーチン、ウラジーミル 33, 42, 56, 78, 197-200, 250
フクヤマ、フランシス 220, 280, 286
ブッシュ、ジョージ・W 127, 209
不妊化計画（カリフォルニア州）85, 86
不妊化計画（ペルー）87
部分出産中絶 106-108, 126-128, 206
ブラウン、ブライアン 97, 113, 114, 183, 185-188, 217, 229, 249
ブラック・フライデー・ストライキ 237
ブラック・ライブズ・マター 28, 44, 51, 52, 67, 89, 135, 203, 271, 275, 281, 285
フランコ、フランシスコ 32, 33, 120
フランコペン公爵夫人 225
フルハウス・テレグラム・チャンネル 53, 60
フレイザー、ナンシー 230
ブレグジット 27, 41, 134, 135, 201, 202, 223, 225, 252, 262-271
文化戦争 27, 106, 135, 198, 200, 215, 244, 262, 269-271, 277-280, 285, 292
文化的マルクス主義（者） 51, 52, 60, 61, 67, 135, 203, 212, 260, 272, 277-280

へ
ヘリテージ財団 124, 173, 265-268
ベン=ギアット、ルース 33, 55, 75
ペンス、マイク 22, 67, 102, 107, 206-208

ほ
法と正義（PiS、ポーランド、党） 236-240, 242-244, 250, 262
ボーデ、ティエリー 26, 44, 46, 48, 259, 260
ポーランド 14, 17, 22, 27, 35, 60, 103, 112, 147, 204, 215, 217, 218, 221, 232-243, 250, 254, 258, 259, 261, 281, 285, 297
保守政治活動協議会（CPAC）10, 230
保守党マニフェスト（英国、2019 年）272
母性の神聖財団 200
ホビーロビー訴訟 126, 132, 140
ボルソナーロ、ジャイロ 33, 85, 90, 240

ま
マッテオ、サルヴィーニ 49, 114, 244

み
民主党（米国）38, 50, 64-68, 128

や
ヤクーニン、ウラジーミル 200, 202

ら
ライヒ、ヴィルヘルム 153

115, 116, 118, 120, 121, 165, 182, 191, 193, 198, 202, 232, 262, 266, 282, 291
生殖に関する権利（リプロダクティブ・ライツ）7, 11, 17, 29, 31, 53, 54, 57, 71, 79, 88, 94, 98, 100, 106, 115, 136, 140, 151, 178, 192, 196, 198, 202, 210, 214, 215, 237, 244, 254, 287, 295
性に関する権利（セクシュアル・ライツ） 7, 17, 99, 178, 197, 214
性と生殖に関する権利欧州議会フォーラム 93, 182
性と生殖をめぐる自由（セクシュアル&リプロダクティブ・フリーダム）29, 49, 59, 72, 81, 83, 93, 189, 213, 298
生殖の管理（リプロダクティブ・コントロール） 31, 34, 47, 52, 57, 60
生殖の正義（リプロダクティブ・ジャスティス） 89, 169, 245
性と生殖をめぐる自己決定権（セクシュアル&リプロダクティブ・オートノミー）212
生殖をめぐる自己決定権（リプロダクティブ・オートノミー）57
生命倫理改革センター（CBR）20, 131
生命倫理改革センター UK（CBR UK） 20-22, 63, 99, 105, 131, 133, 137, 146, 225
聖ワシリー慈善財団 114, 199
世界家族会議（WCF） 93, 97, 114, 122, 217, 219, 245
世界的金融大暴落（2008 年）221
世界保健機関（WHO）104
セクロウ、ジェイ 96, 124
全米法律正義センター（ACLJ）93, 203, 204

そ

ソロス、ジョージ 186, 218, 226

た

ダービー、セイワード 157, 158, 161-164
待機期間 15, 100, 104, 147, 226, 258
第二次世界大戦 39, 188, 243, 262, 296
ダウソン、ジム 55, 56, 83, 90
ダッタ、ネイル 93, 94, 96, 104, 112, 182, 184, 185, 188, 190-194, 203, 215, 250, 252, 259, 265, 267
タリバン 38, 84, 297

ち

チャーチル、ウィンストン 262
チャル、グプタ 59
中絶法（英国、1967 年）145, 148
中絶禁止法（米国テキサス、2021 年）77, 129

つ

ツェッペリン、アルブレヒト・グラーフ・フォン・ブランデンシュタイン 189

て

デイヴィス、アンジェラ 58, 59, 86, 89, 164
ディグナム、ピース 73, 74
デボス一族（家）176, 204-206
デボス、ベッツィ 125, 205, 206
デボス、リチャード 125
伝統・家族・財産（TFP）190, 225
テンプルトン財団 204

と

ドイツ女性協会 164
ドイツのための選択肢（AfD、党）192, 216, 261, 263
ドナーズ・トラスト 204, 210
トビリシ・プライド 186, 187
ドブス対ジャクソン訴訟 129
トラス、リズ 264, 266, 274, 275
トランプ、ドナルド 9, 11, 33, 42, 43, 56, 60, 62, 64-71, 73-78, 90, 92, 93, 96, 123-125, 128, 165, 173, 189, 198, 203-210, 212, 230, 231, 240, 250, 266, 291, 304-307, 312, 313

な

南部貧困法律センター 90, 114, 123

253
キャメロン、デービッド 95, 193, 271
共和党（米国） 57, 60, 62, 64, 65, 67-70, 123, 124, 127, 211, 212, 226, 231
キリスト教コンサーン 21, 99, 104, 148

く
クリントン、ヒラリー・ロダム 70, 71, 74, 75, 128
クリントン、ビル 70, 74, 106, 126, 128, 294
グルジア正教会 186

け
ケイトー研究所 204, 268
ゲーガン、ピーター 214, 269

こ
国際連合 23, 25, 26, 93, 96, 98, 101, 115, 180
国連人権委員会 281
国際人口会議（第3回） 218
国家政策評議会（CNP） 26, 93, 94, 123, 170, 180, 205, 206
国民党（BNP、英国、党） 54, 155
国民党（スペイン、党） 189, 251-254
国民連合（フランス、党） 199, 200, 216
コレット、マーク 50, 54, 56, 155
ゴンザレス対カーハート訴訟 128

さ
再生産労働 8, 18, 19, 24, 26, 28, 34, 36, 37, 39, 43, 45, 49, 51, 62, 69, 151, 175-177, 214, 229, 248, 282, 287, 288, 295, 296, 298
再生産ショック（リプロダクティブ・ショック） 287, 289, 294
サザン、ローレン 162, 163, 260
サッチャー、マーガレット 266, 267, 283, 290

し
ジェンダー承認法（英国） 171, 271
『自然秩序の回復』 35, 94, 97, 101, 103, 104, 106, 109, 119
自由協会 264, 268, 270
自由党（オーストリア） 194, 262
自由への恐怖 30, 44, 69, 83, 91, 212
自由防衛同盟（ADF） 26, 92-94, 108, 112, 122, 124-126, 128-131, 140, 170, 172, 176-178, 180, 203, 206, 278
　ADFインターナショナル 94, 96, 99, 125, 126, 130-136, 203, 204, 270
出生率 18, 28, 50-53, 57, 59, 86, 116, 214, 222, 225, 231, 246, 247, 249, 261, 288, 289, 291, 293, 295
常時戦争状態 30, 37, 62, 64, 67, 70
女性解放戦線（WoLF） 170-173, 175, 179
ジョンソン、ボリス 10, 42, 193, 224, 241, 260, 263, 267, 271-273, 277
身体をめぐる自己決定権（ボディリー・オートノミー） 25, 46, 54, 56, 62, 76, 77, 176, 257, 258
人種間戦争 19, 24, 37, 39, 46, 47, 52, 60, 65, 67, 69, 84, 180, 285, 291
人種大交替陰謀論 23, 24, 50, 51, 54, 61, 162, 176, 202, 216, 219, 239, 260
神話的過去 24, 30, 31, 39-44, 46, 47, 61, 62, 64, 74, 75, 81, 98, 153, 165, 178, 181, 190, 191, 193, 197, 198, 202, 220, 222, 224, 241, 248, 250, 291

す
スタンリー、ジェイソン 30, 40, 153, 241, 242
スチュワート、アイラ 158, 159, 161, 163, 164
ステファンソン、アンディ 21, 22, 105, 146
スペイン 14, 27, 32, 60, 78, 103, 112, 113, 119-121, 138, 183, 184, 188, 194, 214-217, 251-254, 259, 261, 285
スロバキア 14, 17, 27, 60, 86, 102, 112, 195, 215, 254-256, 258, 259, 261, 281, 298

せ
性教育 112, 115 117, 119, 120, 189, 200, 204, 247
性と生殖に関する権利（セクシュアル&リプロダクティブ・ライツ） 17, 18, 35, 44, 60, 92-94, 98, 109,

索引

あ

アーレント、ハンナ 26, 69, 279

アイデンティタリアン 53

アグニェシュカ・T（中絶禁止関連死亡者）233

悪魔主義 22, 24

悪魔的儀式虐待 22, 23, 60, 62, 63, 65, 92, 134

アジェンダ・ヨーロッパ 26, 35, 93-106, 108-113, 115-119, 123, 125, 132, 133, 136, 140, 146, 151, 170, 180, 182, 183, 186, 189, 192-194, 199, 217, 227, 235, 237, 249, 259, 265, 267

新しい労働党（英国）271, 284

アトウッド、マーガレット 246

アトラス・ネットワーク 265, 268, 270

アトランティック・ブリッジ 267, 268

アプルボーム、アン 206, 302

アメリカがん協会 143

アメリカを憂う女性たち 168, 176, 210

アルスアガ、イグナシオ 113, 120, 183, 185, 192, 194, 217

い

イエレン、ジャネット 287

イザベラ（中絶禁止関連死亡）234

イスラム化 23, 53, 225, 239, 247

イタリア 15, 27, 30, 40, 41, 49, 55, 91, 96, 113, 114, 138, 144, 149, 150, 188, 191, 201, 214-217, 230, 244-250, 259, 261, 262, 280, 285, 296

イタリアの同胞（党）10, 249, 250, 262

インセル 25, 27, 49, 78-84, 90, 92, 236, 256

う

ヴァローレス・イ・ソシエダ財団 188

ウィメンズ・ストライキ 236

ウィメンズ・プレイス UK 174

ウィルフレッド・ウォン 22, 131, 225

ウォークネス 274

お

欧州女性ロビー 109

欧州評議会 93, 96, 112, 180, 262

欧州連合（UN）42, 115, 117-119, 134, 184, 191, 195, 215, 219, 223, 247, 262, 291

オランダ 27, 45, 48, 53, 60, 205, 215, 259-261

オリガルヒ 108, 113, 114, 181, 196, 198, 200

か

カールソン、タッカー 225, 230

家事労働に賃金をキャンペーン 85, 161

家族研究評議会（FRC）107, 124, 128, 170, 176, 206

家族の名において 111

カタルーニャ・プロ・ヴィダ財団 188

カチンスキ、ヤロスワフ 236-240, 242-244

カチンスキ、レフ 243

ガットマー研究所 88, 145, 146

カバノー、ブレット 76, 209

カミュ、ルノー 52

き

危機妊娠運動 147, 149, 151

君の声を聞かせよ（Hazte Oír）113, 183, 192, 194,

［著者］
シャン・ノリス（Siân Norris）
作家兼、調査報道ジャーナリスト。英国の *Byline Times* や *openDemocracy* など、さまざまな媒体で極右運動とその主流派への移行を取材。2012年にはブリストル女性文学フェスティバルを立ち上げ、8年間運営した。英国のフェミニズム運動の第一人者であり、男性による女性への暴力から移民の権利、貧困と不平等に至るまで、多岐に及ぶ執筆活動が *The Guardian*、*New Statesman*、*The i* など多くの新聞・雑誌に掲載されている。

［訳者］
牟礼晶子（むれ・あきこ）
独立行政法人内部翻訳・編集者を経て現在フリーランス翻訳者。女の空間NPO理事。共訳書に『THE GIRLS』（大月書店、2022年）、『オリンピックという名の虚構』（晃洋書房、2021年）、翻訳協力に『女性・スポーツ大事典』（西村書店、2019年）、英訳記事に“From an earthquake-hit town that wants to forget, not tell, and not prepare for another one,” *Voices from Japan* No.36 (March 2022), Asia Japan Women's Resource Center (AJWRC), pp.38-44 ほか。

［解説者］
菊地夏野（きくち・なつの）
名古屋市立大学人間文化研究科准教授。専攻は社会学、ジェンダー／セクシュアリティ研究。単著に『日本のポストフェミニズム』（大月書店）、『ポストコロニアリズムとジェンダー』（青弓社）など、編著に『クィア・スタディーズをひらく』（1〜3巻、晃洋書房）、共著に『戦争社会学』（明石書店）など、訳書解説にシンジア・アルッザほか『99%のためのフェミニズム宣言』（人文書院）ほか。

反中絶の極右たち
——なぜ女性の自由に恐怖するのか

2025年1月31日　初版第1刷発行

著　者——シャン・ノリス
翻　訳——牟礼 晶子
解　説——菊地 夏野
発行者——大江 道雅
発行所——株式会社 明石書店
101-0021 東京都千代田区外神田 6-9-5
電話 03-5818-1171
FAX 03-5818-1174
振替 00100-7-24505
https://www.akashi.co.jp
装　丁——間村 俊一
印刷／製本—モリモト印刷株式会社
ISBN 978-4-7503-5862-8
（定価はカバーに表示してあります）